a_tope.com

Berufliche Schulen

Cuaderno de ejercicios

Interaktive Übungen

mit Lösungsbeileger

inklusive:

- Handlungssituation zur Unidad 5
- zusätzliche Lesetexte zu den verschiedenen Fachrichtungen des Beruflichen Gymnasiums

Deine **interaktiven Übungen und Audios** findest du hier:

1. Gib den unten stehenden Zugangscode in die Box ein.
2. Hab viel Spaß mit deinen interaktiven Übungen.

9cbp-gr-x3nv

Dein Zugangscode auf

go.cornelsen.de

Die Nutzungsdauer für die Online-Übungen beträgt nach Aktivierung des Zugangscodes zwei Jahre. In dieser Zeit speichern wir deine Lernstandsdaten für dich; nach Ablauf der Nutzungsdauer werden sie gelöscht.

Cornelsen

a_tope.com Berufliche Schulen

Cuaderno de ejercicios

Im Auftrag des Verlages erarbeitet von:
Araceli Vicente Álvarez, María Dolores Vidal García, Vassiliki Zachari, Katja Zerck

Redaktion und Projektleitung:
Dirk Kessing
sowie Vicente Bernaschina Schürmann, Heike Malinowski

Illustrationen: Laurent Lalo
Karten: Dr. Volkhard Binder
Umschlaggestaltung: vitaledesign
Layout und technische Umsetzung: graphitecture book & edition

Umschlagfoto: mauritius images / age fotostock

ES/DE Sprachmittlung
PF Aufgabe, die Vorbereitung/Teil der Lernaufgabe ist
Hörverstehen

www.cornelsen.de

1. Auflage, 3. Druck 2025

Alle Drucke dieser Auflage sind inhaltlich unverändert und können im Unterricht nebeneinander verwendet werden.

Druck: H. Heenemann, Berlin

ISBN 978-3-06-451940-4

PEFC
PEFC/04-31-1156
PEFC-zertifiziert
Dieses Produkt stammt aus nachhaltig bewirtschafteten Wäldern
www.pefc.de

Comprensión lectora

1 **¿Quién es? Apunta los nombres.** | Von wem ist die Rede? Trage die Namen ein. ▶ Texto, p. 12/13

______________________: «Hablo español y un poco de quechua.»

______________________: «Soy de la capital de España.»

______________________: «Hablo gallego y español.»

______________________: «Soy de Miami.»

______________________: «También hablo un poco de alemán: *Hallo, wie geht's?*»

Expresión escrita

2 **Contesta a Gonzalo y a Vega y preséntate.** | Antworte Gonzalo und Vega und stelle dich vor.

____

____

____

Comprensión auditiva

3 **Escucha y elige la respuesta correcta. Pon números de 1 a 6.** | Höre zu und wähle die passende Antwort aus, indem du die Zahlen 1 bis 6 in die Kästchen schreibst.

☐ Soy de Perú, de la capital. Lima.

☐ ¿De Toledo? ¡No! Soy de Madrid, la capital de España.

☐ Me llamo Mateo. ¿Y tú? ¿Cómo te llamas?

☐ ¿Laura? No. Yo soy María Ángeles.

☐ Sí, también hablo inglés.

☐ Hablo español, inglés y un poco de alemán. ¿Y tú?

4 **a Escucha y repite los nombres de las ciudades y los países.** | Höre dir die Städte- und Ländernamen an und sprich sie nach.

1. España, La Coruña, Logroño
2. Sevilla, Melilla, Trujillo, Mallorca
3. Chile, Elche, Chinchón

b Escucha: ¿de dónde son Fermín, Pepa y Catalina? Subraya los lugares en 4a. | Höre zu: Woher kommen Fermín, Pepa und Catalina? Unterstreiche die Orte in 4a.

¡Vamos!

Comprensión lectora

1 **¿Qué contestan las personas? Marca la respuesta adecuada.** | Kreuze die passende Antwort an und bilde dann das Lösungswort. ▶ Texto, p. 14/15

☐ C ¡Venga!
☐ E Hola. ¿Qué tal?
☐ F Muy bien.

☐ Z Ella es Lucía, una amiga.
☐ S Él es Alejandro, un amigo.
☐ A No, es un amigo.

☐ J Gracias, amigo.
☐ O Mucho gusto.
☐ P Fenomenal. ¿Y tú?

☐ A Encantada.
☐ D Es una amiga.
☐ R Bien, gracias.

☐ Ñ Mucho gusto.
☐ S Gracias, amigo.
☐ L Yo también.

☐ U Encantado.
☐ T ¡Buenos días!
☐ A ¡Hasta luego!

Solución: __ __ __ __ __ __

La lengua

2 **Durante el recreo hablas con Lucía. Lee las respuestas de Lucía y formula preguntas.** | Während der Pause sprichst du mit Lucía. Lies ihre Anworten und formuliere Fragen. ▶ Grammatik, 8

1. ¿______________________________? –Muy bien, gracias.
2. ¿______________________________? –Me llamo Lucía.
3. ¿______________________________? –Soy de Sevilla.
4. ¿______________________________? –Él es Alejandro, un compañero de clase.
5. ¿______________________________? –Hablo inglés, español y un poco de alemán.

3 UNBESTIMMTER ARTIKEL **¿Qué significan los sustantivos? Apunta con el artículo indeterminado.** | Was bedeuten die Substantive? Schreibe sie mit dem unbestimmten Artikel in das passende Fähnchen. ▶ Grammatik, 5

televisión *f.* museo *m.* supermercado *m.* familia *f.* autobús *m.* teléfono *m.* bicicleta *f.* catedral *f.*

Supermarkt ______________ Telefon ______________ Museum ______________

Bus ______________ Familie ______________

Kathedrale ______________ Fahrrad ______________ Fernseher ______________

1

A ¿Estudias o trabajas?

Comprensión lectora

1 **¿Qué sabes de Lucía y Marta? Completa los textos.** | Was weißt du über Lucía und Marta? Vervollständige die Texte.

▶ Texto, p. 17

Lucía es de ______________, pero ahora estudia en Madrid, en el ______________ Calderón de la Barca. Es una ______________ de clase de Manuel. Habla español, inglés y también un poco de ______________. ¡Es muy difícil!

El ______________ de Marta es de ______________ y la ______________ es de Salamanca. Por eso en ______________ Marta habla ______________ y alemán. Todavía no trabaja, estudia en el ______________ Parque Aluche.

Sevilla

Shutterstock / holbox

La lengua

2 SER **Alejandro y Marta charlan en una plaza. Completa el diálogo con las formas del verbo ser.** | Ergänze das Gespräch mit den Formen von ser. ▶ Grammatik, 2

Alejandro: Hola, Marta, ______________ Alejandro. Manuel y yo ______________ amigos.

Marta: Encantada. Oye, Alejandro, Lucía y tú ______________ de aquí, de Madrid, ¿verdad?

Alejandro: Pues yo sí, yo ______________ de aquí, pero Lucía ______________ de Sevilla. ¿Y tú, de dónde ______________?

Marta: ______________ de Alemania. Mi padre ______________ de Múnich. ______________ una familia bilingüe[1].

1 **bilingüe** zweisprachig

3 VERBEN AUF -AR **¿Qué hacen los amigos? Formula frases.** | Was machen die Freunde? Formuliere Sätze. ▶ Grammatik, 1

1. *trabajar* / Gonzalo / en un supermercado / y tú / ¿*trabajar* / también?

____

2. Alejandro / en casa / con un amigo / *quedar*

____

3. Marta y Lucía / alemán / *practicar*

____

4. *charlar* / mis amigos y yo / en la plaza

____

5. Marta / alemán y español / *hablar* / y vosotros / ¿qué lenguas / *hablar*?

____

____

6. *quedar* / los compañeros de clase / en la cafetería

____

4 DIE VERNEINUNG **Apunta las preguntas y las respuestas como en el ejemplo.** | Notiere mithilfe der Verben im Kasten Fragen und Antworten wie im Beispiel. ▶ Grammatik, 3

ser *trabajar* ~~*hablar*~~ *ser* de *estudiar*

1. gallego – alemán
   ¿Hablas gallego? –No, no hablo gallego. Hablo alemán.
2. Rosa – Laura
   ______
3. instituto – universidad
   ______
4. Salamanca – Ronda
   ______
5. restaurante – empresa
   ______

Comprensión auditiva

5 **Escucha. Después presenta a las personas.** | Höre zu und stelle die Personen dann vor.

¿Quién es él/ella? ¿De dónde es? ¿Qué lenguas habla? ¿Estudia o trabaja?

1

Shutterstock/palomadelosrios

______
______
______
______

2

Fotolia/Daniel Ernst

______
______
______
______

Expresión escrita

PF **6** **Buscas un amigo por correspondencia en España. Preséntate.** | Du suchst einen spanischen Brieffreund über eine Website. Erstelle dein Profil, in dem du dich kurz vorstellst.

¿Cómo te llamas? ¿De dónde eres? ¿Qué lenguas hablas (en casa)?
¿En qué instituto estudias? ¿Trabajas también?

www.amigosporcorres.esp

perfil

______
______
______
______

Sube tu foto aquí

B ¿Preparamos el examen?

Comprensión lectora

1 **Marca la opción correcta y corrige las respuestas falsas.** | Kreuze an, was zutrifft und korrigiere die falschen Aussagen.

▶ Texto, p. 20

	correcto	falso	
1. Mañana es el examen de Inglés.	☐	☐	______
2. Lucía comprende los textos de Inglés.	☐	☐	______
3. Lucía escribe mucho en inglés.	☐	☐	______
4. Manuel recibe un mensaje en el móvil.	☐	☐	______
5. Lucía vive cerca de la biblioteca.	☐	☐	______
6. Los amigos preparan los textos en casa de Alejandro.	☐	☐	______

La lengua

2 **a** BESTIMMTER ARTIKEL; SINGULAR UND PLURAL DER SUBSTANTIVE **Completa la tabla.** | Ergänze die Tabelle mit den bestimmten Artikeln und den fehlenden Formen. ▶ Grammatik, 4, 6

singular ♂	plural ♂	singular ♀	plural ♀
___ texto	___ ______	___ ______	___ bibliotecas
instituto	___ ______	___ pregunta	___ ______
___ examen	___ ______	___ ______	___ clases
___ ______	___ mensajes	___ capital	___ ______
___ móvil	___ ______	___ ______	___ universidades
___ ______	___ ______	___ ______	___ ______
___ ______	___ ______	___ ______	___ ______
___ ______	___ ______	___ ______	___ ______
___ ______	___ ______	___ ______	___ ______

b **Completa la tabla de 2a con los sustantivos siguientes. Después forma el singular o plural.** | Trage die folgenden Substantive in die Tabelle ein und bilde dann den Singular oder Plural. ▶ Grammatik, 4, 6

plazas letras amigo compañera ejemplos senor restaurantes películas

3 VERBEN AUF -ER UND -IR **Completa con el verbo adecuado en la forma correcta.** | Ergänze mit dem passenden Verb in der richtigen Form. ▶ Grammatik, 1

1. Lucía: Marta, ¿______ (*comer / comprender / recibir*) tú los ejercicios de Alemán?
2. ¡¿Alejandro?! –¿Eh? ¡Un momento! Solo ______ (*escribir / aprender / comprender*) un mensaje.
3. Marta: Manuel, ¿______ (*comer / aprender / vivir*) el vocabulario juntos?
4. Manuel: ¿Quién ______ (*vivir / recibir / comprender*) los textos? ¡Pues yo no!
5. Los amigos de Manuel ______ (*vivir / leer / aprender*) en Madrid.
6. ¿Y vosotros? ¿______ (*recibir / leer / vivir*) en Alemania?

4 VERBEN AUF -AR, -ER UND -IR; SER **Lucía, Marta y Alejandro charlan en la plaza. Completa con los verbos.** | Setze die Verben ein. ▶ **Grammatik, 1, 2**

estudiar *aprender* *practicar* *hablar* (3 x) *escribir* *ser* (3 x) *comprender* *leer*

1. **Lucía:** Oye, Marta, ¿__________ solo alemán en casa?
2. **Marta:** Mi padre y yo solo __________ alemán, sí. Pero con mi madre __________ español. Ella __________ de Salamanca.
3. **Alejandro:** Oye, Lucía, tú también __________ alemán en el instituto, ¿verdad?
4. **Lucía:** Sí, pero __________ difícil. __________ cómics en alemán y también __________ textos. Así __________ mucho.
5. **Alejandro:** ¿__________ siempre[1] los ejercicios?
6. **Lucía:** No, no siempre. Pero ahora Marta y yo __________ juntas. ¡__________ genial!

1 **siempre** immer

5 FRAGEWÖRTER **Lee las respuestas y formula las preguntas.** | Lies die Antworten und bilde die passenden Fragen.
▶ **Grammatik, 8**

¿cuándo? ¿de dónde? ¿quién? ¿cómo? ¿qué (+ *sust.*)?

1. ¿__________? –Pues yo. Yo comprendo los ejercicios.
2. ¿__________? –¿El examen de Inglés? Es mañana.
3. ¿__________? –Soy de Salamanca.
4. ¿__________? –Ella es Lucía, una amiga.
5. ¿__________? –Alemán, inglés y un poco de español.
6. ¿__________? –Leo mucho en inglés. Así aprendo.
7. ¿__________? –Me llamo Pablo. ¿Y tú?

Expresión escrita

6 **Completa el chat con Mateo, un estudiante de intercambio.** | Vervollständige das Chatgespräch mit Mateo, einem spanischen Gastschüler.

Mateo_17: Oye, tú estudias también inglés, ¿verdad?

____

Mateo_17: No comprendo los ejercicios de Inglés. ☹

____

Mateo_17: ¡Buena idea! ☺ ☺ ¿Quedamos en mi casa? Vivo cerca.

____

Mateo_17: De acuerdo. Entonces mañana en la biblioteca. ¡Gracias! ¡Hasta mañana!

____

1

C ¿Cuál es tu número de teléfono?

Comprensión lectora

1 **¿Quién es?** | Ordne die Aussagen der entsprechenden Person zu. ▶ Texto, p. 23

	Marta	Tarek	los dos
1. Es amigo/amiga de Manuel.	☐	☐	☐
2. Estudia Administración y Finanzas.	☐	☐	☐
3. Es nuevo/nueva en Madrid.	☐	☐	☐
4. Es vecino/vecina de Manuel.	☐	☐	☐
5. Estudia Informática y Programación.	☐	☐	☐
6. Quedan para tomar un café y charlar.	☐	☐	☐
7. Necesita ayuda con el ordenador.	☐	☐	☐

Comprensión auditiva

2 **Tu intercambio español te da los nombres y teléfonos de sus amigos. Escucha y guárdalos en tu móvil.** | Dein spanischer Austauschpartner nennt dir die Kontaktdaten seiner Freunde. Speichere sie in deinem Handy.

1
nombre: ______
______
móvil: ______
______

2
nombre: ______
______
móvil: ______
______

3
nombre: ______
______
móvil: ______
______

4
nombre: ______
______
móvil: ______
______

3 **Escucha y pon los signos de puntuación. ¿Se trata de una pregunta o no?** | Höre zu und setze die Satzzeichen. Handelt es sich um einen Aussage- oder Fragesatz?

1. ___Alejandro es un compañero de clase___
2. ___El examen es mañana___
3. ___Manuel y Marta son vecinos___
4. ___Quedamos para tomar un café___
5. ___Sois de Madrid___
6. ___Descansamos un poco___

4 **Escucha los nombres de las ciudades españolas y completa con las letras que faltan.** | Höre dir die Namen der spanischen Städte an und ergänze die fehlenden Buchstaben.

1. Bur___os
2. ___aén
3. Va___ ___adolid
4. A___mería
5. Logro___o
6. Arganda del Re___
7. ___órdoba
8. Ta___ ___agona
9. ___uelva
10. ___amora
11. Sa___tander
12. Ca___tagena

La lengua

5 SUBJEKTPRONOMEN **¿Qué pronombre sujeto va con qué verbo?** | Welche Verbform passt zu welchem Subjektpronomen? Setze die richtige Zahl ein und unterstreiche die Verbendung. ▶ Grammatik, 7

1. yo 2. tú 3. él/ella 4. nosotros/-as 5. vosotros/-as 6. ellos/-as

☐ charlan ☐ vive ☐ aprendéis ☐ comes ☐ estudio ☐ practicamos

Expresión oral

6 SUBJEKTPRONOMEN **Pon el pronombre sujeto donde es necesario.** | Setze die Subjektpronomen, wo notwendig.

PF **7** Haced el tándem. ▸ p. 141

Expresión escrita

PF **8** **Tarek y Marta chatean. Hablan sobre sí mismos y quedan para hacer algo juntos. Escribe el chat.** | Tarek und Marta chatten miteinander. Sie erzählen von sich und verabreden sich. Schreibe den Chat in dein Heft und nutze die Informationen aus den Kästen.

Tarek

- de Casablanca (Marruecos)
- vive con los padres
- lenguas: español, francés y árabe
- en casa: árabe
- amigo de Alejandro, Lucía y Manuel
- estudia alemán

Marta

- de Múnich (Alemania), nueva en Madrid
- vive con los padres, padre de Múnich, madre de Salamanca
- lenguas: español y alemán
- vecina de Manuel

ideas para quedar

- tomar algo juntos
- practicar alemán o francés
- bailar en una discoteca
- descansar en la plaza
- comer algo en un restaurante
- aprender un poco de árabe
- comprar un ordenador nuevo
- preparar algo para comer
- charlar en la cafetería

Tarek99	¡Hola Marta!
Marta01	¡Hola Tarek!
Tarek99	…

Taller de lectura

En España, 47 millones de personas hablan español. Pero también hay otras lenguas en España.

lenguas cooficiales[1] de España:
el catalán: ca. 10 millones de hablantes
el gallego: ca. 3 millones de hablantes
el vasco: ca. 714 000 hablantes

¡Hola! Me llamo Laura y hablo castellano. Castellano es otro nombre del español. El origen del castellano es la región Castilla en el centro de España.

Shutterstock / AJR_photo

Kaixo! *Nire izena Paskal da.* Hablo vasco y español. El vasco es una de las lenguas más viejas de Europa y es muy diferente al español.

Shutterstock / Gelpi

ClipDealer / Andy Dean Photography

Ola! *Eu son Celia.* Hablo gallego y español. El gallego es muy parecido al portugués y es la lengua cooficial de Galicia.

Shutterstock / Daniel M Ernst

Bon dia! *Em dic Antoni.* Hablo catalán y español. El catalán es la lengua con más hablantes después del español. Se habla sobre todo en Cataluña pero también en el este de España y el sur de Francia.

1 la lengua cooficial die zweite Amtssprache

1 **Belege diese Aussagen am Text. Eine Aussage ist falsch.**

1. Kastilisch ist eine andere Bezeichnung für Spanisch.
2. Katalanisch spricht man auch im Süden Frankreichs.
3. Baskisch ist eine der ältesten Sprachen Europas.
4. Galicisch ist nach Spanisch die meistgesprochene Sprache Spaniens.
5. Galicisch ist dem Portugiesischen sehr ähnlich.

2 **Wie begrüßt man sich auf Katalanisch, Galicisch und Baskisch? Markiere die Begrüßung im Text.**

¡Vamos!

Comprensión lectora

1 a Marca la opción correcta. | Kreuze an, was zutrifft. ▸ Texto, p. 26/27

	correcto	falso
1. Los padres de Manuel viven en Perú.	☐	☐
2. Manuel y Lucía son alumnos de bachillerato en el instituto.	☐	☐
3. El hermano de Marta se llama Salvador.	☐	☐
4. Manuel y Marta viven en la calle José Garrido.	☐	☐
5. Marta estudia alemán en una escuela de formación profesional.	☐	☐
6. Nico, el hermano de Marta, ya tiene 18 años.	☐	☐
7. Manuel, Lucía, Marta y Alejandro viven en el barrio de Vista Alegre.	☐	☐
8. Los apellidos de Manuel son Rojas Garrido.	☐	☐

b Corrige las informaciones falsas en tu cuaderno. | Korrigiere die falschen Aussagen in deinem Heft.

La lengua

2 VOCABULARIO **Javi y Lena cuentan sobre sus familias. Completa con las palabras que faltan.** | Javi und Lena erzählen über ihre Familien. Ergänze die fehlenden Wörter.

Usa el vocabulario de las páginas 293–294 del libro.

Hola, soy Javi. Vivo con mi ____________ en el ____________ de Vista Alegre en Madrid. Soy ____________ en el instituto Calderón de la Barca. ____________ 14 ____________.
Mi ____________ se llama Alejandro. Él tiene 16 y es muy ____________. Y tú, ¿____________ ____________ tienes? ¿____________ vives y con ____________?

Hola, me llamo Lena. Tengo 18 ____________ y vivo con mis ____________ y mi hermano ____________ y mi ____________ pequeña en Madrid. Se llaman Nico y Marta. Vivimos en la ____________ José Garrido. Somos los ____________ de la familia Rojas García. Son de Perú y Manuel y mi ____________ Marta son amigos y son ____________ en el instituto Calderón de la Barca. Yo estudio en una ____________.

Comprensión auditiva

3 a Escucha y apunta los números de teléfono. | Höre zu und notiere die Telefonnummern.

1. ____________ 2. ____________ 3. ____________ 4. ____________

b ¿Dónde viven los amigos? Escucha y completa las direcciones. | Wo wohnen die Freunde? Höre zu und ergänze die Adressen.

1
Gonzalo Pérez
Calle Cajamarca ______
______ Cuzco

2
Vega Morales López
Carrer de Londres ______
______ Barcelona

3
Iván Fernández Díaz
Calle de Nerja ______
______ Madrid

4
Pedro Osuna Muñoz
Calle San Juan ______
______ Cáceres

A Fotos de mi familia

Comprensión lectora

1 ¿QUIÉN ES? **Formula preguntas con ¿quién/quiénes? y contéstalas.** | Wer ist gemeint? Stelle Fragen mit quién/quiénes und beantworte sie. ▸ Texto, p. 29

Quién hat mit *quiénes* eine eigene Pluralform.

Ejemplo: Es artista. ¿Quién es? –Es el hermano de Tarek. / Es Farid.

1. Son alumnos en el instituto y charlan en el recreo. ¿________? –________.
2. Es de Marruecos. ¿________? –________.
3. Es guapa y simpática. ¿________? –________.
4. No son serios y estrictos. ¿________? –________.
5. Vive en París y ya estudia allí. ¿________? –________.
6. No es alegre y divertida. ¿________? –________.
7. Es tímido. ¿________? –________.
8. Viven en Casablanca. ¿________? –________.
9. No vive en Madrid con la familia de Tarek. ¿________? –________.
10. Tiene hermanos también. ¿________? –________.

La lengua

PF **2 a** ADJEKTIVE **Marta escribe un e-mail a su prima Soledad. Completa con la forma correcta de los adjetivos.** | Marta schreibt ihrer Cousine Soledad. Vervollständige die E-Mail mit der richtigen Form der Adjektive. ▸ Grammatik, 10

es_mail | enviar | insertar | ortografía | opciones | cancelar

Hola Soledad:

¿Qué tal? Ahora vivimos en Madrid. Es una ciudad ________. Vivimos en el barrio Vista Alegre, en una calle ________ y bastante ________. Es un barrio ________ con mucha gente ________. Por ejemplo, mis vecinos son de Perú. Son muy ________. Su hijo Manuel tiene 17 años y es ________ y ________ pero un poco ________ también. Su amiga, Lucía, también tiene 17 y es bastante ________. No es ________ como yo. Siempre quiere practicar alemán conmigo porque estudia alemán en el instituto. Alejandro tiene 16 años y es súper ________ aunque un poco ________ porque él también quiere estudiar siempre. Ya ves, mis ________ amigos son ________. A ver si estudio un poco más con ellos, porque aquí es bastante diferente. Los exámenes son muy ________ y el profesor de Matemáticas es muy ________ ☹ pero explica muy bien y por eso aprendo mucho. ☺ Bueno, es todo. ¿Qué tal tu vida en Salamanca?

Un saludo,

Marta

fantástico/-a
tranquilo/-a
pequeño/-a
genial
interesante
simpático/-a
majo/-a
divertido/-a
tímido/-a
inteligente
vago/-a
guapo/-a
aburrido/-a
nuevo/-a
inteligente
difícil
estricto/-a

b ¿Qué significan estas palabras del e-mail? | Was bedeuten diese Wörter aus der E-Mail? Suche sie im Text und erschließe sie mit Hilfe des Kontextes oder einer anderen Sprache. ▶ Wörter erschließen, S. 282

palabra	por el contexto	otras lenguas	en alemán
fantástica (l. 1)	________	________	________
hijo (l. 5)	________	________	________
conmigo (l. 8)	________	________	________
súper (l. 9)	________	________	________
aunque (l. 9)	________	________	________
ves (l. 10)	________	________	________
a ver (l. 11)	________	________	________
si (l. 11)	________	________	________
diferente (l. 11)	________	________	________
profesor (l. 12)	________	________	________
Matemáticas (l. 12)	________	________	________
explica (l. 13)	________	________	________
todo (l. 13)	________	________	________
tu vida (l. 13)	________	________	________
saludo (l. 14)	________	________	________

3 ADJEKTIVE **Describe tu instituto: ¿Cómo es?** | Beschreibe deine Schule: Wie ist sie? ▶ Grammatik, 10

siempre[1] a veces[2] un poco bastante muy

tranquilo/-a genial bueno/-a pequeño/-a serio/-a difícil fenomenal interesante inteligente simpático/-a tímido/-a estricto/-a aburrido/-a

1 siempre immer 2 a veces manchmal

Mi instituto

1. Mis compañeros de clase son ________________.
2. Los profesores ________________.
3. Los ejercicios de Matemáticas ________________.
4. Los exámenes de Inglés ________________.
5. Mi profesor/a de Matemáticas ________________.
6. Los textos de Español ________________.
7. La biblioteca ________________.
8. Los recreos ________________.
9. Las clases ________________.
10. Para mí, el instituto ________________.

4 GRUPPENVERBEN E/IE **Completa las frases con las formas correctas de tener y querer.** | Ergänze die Sätze mit den passenden Formen von tener und querer. ▶ Grammatik, 9

1. Manuel ______________ familia en Perú y Marta ______________ familia en Alemania.
2. Manuel: «No ______________ hermanos pero ______________ tener hermanos.»
3. El hermano de Tarek no ______________ vivir con sus padres en Madrid.
4. Los padres de Tarek: «Vivimos aquí en Madrid y ya no ______________ vivir en Marruecos. Pero todavía ______________ muchos amigos y familia en Marruecos.»
5. Marta: «______________ familia en Salamanca, ¿verdad?»
   Lucía: «No, ______________ familia en Sevilla. Mi padre y mi hermano viven allí. Mi padre ______________ una casa en Sevilla.»
6. Ya no ______________ (yo) estudiar más. ¿Y vosotros? ¿______________ aprender español?
7. Alejandro: «Lucía, ______________ tomar un café en el recreo?»
8. Marta ahora vive en Madrid y ya ______________ muchos amigos.
9. Los amigos de Marta ______________ 16 y 17 años.
10. ¿Y vosotros? ¿Cuántos años ______________? ¿También ______________ muchos amigos?

Expresión escrita

PF **5** **Vega describe a su familia. Escribe en tu cuaderno.** | Vega beschreibt ihre Familie. Schreibe in dein Heft.

1

2

3

4

Comprensión auditiva

6 **Lucía le muestra fotos a Marta y le habla de su familia. Escucha y apunta la información en la tabla.** | Lucía zeigt Marta Fotos von ihrer Familie. Höre zu und notiere in der Tabelle, was du über die Familienmitglieder erfährst.

¿Cómo se llama?	¿Cuántos años tiene?	¿Cómo es?	¿Algo más?
Natalia			
Mariana			
Lucía	17		
Salvador			
el padre			
la madre			

B Vista Alegre, mi barrio

Comprensión lectora

1 Marca con una cruz las opciones correctas. | Kreuze an, was zutrifft. ▶ Texto, p. 32

1. En Vista Alegre hay calles
   - [ ] ruidosas con mucha vida.
   - [ ] tranquilas con poca gente.
   - [ ] con poco tráfico.
2. Hay zonas
   - [ ] ruidosas con mucha vida.
   - [ ] tranquilas con poca gente.
   - [ ] con mucho tráfico.
3. Hay muchos edificios
   - [ ] modernos.
   - [ ] viejos.
   - [ ] grandes.
4. Hay una biblioteca
   - [ ] pequeña.
   - [ ] grande.
   - [ ] moderna.
5. Hay un centro comercial
   - [ ] bastante viejo.
   - [ ] grande.
   - [ ] muy moderno.
6. ¿Dónde está el polideportivo?
   - [ ] Está lejos del centro de Madrid.
   - [ ] Está lejos de la heladería.
   - [ ] No está lejos de la plaza Eugenia.
   - [ ] Está al lado de la plaza Eugenia.

7. ¿Qué más hay en Vista Alegre?

   Hay ______________________________

   ____

8. ¿Qué llegas a saber[1] sobre las chicas que hablan?

   Marta busca ______________________________

   y quiere ______________________________.

   Paula y sus amigas ______________________________.

1 llegar a saber erfahren

Comprensión auditiva

2 Tarek habla del barrio de sus abuelos en Casablanca. Escucha y apunta la información en la tabla. | Tarek erzählt von dem Stadtviertel seiner Großeltern in Casablanca. Höre zu und trage die Informationen in die Tabelle ein.

¿Qué hay en el barrio?	¿Cómo es el barrio?

La lengua

3 CUÁNTO/-A **Completa las preguntas con una forma del pronombre interrogativo cuánto y contesta las preguntas.** | Vervollständige die Fragen mit einer Form des Fragepronomens cuánto und beantworte die Fragen. ▶ Grammatik, 21

1. ¿__________ alumnos hay en tu clase de español? –Pues, hay __________.
2. ¿__________ gente vive en tu casa? –Somos __________ personas.
3. ¿__________ unidades/páginas tiene tu libro de español? –Tiene __________.
4. ¿__________ hermanas tiene Lucía? –__________.
5. ¿__________ tráfico hay en tu barrio/calle? –__________.
6. ¿__________ supermercados hay en tu barrio? –__________.
7. ¿__________ hermanos tiene Marta? –__________.
8. ¿__________ parques hay en tu ciudad? –__________.
9. ¿__________ panaderías hay en tu barrio? –__________.
10. ¿__________ piscinas hay en tu ciudad? –__________.

4 POSSESSIVBEGLEITER **María manda fotos de su familia. Completa las frases con los determinantes posesivos.** | Vervollständige die Sätze mit den Possessivbegleitern. ▶ Grammatik, 14

Hola Frida y Toñi:

Aquí tenéis fotos de __________ familia. Mira, estos son __________ hermanos. Y esta es una foto de __________ casa en __________ calle. __________ barrio es moderno pero __________ casa ya es bastante vieja. Aquí vivo con __________ abuelos y con __________ madre y __________ hermana. __________ hermano Julio tiene 20 años y no vive con nosotros. Vive con __________ compañeros cerca de la universidad y cerca de __________ padre. __________ padre vive con __________ novia.

stock.adobe.com/ekaterina_belova

¿Y vosotros? ¿También tenéis fotos de __________ familia? ¿Cómo son __________ vidas? Y __________ casa y __________ barrio, ¿cómo son?

Un abrazo,

María

5 KONTRAKTION DEL/DE LA **Contesta las preguntas y apunta los sustantivos adecuados.** | Beantworte die Fragen und setze die passenden Substantive ein. ▶ Grammatik, 13

de + el = del

cafetería · plaza · instituto · calle Goya · universidad · hotel Marysol · supermercado · restaurante Monte Mayor · biblioteca · centro · polideportivo · centro comercial · panadería · kiosco · heladería · gimnasio

1. ¿Dónde vive Marta? –Pues, creo que vive cerca del __________
____
2. ¿Dónde está? –Pues, creo que está cerca de la __________
____

6 SER/ESTAR **¿Quién es? ¿Dónde está? Contesta las preguntas en tu cuaderno.** | Wer ist das? Wo ist er/sie? Beantworte die Fragen in deinem Heft. ▶ Grammatik, 11

1

Nico / hermano de Marta / alumno / polideportivo

Nico es el hermano de Marta. Es alumno en el instituto Calderón de la Barca. ¡Mira!, aquí está en el polideportivo (de su barrio).

2

Mariana y Natalia / hermanas de Lucía / biblioteca

3

Javi / hermano de Alejandro / alumno / instituto / calle Cervantes

4

Paula / amiga de Marta / española / en casa / barrio Vista Alegre

5

Tarek / divertido / hermano de Farid / amigo de Manuel / de Marruecos / centro comercial

7 SER/ESTAR/HAY **Subraya el verbo correcto.** | Unterstreiche das passende Verb. ▶ Grammatik, 12

1. Este **es / está / hay** mi instituto.
2. **Es / Está / Hay** en el centro.
3. Mi casa no **es / está / hay** lejos de aquí.
4. Cerca del instituto **es / está / hay** un parque.
5. Allí siempre **es / está / hay** mucha gente.
6. En mi clase de español no **estamos / hay** muchos alumnos.
7. En mi clase **son / están / hay** tres alumnos de Marruecos.
8. También **es / está / hay** un profesor nuevo en el instituto.
9. Es profesor de Inglés y **es / está / hay** de Londres[1].

1 **Londres** London

C ¿Adónde vamos?

Comprensión lectora

1 Completa las frases con la información correcta. | Vervollständige die Sätze mit den richtigen Informationen.
▶ Texto, p. 35

puedes tomar un café gratis hoy | quedan en una cafetería después | puedes hacer un taller de slackline | prueban el rocódromo nuevo | es en el centro cultural | hay un rocódromo nuevo | van al taller de slackline

1. En el parque ______.
2. En el polideportivo ______.
3. Manuel y Tarek ______.
4. En los restaurantes y en las cafeterías ______.
5. La presentación del libro ______.
6. Marta y sus amigos ______.
7. Lucía y Marta ______.

La lengua

2 GRUPPENVERBEN E/IE UND O/UE **Completa el esquema con las formas de los verbos.** | Fülle das Schema mit den Verbformen aus. ▶ Grammatik, 9, 16

	querer	poder
[yo]	______	______
[tú]	______	______
[él/ella]	______	______
[nosotros/-as]	______	______
[vosotros/-as]	______	______
[ellos/ellas]	______	______

3 Completa las frases con la forma correcta de los verbos probar, poder y costar. | Vervollständige die Sätze mit der richtigen Form der Verben probar, poder y costar. ▶ Grammatik, 16

1. Nosotros ______ el taller de slackline y vosotros, ¿qué ______ hoy?
2. Hoy ______ ir al cine con tu padre o a la piscina con tu hermana.
3. Mi primo ______ el rocódromo nuevo en el polideportivo y yo ______ ir al parque porque ______ mi slackline nuevo. El rocódromo ______ 5 euros pero mi slackline es gratis. ☺
4. Hoy ______ (nosotros) ir a la heladería. Los helados solo ______ un euro hoy.
5. ¿Por qué no ______ el rocódromo nuevo con tus amigos? –Hoy no ______.
6. Hoy mis padres no ______ ir al centro cultural con nosotras, pero mañana ______ ir con ellos.

4 IR AL / A LA **Usa una forma de ir al o ir a la y formula una frase como en el ejemplo.** | Verwende eine Form von ir al oder ir a la und formuliere einen Satz wie im Beispiel.

▶ Grammatik, 19

a + el = al

1. mi familia / *ir* / a veces / de mi barrio / restaurante nuevo

   Mi familia a veces va al restaurante nuevo de mi barrio.

2. *ir* (yo) / casi siempre / para hacer deporte / polideportivo

   ______

3. Juan y su novia / heladería nueva / *ir* / a veces

   ______

4. ¿por qué? / *ir* (vosotros)/ nunca / teatro / con nosotros

   ______

5. ¿con quién? /parque / siempre / *ir* (tú)

   ______

6. Lucía y Marta / piscina / *ir* / a veces

   ______

7. centro cultural / mis amigos y yo / casi nunca / *ir*

   ______

8. Lena / *ir* / normalmente / con su novio / cine

   ______

5 VERBEN **Completa el diálogo con la forma correcta de los verbos.** | Setze die richtige Form der Verben ein.

Tarek: Oye, Alejandro. Manuel y yo ______ (*ir*) al rocódromo nuevo en el polideportivo. ¿______ (*tener*) tiempo? Entonces ______ (*poder*) ir con nosotros.

Alejandro: Sí, ______ (*querer*) pero hoy no ______ (*poder*). ______ (*tener que*) estudiar para el examen de Inglés. ______ (*ser*) mañana.

Tarek: Nunca ______ (*hacer* / tú) deporte. Solo ______ (*estudiar* / tú) para los exámenes.

Alejandro: Sí, ______ (*hacer* / yo) deporte. A veces ______ (*ir* / yo) a la piscina.

Tarek: ¡Venga, chico! Hoy ______ (*poder*) probar el rocódromo nuevo gratis con nosotros. ______ (*poder* / nosotros) quedar en la plaza…

Alejandro: Sí, pero no ________________ (*poder* / yo). Pero ¿por qué no ________________ (*probar* / nosotros) el taller de slackline en el parque mañana? ________________ (*poder*) quedar después del examen. Los alumnos ________________ (*pagar*) muy poco.

Tarek: Bueno, ¿por qué no? ________________ (*quedar* / nosotros) en el parque mañana y hoy ________________ (*ir* / yo) al rocódromo con Manuel.

Alejandro: Y después ________________ (*poder* / tú) invitar a Marta a un café en la cafetería nueva en el parque…

Tarek: Y tú ¿qué ________________ (*hacer*) después? ¿________________ (*estudiar*)?

Alejandro: No, ________________ (*ir*) al cine con Lucía.

Tarek: Pues, ¡hasta mañana entonces!

6 ¿Cómo lo dices en español? | Wie drückst du das auf Spanisch aus?

Anders als im Deutschen steht im Spanischen der Infinitiv immer direkt hinter dem konjugierten Modalverb:
Wir können morgen zusammen in den Park gehen.
Mañana podemos ir al parque juntos.

1. Ich will mich morgen mit meiner Freundin verabreden.

____

2. Heute können wir in der Eisdiele keinen Kaffee zusammen trinken.

____

3. Heute kann mein Freund sich nicht verabreden, weil er noch so viele Sachen machen muss.

____

____

4. Willst du mit meiner Familie morgen ins Schwimmbad gehen?

____

5. Morgen musst du noch für die Englischklausur lernen.

____

6. In meinem Stadtviertel kann ich immer lustige Sachen mit meinen Freunden machen.

____

____

Comprensión auditiva

7 Marta llama a Alejandro. Escucha su conversación y contesta las preguntas. | Marta ruft Alejandro an. Höre zu und beantworte die Fragen.

1. ¿Dónde están? ________________
2. ¿Dónde quedan? ________________
3. ¿Adónde quieren ir? ________________

Expresión oral

8 Haced el tándem. ▸ p. 142

Taller de lectura

www.buscahoteles.con

HOSTAL ANTONÍ

stock.adobe.com/Kavalenkava

9,1 Magnífico
2036 Opiniones

Ubicación ☆☆☆☆☆
Servicios ☆☆☆☆☆
Habitación ☆☆☆☆☆

Ubicación:

El hostal está en el barrio Sant Antoní. Es uno de los barrios más famosos y antiguos de Barcelona con muchísima vida. Además es muy central. Justo a la esquina encuentras los mejores lugares para salir. Los bares más chulos, los restaurantes más ricos y los clubs más de moda. En la Plaza Catalunya y la Rambla hay muchos cafés, heladerías, etc., y están a solo 15 minutos caminando. En el mercado Antoní puedes comprar de todo: frutas, carne... (y lo puedes preparar en nuestra cocina completamente equipada con tus amigos). Además tienes un supermercado y muchos kioscos al lado. ¡Ven al *Hostal Antoní* y disfruta de unas vacaciones inolvidables!

Llegada:

El hostal está a solo cuatro paradas de metro de la estación central y a media hora del aeropuerto.

HOSTAL BAMA

HOTEL FAVORITO

Shutterstock.com/Kert

9,5 Genial
4128 Opiniones

Ubicación ☆☆☆☆☆
Servicios ☆☆☆☆☆
Habitación ☆☆☆☆☆

Ubicación:

Nuestro hostal *Bama* está en una zona maravillosa de Barcelona, ¡a solo 500 metros de la playa! Nuestro barrio es tranquilo y hay poco tráfico. Puedes pasear por calles pintorescas y tomar algo en uno de los pequeños cafés, son muy acogedores. Por solo 5 Euros al día puedes alquilar una bici para descubrir todo a golpe de pedal. Si te gusta estar en la naturaleza, relajarte y disfrutar de la tranquilidad, ¡este es el lugar ideal para ti!

Equipamiento:

Nuestras habitaciones disponen de baños privados y cajas fuertes.

1 Ein Freund von dir möchte seinen 18. Geburtstag in Barcelona verbringen, um dort mit Freunden feiern zu gehen. Welches Hostel empfiehlst du ihm?

2 Belege deine Wahl am Text: Welches Hostel ist besser für dich geeignet, wenn du

- nah am Zentrum wohnen möchtest?
- gerne im Meer schwimmen gehst?
- viel mit dem Fahrrad erkunden möchtest?
- gerne auf Märkten einkaufen gehst?
- gerne in einem ruhigen Viertel wohnen möchtest?
- gerne tanzen gehst?

1 VERBEN AUF -AR; SER **Completa con la forma correcta de los verbos hablar, estudiar, trabajar, charlar, practicar y ser.** | Vervollständige die Sätze mit der richtigen Form der Verben hablar, estudiar, trabajar, charlar, practicar und ser.

1. Hola, yo ______________ Pedro. ______________ de Barcelona.
2. Manuel y Marta ______________ en la plaza.
3. Y vosotros, ¿______________ o ______________?
   –¿Nosotros? ______________ en el instituto Parque Aluche.
4. Oye, tu madre ______________ inglés, ¿verdad?
5. Marta, tú ______________ alemán, ¿verdad? ¿______________ (nosotras) un poco?
6. Mateo, ¿tú ______________ de La Coruña, ¿verdad? ¿Qué lenguas
   ______________ en casa? –Pues en casa ______________ gallego y español.
7. Y vosotras, ¿quiénes ______________? –Nosotras ______________ Julia y Cristina.
8. ¿Yo? No, yo todavía no ______________. ______________ en el instituto Parque Aluche.

2 VERBEN AUF -AR, -ER UND -IR **Apunta las preguntas y las respuestas como en el ejemplo.** | Schreibe die Fragen und Antworten wie im Beispiel.

1. ¿dónde? / *vivir* (vosotros) → Barcelona
   ¿Dónde vivís? –Vivimos en Barcelona.
2. ¿qué? / *escribir* (tú) → mensaje
   ____
3. ¿dónde? / *estudiar* (vosotros) → instituto Parque Aluche
   ____
4. ¿quiénes? / *aprender* alemán → Marta y Lucía
   ____
5. ¿quién? / *recibir* un mensaje → Alejandro
   ____
6. ¿dónde? / *vivir* Lucía → Madrid
   ____
7. ¿qué? / *leer* (vosotros) → textos de Inglés
   ____

3 TENER **Luis se presenta. Escribe sus frases.** | Luis stellt sich vor. Schreibe auf, was er sagt.

Hola, soy Luis...
____
____
____
____
____

Luis (16) • Madrid • barrio: Argüelles (calle de Ferraz 58) • alumno de bachillerato (instituto Lope de Vega) • dos hermanos: María (12), Nicolás (14)

shutterstock / RimDream

4 POSSESSIVBEGLEITER UND ADJEKTIVE **Completa los textos con los determinantes posesivos adecuados y la forma correcta de los adjetivos.** | Vervollständige die Texte mit den passenden Possessivbegleitern und der richtigen Form der Adjektive.

1. Hola, soy Elena. Soy una persona bastante ______ (creativo/-a) y ______ (alegre). ______ madre también es así, pero ______ padre no. Él es un poco ______ (serio/-a) y también bastante ______ (estricto/-a). Y ______ padres, ¿cómo son?
2. Este es Polo. Es un chico muy ______ (majo/-a). Vive con ______ familia en el centro de Madrid, en el barrio de Lavapiés. ______ padres son muy ______ (divertido/-a) y ______ (alegre). Pero ______ hermana, Alba, es ______ (diferente[1]): es bastante ______ (tranquilo/-a) y ______ (tímido/-a). No habla mucho.

1 **diferente** *hier* anders

5 SER/ESTAR/HAY **Completa el diálogo con la forma correcta de los verbos ser, estar o hay.** | Vervollständige den Dialog mit der richtigen Form der Verben ser, estar oder hay.

Elena: Hola, Polo, ¿cómo ______ tu barrio nuevo? ¿______ ruidoso?

Polo: Pues sí. ______ bastante cerca del centro, por eso ______ mucha vida.

Elena: Y tu calle, ¿cómo ______? ¿______ fea?

Polo: Pues no. Las casas ______ muy bonitas. Además ______ un centro comercial y una biblioteca. ______ muy cerca.

6 **Manuel le pregunta a Lucía por sus actividades. Escribe las preguntas y las respuestas con la forma correcta de los verbos ir, poder, tener que y querer.** | Manuel fragt Lucía nach ihren Aktivitäten. Schreibe die Fragen und Antworten mit der richtigen Form der Verben ir, poder, tener que und querer.

1. ¿*Ir* / hoy / al parque? → no / *poder* / *tener* que / estudiar alemán
   ¿Vas hoy al parque? –No puedo, tengo que estudiar alemán.
2. ¿*Ir* / después / a la heladería? → sí / *querer* / tomar / café con Marta
   ______
3. ¿*Querer* (vosotras) / ir / al cine? → no / *poder* / *tener* que / practicar alemán
   ______
4. ¿*Ir* / mañana / al polideportivo? → sí / *querer* / probar / el rocódromo con Tarek
   ______
5. ¿*Poder* / ir / con vosotros? → sí / *poder* / *quedar* / en el parque
   ______
6. ¿*Ir* (vosotros) / después / al museo? → no / *poder* / Tarek / *tener* que / ir a la piscina
   ______
7. ¿*Ir* (nosotros) / al museo? → sí / mañana / no / *tener* que / estudiar
   ______

¡Vamos!

Comprensión lectora

1 ¿Qué (no) les gusta hacer a los chicos? Relaciona las frases con las personas y pon el número correspondiente. | Ordne die Aussagen den Personen zu, indem du die entsprechende Zahl neben die Namen schreibst. ▶ Texto, p. 44/45

1. «No me gusta hacer deporte.» 2. «También me gusta bailar.» 3. «A mí no me gusta jugar al fútbol.»

4. «Me gusta bastante jugar al fútbol.» 5. «A mí me gusta ir al gimnasio.» 6. «Me gusta escuchar música.»

Tarek: ________ Alejandro: ________ Lucía: ________ Manuel: ________

La lengua

2 Completa el crucigrama con las actividades. | Fülle das Wortgitter mit den Freizeitbeschäftigungen aus.

1▸ tocar la ~
2▸ ir a ~
3▸ usar el ~
4▸ ~ un café
5▸ hacer ~ en el gimnasio
6▸ escuchar la ~
7▸ ~ en la discoteca
8▸ ~ con amigos
9▸ leer ~, periódicos y revistas
10▸ ~ a España
11▸ ver la ~

Solución: ____________________

3 GUSTAR **¿Cuáles de estas actividades te gustan? Formula frases con me gusta mucho/bastante o no me gusta (nada).** | Formuliere Sätze mit me gusta mucho/bastante oder no me gusta (nada). ▶ Grammatik, 23

1

stock.adobe.com/Andrey Popov

2

stock.adobe.com/steevy84

3

shutterstock / Dudarev Mikhail

4

shutterstock / g-stockstudio

4 TAMBIÉN/TAMPOCO **Tu amigo español te pregunta qué te gusta hacer. Contéstale.** | Dein spanischer Freund fragt dich, was du gerne machst. Antworte ihm. ▶ Grammatik, 22

a mí | sí / no / también / tampoco

1. ¿A ti te gusta ir al cine?
2. ¿A ti te gusta escuchar la radio?
3. A mí no me gusta bailar. ¿Y a ti?
4. A mí me gusta viajar. ¿Y a ti?
5. ¿A ti te gusta ir a conciertos?
6. A mí me gusta ir al teatro. ¿Y a ti?

1. ____________
2. ____________
3. ____________
4. ____________
5. ____________
6. ____________

A ¿Qué estáis haciendo?

Comprensión lectora

1 **¿De qué chatean los amigos? Termina las frases según el contenido del chat.** | Worüber chatten die Freunde? Beende die Sätze. ▶ Texto, p. 47

1. Los chicos chatean porque ______.
2. Tarek y Manuel quieren ir a un concierto porque ______.
3. Lucía no puede ir porque ______.
4. Marta y Lucía quedan en casa para ______.
5. Al final[1] Lucía está superfeliz porque ______.
6. Los amigos quedan ______.

[1] **al final** am Ende

La lengua

2 ESTAR + GERUNDIO **Pon los verbos siguientes en la forma del gerundio. Después, termina las frases.** | Setze die folgenden Verben ins *gerundio* und führe sie zu Ende. ▶ Grammatik, 24

yo / *buscar* tú / *jugar* ella / *leer* nosotros / *ver* vosotros / *tocar* ellos / *hacer*

1. Estoy ______ buscando ______ ______
2. Estás ______ ______ ______
3. ______ ______ ______
4. ______ ______ ______
5. ______ ______ ______
6. ______ ______ ______

3 DAS INDIREKTE OBJEKTPRONOMEN **Durante el recreo los chicos hablan del concierto. Completa el diálogo con la forma correcta del pronombre indirecto.** | Ergänze mit dem indirekten Objektpronomen. ▶ Grammatik, 23

Tarek: Mañana vamos al concierto. Es que a nosotros ______ gusta mucho el rap. Chicos, ¿queréis ir también? ¿______ mando el enlace del grupo?

Juan: ¡Sí, claro! Oye, Tarek, ¿dónde es el concierto? ¿______ das la dirección, por favor?

Tarek: Claro. Es en el Palacio «Vistalegre». Está muy cerca. ¿Y qué pasa con Marta?

Juan: No sé, no ______ contesta. ¡Pero creo que es fan de este grupo!

Tarek: Sí, ¡es verdad! ______ escribo y ______ mando el enlace del grupo, también. Y tú. Laura, ¿quieres ir?

Laura: No puedo. Tengo que estudiar para el examen de Alemán. Aprendemos el acusativo.

Tarek: ¿El acu… qué? ¿______ tomas el pelo?

Juan: Anda, Laura, ______ explico[1] el tema. No es difícil.

Laura: ¡Guay! Entonces, sí voy.

[1] **explicar** erklären

4 GUSTAR **Haced el tándem 1.** ▶ p. 143/1

3

Expresión oral

5 Haced el tándem 2. ▸ p. 143/2

Expresión escrita

6 a Marta quiere ir al teatro para ver la comedia «Demonios». Por eso empieza un chat con Lucía y Alejandro. Completa con las expresiones. | Marta möchte ins Theater gehen. Vervollständige den Chat mit den Ausdrücken.

¿Me estás tomando el pelo? ¡Buena idea! ¡Venga! ¿Qué pasa?

grupo de chat

Marta: Lucía, Alejandro, ¿qué estáis haciendo?

Lucía: Estoy viendo la tele.

Alejandro: Estoy leyendo. ______

Marta: ¿Os gusta ir al teatro? Hoy hay una comedia[1] superguay en el Teatro Minutito, «DEMONIOS». Os mando una foto. ¿Vamos?

Alejandro: ¿Ir al teatro? ______

Marta: ______ ¡¡Es superdivertido!!

Lucía: ______ A mí me gusta el teatro.

…

1 la comedia die Komödie

b Continúa el chat en tu cuaderno y elige una de las alternativas. | Führe den Chat in deinem Heft fort und wähle eine der folgenden Alternativen.

1. Die Freunde gehen ins Theater und trinken vorher etwas.
2. Lucía hat leider keine Zeit, da sie lernen muss, aber Marta und Alejandro gehen ins Theater.
3. Die Freunde gehen nicht ins Theater, sondern ins Kino.

Comprensión auditiva

7 Escucha: ¿cómo están los chicos? ¿Por qué? Marca los adjetivos adecuados y luego termina las frases. | Kreuze die passenden Adjektive an und führe die Sätze zu Ende.

1. Raquel está ☐ feliz ☐ contenta ☐ nerviosa porque ______
2. Elena está ☐ cansada ☐ feliz ☐ nerviosa porque ______
3. Guillermo está ☐ nervioso ☐ contento ☐ cansado porque ______
4. Mateo está ☐ contento ☐ nervioso ☐ cansado porque ______
   ______
5. Begoña está ☐ contenta ☐ cansada ☐ feliz porque ______
   ______

B Ropa para una entrevista

Comprensión lectora

1 **¿Qué prenda le gusta a quién y por qué? Completa la tabla.** | Wem gefällt welches Kleidungsstück und warum? Ergänze die Tabelle. ▶ Texto, p. 50

¿Qué?	¿A quién?	¿Por qué?
La camisa rosa	le gusta mucho a ______ no le gusta a ______	______ ______ ______
El pantalón gris	les gusta a ______	______ ______
Los zapatos negros	le encantan a ______ no le gustan a ______	______ ______ ______
El cinturón	no le gusta a ______	______

La lengua

2 ¿QUÉ?/¿CUÁL? **Contesta el cuestionario de moda y completa con ¿qué? o ¿cuál/es?.** | Beantworte den Fragebogen und ergänze mit ¿qué? oder ¿cuál/es?. ▶ Grammatik, 25

1. ¿______ es tu color favorito? ______
2. ¿______ color no te gusta nada? ______
3. ¿______ pantalones prefieres, los elegantes o los cómodos? ______
4. Tienes dinero para comprar una camisa blanca o negra. ¿______ compras?

______

3 DIE DEMONSTRATIVBEGLEITER UND -PRONOMEN **Estás en una tienda de ropa. Completa las frases con este/ese, esta/esa, estos/esos, estas/esas.** | Ergänze mit este/ese, esta/esa, estos/esos, estas/esas. ▶ Grammatik, 26

1. ______ cinturón no es muy caro, ______ sí.
2. ______ jerséis son de buena calidad, ______ no.
3. ______ camisas son muy elegantes, ______ no.
4. ______ zapatos no son de cuero, ______ sí.

4 GUSTAR/ENCANTAR **En una entrevista en la calle, dos chicas hablan de sus gustos. Completa con las formas correctas de gustar y encantar y los pronombres.** | Zwei Mädchen werden auf der Straße interviewt. Ergänze mit gustar und encantar sowie den indirekten Objektpronomen. ▸ Grammatik, 23

☺☺☺ encanta/n ☺☺ gusta/n mucho ☺ gusta/n ☹ no gusta/n ☹☹ no gusta/n nada

Cristina: Hola, soy Cristina. Estoy haciendo una entrevista para saber[1] qué ____________ ☺ a los chicos y chicas de hoy. ¿Quiénes sois?

Julia y Ana: Somos Ana y Julia y tenemos 15 años.

Cristina: Julia, ¿qué ____________ ☺ hacer en tu tiempo libre?

Julia: A mí ____________ ☺ ir al cine.
¡____________ ☺☺☺ las películas españolas!
Y también ____________ ☺☺ escuchar música y leer.

Cristina: Y a ti, Ana, ¿qué ____________ ☺?

Ana: ¡A mí ____________ ☺☺☺ la música! Toco la guitarra y bailo. Y el cine también ____________ ☺, pero ____________ ☹ las películas españolas. Prefiero las americanas.

Cristina: ¿Y la tele? ¿A vosotras ____________ ☺ la tele?

Julia: Pues a mí ____________ ☹☹.

Ana: A mí ____________ ☹ tampoco. Veo vídeos en Internet, eso sí, pero ¿ver la tele? Casi nunca.

Cristina: ¿Y ____________ ☺ el instituto?

Julia: A mí sí. Y a Ana también ____________ ☺ bastante. Bueno, los exámenes no…

1 saber erfahren

Comprensión auditiva

5 a Escucha: ¿qué prendas les gustan a los chicos? Marca las prendas correctas. | Welches Kleidungsstück gefällt den Personen? Wähle die richtigen Teile aus. Einige bleiben übrig.

1 ☐ 
2 ☐ 
3 ☐ 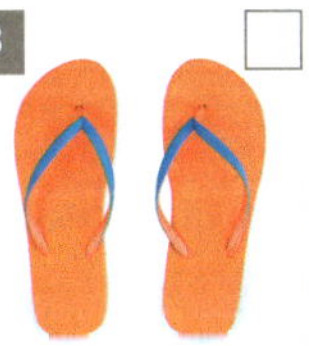
4 ☐ 
5 ☐ 
6 ☐ 

b Escucha otra vez. ¿Que prendas le gustan a quién y por qué? | Wem gefällt welches Kleidungsstück und warum?

	¿Qué prenda le gusta?	¿Por qué?
1. Pablo		
2. Toño		
3. Sara		
4. Rosa		

C ¡Así soy yo!

Comprensión lectora

1 a ¿Cuáles de los chicos encajan en el anuncio «proyecto cine»? Elige los dos dibujos correctos y justifica tu elección. | Welche Personen passen zur Anzeige „Proyecto cine“? Wähle die zwei passenden Bilder und begründe deine Wahl.

► Texto, p. 53

1  ☐
2  ☐
3  ☐
4  ☐
5  ☐

____

____

b ¿Como es Arib? Completa la ficha. | Vervollständige den Steckbrief.

Arib

busco:

lenguas:

aficiones[1]:

aspecto físico[2]:

1 la afición das Hobby   2 el aspecto físico das Aussehen

La lengua

2 a Apunta los antónimos. | Bilde Gegensatzpaare.

alto/-a ≠ ______________
rubio/-a ≠ ______________
gordo/-a[1] ≠ ______________
el pelo rizado ≠ ______________
el pelo corto ≠ ______________
los ojos oscuros[2] ≠ ______________

1 oscuro/-a dunkel   2 gordo/-a dick

b Le pides a un amigo llevar unos libros a Pepa y Javier. Como no los conoce, se los describes. | Du bittest einen Freund, Pepa und Javier Bücher mitzunehmen. Da er sie nicht kennt, beschreibst du sie ihm.

1 

Pepa es ______________
y ______________.
Tiene el pelo ______________
______________,
______________ y
______________.
Sus ojos son ______________
______________.

2 

Javier es ______________
____
____
____
____
____
____
____
____

3 DIREKTES OBJEKT BEI PERSONEN (A) **¿Qué hacen los amigos? Formula frases. Utiliza la preposición a si es necesario.** | Formuliere Sätze. Verwende die Präposition a, falls nötig. ▶ Grammatik, 28

1. Lucía / *buscar* / Marta __________
2. Marta / *usar* / el ordenador __________
3. Alejandro / *leer* / una revista __________
4. Manuel / *ver* / su amigo __________
5. Lucía / *tocar* / la guitarra __________
6. Tarek / *describir* / su familia /en una entrevista __________

3

Comprensión auditiva

4 a **Escucha: ¿cómo describen los chicos a sus hermanos? Apunta el aspecto físico de Daniel y Susana (estatura, pelo, ojos...) y cómo son.** | Wie beschreiben die Personen ihre Brüder? Notiere ihr Aussehen (Statur, Haar, Augenfarbe ...).

b **¿Qué más entiendes?** | Was verstehst du noch?

Expresión escrita

PF **5** **Contesta el primer e-mail de tu futuro intercambio español Miguel.** | Beantworte die erste E-Mail deines zukünftigen spanischen Austauschpartners Miguel in deinem Heft.

es_mail | enviar | insertar | ortografía | opciones | cancelar

De: miguel_zapatero@terra.esp

Asunto: Hola: ¡Soy Miguel!

Hola, me llamo Miguel. ¡Soy tu intercambio de Madrid! Tengo 16 años y estudio en el instituto «Lope de Vega». Tengo dos hermanos mayores, Juan y Pablo. También están en la foto que te mando. Yo soy el chico alto y delgado con el pelo rubio. A mis hermanos y a mí nos encanta pasar tiempo en el Retiro, es un parque muy grande en el centro de Madrid. Muchas veces quedamos con amigos allí. Además me gustan mucho los deportes, sobre todo el fútbol, y escuchar música. También voy mucho al cine. ¿Y tú? ¿Quién eres? ¿Cómo eres? ¿Qué haces en tu tiempo libre? ¿Tienes hermanos? Me encantaría saber de ti pronto.
Saludos, Miguel

Taller de lectura

¿Todavía te faltan regalos para Reyes? Descubre la moda de Luza y aprovecha nuestras ofertas de Reyes.

stock.adobe.com/Amir Kaljikovic

COMPRA DOS ARTÍCULOS Y BENEFÍCIATE DE UN

–50 % (1)

EN EL SEGUNDO ARTÍCULO

O

COMPRA TRES ARTÍCULOS
Y EL TERCERO ES

GRATIS! (2)

(1) Oferta válida del 18 de diciembre hasta el 6 de enero en la compra del segundo artículo más barato. La oferta es válida en todas las tiendas de España y es aplicable en toda la colección de invierno, excepto en tarjetas regalo, en antiguas colecciones y en la Edición Limitada Estrellas. No acumulable a otras ofertas o promociones. Ver condiciones en tienda.

(2) Oferta válida del 15 de diciembre hasta el 6 de enero en la compra del tercer artículo más barato. La oferta es válida en todas las tiendas de España y es aplicable en toda la colección de invierno y de otoño, excepto en la colección Milagro. No acumulable a otras ofertas o promociones. Ver condiciones en tienda.

Shutterstock.com

1 **Betrachte die Anzeige. Worum handelt es sich vermutlich?**

2 **Lies nun die Anzeige im Detail. Welche der Aussagen sind richtig? Belege deine Auswahl am Text.**

1. ☐ Wenn man zwei Artikel erwirbt, kostet der günstigere nur die Hälfte.
   ☐ Es wird ein Rabatt von 50 % auf alle Artikel gewährt.
   ☐ Wenn man mehrere Artikel kauft, ist der zweite ein kostenloses Geschenk.

2. ☐ Das Angebot gilt für das gesamte Warenangebot.
   ☐ Das Angebot gilt nicht für das komplette Sortiment.
   ☐ Das Angebot gilt ausdrücklich nur im Laden, nicht im Onlinekatalog.

3. ☐ Wenn man drei Artikel kauft, ist der dritte kostenlos.
   ☐ Wenn man drei Artikel kauft, erhält man den dritten Artikel zum halben Preis.
   ☐ Wenn man drei Artikel kauft, bekommt man einen vierten Artikel gratis.

4. ☐ Das Angebot lässt sich mit weiteren Aktionen kombinieren.
   ☐ Das Angebot gilt in allen Läden spanienweit.
   ☐ Das Angebot gilt nur für in Verbindung mit Wertgutscheinen.

5. ☐ Die Anzeige soll besonders Leute ansprechen, die noch nach Geschenken suchen.
   ☐ Die Anzeige wirbt für den Winterschlussverkauf.
   ☐ Die Anzeige bewirbt die Neueröffnung einer Filiale.

3 **Welches Angebot gefällt dir besser und warum?**

Comprensión lectora

1 Completa con la información que falta. ▸ Texto, p. 56/57

1. Soledad y su prima visitaron la Sagrada Familia, la obra más famosa del ______________________ Gaudí.
2. El ______________________ es el lugar perfecto para descansar.
3. En la ______________________ tomaron algo en un chiringuito.
4. En ______________________ puedes ir de compras y siempre hay un montón de turistas.
5. Comieron *pa amb tomàquet* en el ______________________.

Comprensión auditiva

2 a ¿Adónde pueden ir Jorge, Andrés y Julia en Barcelona? Relaciona las personas con los lugares adecuados.

Shutterstock.com/Damir Khabirov
Jorge

Shutterstock.com/Daniel M Ernst
Andrés

Shutterstock.com/WAYHOME studio
Julia

Shutterstock.com/TTstudio
1 el museo MNAC

Shutterstock.com/natalya sterleva
2 el Mercat de la Boqueria

Shutterstock.com/LALS STOCK
3 las Ramblas

Shutterstock.com/Iakov Filimonov
4 el Camp Nou

Shutterstock.com/Boule
5 la Barceloneta

b ¿Adónde pueden ir los tres juntos?

____

La lengua

3 PRETERITO INDEFINIDO Completa con las formas correctas del pretérito indefinido. ▸ Grammatik, 47

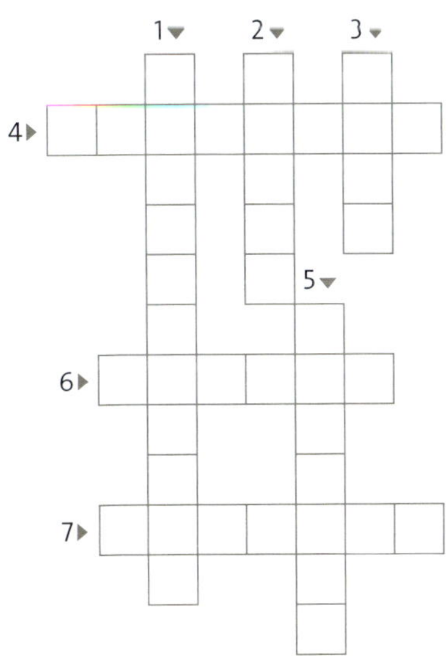

Waagerecht: ▸
4 quedar (ellos/-as)
6 usar (nosotros/-as)
7 vivir (tú)

Senkrecht: ▾
1 recibir (vosotros/-as)
2 salir (él/ella)
3 tomar (yo)
5 comer (tú)

4 a PRETÉRITO INDEFINIDO **Apunta para cada verbo del presente la forma correspondiente del pretérito indefinido.**
► Grammatik, 47

bailas: ______	abrís: ______
como: ______	comprenden: ______
habláis: ______	entiende: ______
vivimos: ______	escribo: ______
escuchan: ______	estudiáis: ______
compro: ______	mandas: ______
invitamos: ______	viaja: ______
sales: ______	prueba: ______

b Escoge cinco verbos de a y escribe una frase con cada verbo en pretérito indefinido en tu cuaderno.

5 PRETÉRITO INDEFINIDO **Lionel Messi habla sobre su vida y el fútbol. Completa su presentación con la forma correcta del pretérito indefinido.** ► Grammatik, 47

______ (*nacer* / yo) en 1987 en Rosario, Argentina. Mi mujer se llama Antonella Roccuzzo y es de Argentina también. Ella y yo ______ (*hablar*) por primera vez a los cinco años. Antonella, los tres chicos y yo somos una familia. Thiago ______ (*nacer*) en 2012, Mateo en 2015 y Ciro en 2018. En 2001 ______ (*viajar* / yo) a España para jugar en el FC Barcelona. Así, nuestros hijos ______ (*nacer*) en España. Por eso, Antonella y los tres hermanos también ______ (*aprender*) a hablar catalán. Para mí, el FC Barcelona es muy importante y me gusta mucho el estadio Camp Nou. Es un edificio muy grande y bonito de los arquitectos Francesc Mitjans Miró, Josep Soteras Mauri y Lorenzo García Barbón. El estadio ______ (*abrir*) sus puertas por primera vez en 1957. En 2019 nosotros ______ (*celebrar*[1]) muchos títulos en el Camp Nou. Y vosotros, ¿______ (*visitar*) el Camp Nou y su museo famoso durante vuestro viaje a Barcelona?

mauritius images/alamy stock photo/ VASILIS VERVERIDIS

1 celebrar feiern

Expresión escrita

6 Tu compañero de intercambio te visitó en tu casa durante una semana y le mostraste tu región. Al final le escribes un e-mail a tu amigo de Barcelona. Cuéntale: ¿qué lugares visitaste con tu compañero? ¿qué (no) le gustó?

es_mail | enviar | insertar | ortografía | opciones | cancelar

De: Lena53@twaii.deu

A: Sergio.López@post.esp

Asunto: saludos desde Alemania

¡Hola!
¿Cómo estás? Mi compañero de intercambio, Juan, estuvo de visita[1]...

1 estuvo de visita war zu Besuch

¡Vamos!

Comprensión lectora

1 ¿Qué pasa? ¿A qué hora? ¿Cuándo y dónde? Busca las horas y las fechas en los diálogos / en el cartel y da la información. ▶ Texto, p. 60/61

1  Ahora son las ______________________ ______________________.

2  La película ______________________ a las ______________________.

3 15/4 El maratón de Madrid es el quince ______________________.

4 12/11–13/11 La feria de __________ es del ______ al ______ de ______________.

5  ______________________ ______________________

6  ______________________ ______________________

7 10/5–14/5 ______________________ ______________________

8  ______________________ ______________________

9 8/1 ______________________ ______________________

10 23/9 ______________________ ______________________

La lengua

2 a ¿Qué hora es? Escribe la hora.

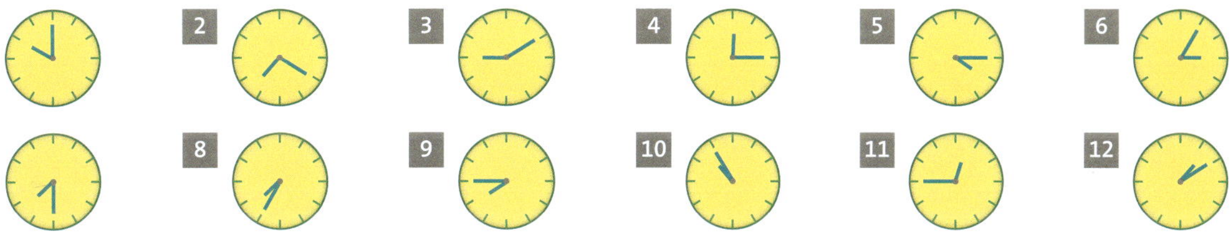

1. Son las ______________________
2. ______________________
3. ______________________
4. ______________________
5. ______________________
6. ______________________
7. ______________________
8. ______________________
9. ______________________
10. ______________________
11. ______________________
12. ______________________

b Escribe la hora en tu cuaderno.

Ejemplo: 22:43 Son las once menos diecisiete.

1	23:31	2	00:14	3	19:40	4	21:55	5	21:35	6	03:22
7	16:37	8	17:12	9	13:15	10	20:52	11	07:26	12	00:51

3 **En el recreo, tus amigos charlan y un alumno español quiere saber qué dicen. ¿Cómo lo dices en español?**

el viernes = **am** Freitag, d. h. (nur) diesen Freitag
los viernes = freitag**s**, d. h. jeden Freitag

1. Am Donnerstag habe ich eine Englischklausur.

____

2. Donnerstags haben wir von acht bis halb zehn Englisch(unterricht).

____

3. Am Montag gehen wir ins Kino.

____

4. Die „Nacht in Weiß" ist immer samstags.

____

5. Wann gehst du am Sonntag ins Schwimmbad?

____

6. Dienstags geht ihr immer ins Sportzentrum, stimmt's?

____

7. Mittwochs öffnet die Bibliothek nie.

____

8. Am Freitag fängt der Film schon um viertel vor acht an.

____

Comprensión auditiva

4 **a** **Escucha la conversación entre Lucía, sus hermanas Mariana y Natalia y su madre. Es domingo y hablan de la semana que viene. Completa la agenda de Lucía.**

Lunes	Martes
______	______
______	______
______	______

Miércoles	Jueves
______	______
______	______
______	______

Viernes	Sábado	Domingo
______	______	______
______	______	______
______	______	______

b **Escucha otra vez y completa la agenda de la familia.**

A El instituto

Comprensión lectora

1 a Marca con una cruz (x) el resumen correcto. ▶ Texto, p. 63

a) ☐ El tema del texto son las notas que necesitas para estudiar Medicina en España. Victoria Díaz es estudiante de Bachillerato y sus notas son muy buenas. En el texto de la revista, ella explica qué tienes que hacer para sacar buenas notas.

b) ☐ El tema del texto son las asignaturas en los institutos españoles. Victoria Díaz habla de sus asignaturas favoritas y de sus actividades de tiempo libre. A ella le gusta mucho salir y no le gusta trabajar para el instituto. Pero es inteligente y por eso saca buenas notas en casi todas las asignaturas.

c) ☐ El tema del texto es el secreto de Victoria Díaz para sacar buenas notas. Victoria es una muy buena alumna. En el texto ella habla de sus asignaturas, de su tiempo libre, y también nos explica qué podemos hacer para sacar buenas notas.

b Explica por qué los otros dos son falsos.

El resumen... no es correcto / es falso porque ____________________

____

____

____

La lengua

2 a IMPERATIV SINGULAR **La madre de Marta da muchos consejos a sus hijos. Elige el verbo correspondiente y completa con la forma del imperativo en singular.** ▶ Grammatik, 31

aprender *cerrar* *contestar* *dormir* *escribir* *escuchar* *estudiar* (x 2) *hablar* *hacer* *mirar* *poner*

1. Marta, por favor, ____________ bien en la clase de Química. En casa no tienes ayuda.
2. Siempre sacas malas notas en Física. ____________ un poco más, Nico, y ____________ atención en clase, por favor.
3. Lena, ____________ los deberes de Matemáticas con tu hermano. Hoy no puedo. ¿Vale?
4. ¿Tu libro de Geografía? A ver, ____________, aquí está.
5. Marta, ____________ más para Inglés. ____________ el vocabulario nuevo con tiempo. ¿Vale?
6. ¿Dónde tengo mi móvil? Bueno, Lena, ____________ un mensaje a la abuela que no podemos este fin de semana. ¿Vale?
7. Nico, ____________ alemán con tu padre. Él también habla alemán con vosotros.
8. Marta, ¿tienes tiempo hoy? … ¿Marta? ¡____________ mi pregunta!
9. Nico, ____________ ya. Son las once menos cuarto.
10. Marta, ____________ la puerta.

2 b IMPERATIV PLURAL **En clase, el profesor habla con sus alumnos. Elige el verbo correspondiente y completa con la forma del imperativo en plural.** ▸ Grammatik, 31

abrir *cerrar* *contestar* *dormir* *escribir* *escuchar* *hablar* *leer* *terminar* *trabajar*

1. ______________ vuestros libros en la página[1] 52 y ______________ las preguntas.
2. Ahora ______________ bien el diálogo y ______________ las preguntas en vuestros cuadernos[2].
3. Ahora ______________ un texto entre 100 y 150 palabras[3] sobre el tema «El día a día».
4. ______________ vuestros textos ya.
5. ¡______________ la puerta!
6. ______________ con vuestro compañero.
7. Jonas y Julian, ______________ en español, por favor.
8. Y Finja y Anna, ______________ en casa y no aquí, ¿vale?

1 la página die Seite
2 el cuaderno das Heft
3 la palabra das Wort

3 IMPERATIV MIT PRONOMEN **El hermano pequeño de Tarek tiene problemas en el colegio. ¿Qué le dice a su hermano? Utiliza el imperativo del singular con el pronombre adecuado.** ▸ Grammatik, 32

comprar *dar* *echar* *escribir* *explicar* *preguntar* *preparar*

1. ______________ eso otra vez, por favor.
2. ¡______________ el libro!
3. ¡______________ un helado!
4. ______________ el texto, por favor.
5. Tarek, ______________ una mano, por favor.
6. ¡______________ algo para comer!
7. –No entiendo los deberes de Inglés.
   –Pues, entonces ______________, chico.

4 BEGLEITER TODO/-A **Completa el blog con la forma correcta de todo + el artículo determinado.**

blog

¡Hola!

Soy Lena. Aquí quiero explicar que no a __________ ________ jóvenes les gusta ir al instituto. __________ ________ mundo tiene que ir al instituto pero no a __________ ________ alumnos les gusta estudiar. Pero __________ ________ gente piensa que el instituto es muy importante. Yo no. Hay muchas cosas que no necesitas en __________ ________ vida. Una compañera, por ejemplo, pasa __________ ________ días en la biblioteca y estudia. Es la típica empollona. Saca sobresalientes en __________ ________ exámenes y en __________ ________ asignaturas y siempre hace __________ ________ deberes. Pues, yo no. Prefiero hacer deporte. Por ejemplo, hoy voy __________ ________ día al polideportivo y mañana al parque porque el 15 de abril quiero hacer el maratón de Madrid. __________ ________ experiencias que hago cuando hago deporte son importantes para mí y también __________ ________ cosas que hago en mi tiempo libre.

¿Y tú? ¿Qué es importante para ti?

Comprensión auditiva

5 Escucha los mensajes de los chicos y apunta los nombres.

Lucía Manuel Marta Alejandro Tarek

1. Quiere jugar al voleibol con sus amigos. Es ______.
2. No tiene tiempo hoy. Es ______.
3. Tiene problemas con los deberes. Es ______.
4. Necesita una entrada. Es ______.
5. Quiere salir. Es ______.

Mediación

6 a Wie würdest du auf Spanisch mit deinen Worten diese Begriffe wiedergeben? ▶ Wörter umschreiben, S. 283

Versuche, mit deinen eigenen Worten den Sinn der Aussage wiederzugeben.

1. Es liegen keine Noten vor. ______
2. Hauptfach/Nebenfach ______
3. Wahlpflichtfach ______

b Die Mutter eines spanischen Austauschschülers ist in ihrer Firma für Personalfragen zuständig und hat eine Bewerbung eines deutschen Jugendlichen erhalten, der sich für ein dreimonatiges Praktikum im Sommer bewirbt. Sie braucht deine Hilfe, um das Zeugnis zu verstehen. Was sagst du? ▶ Palabrateca, p. 240; ▶ Sprachmittlung, S. 281

La madre: Tengo aquí el boletín de un chico alemán que quiere hacer prácticas en nuestra empresa, pero parece que las notas en Alemania son diferentes. Por favor, échame una mano: ¿es un buen alumno o no?

Tú: Sage zunächst ganz allgemein etwas über die Leistungen des Schülers.

La madre: Comprendo. ¿En qué asignaturas saca buenas notas?

Tú: Nenne die Fächer, in denen er gute und sehr gute Noten hat und erkläre, dass Spanisch sein Wahlpflichtfach ist.

La madre: Entonces tiene también buenas notas y habla al menos un poco de español. Perfecto. Entonces estudia y le gusta hacer deporte.

Tú: Erwähne, dass es in den Hauptfächern nicht so gut aussieht und dass das auch etwas über den Fleiß aussagt.

La madre: Ah, comprendo, vale. Pero ¿qué notas tiene en Matemáticas y en las Ciencias?

Tú: Nenne die Noten und erwähne, dass in Biologie und Chemie keine Noten vorliegen.

La madre: ¿Química y Biología no son asignaturas en Alemania?

Tú: …

La madre: Vale, ya comprendo. ¡Muchas gracias!

Ricarda-Huch-Oberschule
Integrierte Sekundarschule mit gymnasialer Oberstufe
Berlin, Bezirk Charlottenburg-Wilmersdorf

ZEUGNIS
für Benjamin Schulte geboren am 30. April 2000

1. Halbjahr der **Einführungsphase der gymnasialen Oberstufe**
im Schuljahr 2016–2017 Klasse 11.03

Fach	Punkt	Note	Fach	Punkt	Note
Wahlpflichtunterricht:					
Erdkunde	09	3+	Spanisch	10	2-
Pflichtunterricht:					
Deutsch	08	3	Mathematik	05	4
1. Fremdsprache Englisch	12	2+	Physik	05	4
ab Jahrgangsstufe: 1			Chemie	=	=
2. Fremdsprache Französisch	05	4	Biologie	=	=
Geschichte/ Politikwissenschaft	11	2	Musik	12	2+
Geografie/ Politikwissenschaft	09	3+	Bildende Kunst	12	2+
			Sport	13	1–

Freiwillige Unterrichtsveranstaltungen: ______

Bemerkungen: Benjamin ist Schüler der Ricarda-Huch-Oberschule. Der Unterricht in den Fächern PW und Biologie wurde auf Spanisch erteilt.

Versäumte Tage	2	davon unentschuldigt	=
davon unentschuldigt	=	Verspätungen	2
Versäumte Einzelstunden	7		

= versetzt in die Qualifikationsphase der gymnasialen Oberstufe

Berlin, 29. Januar 2017

Beurteilung der Leistungen: 1. = sehr gut. 2. = gut. 3. = befriedigend.
4. = ausreichend. 5. = mangelhaft. 6. = ungenügend
Zeugnis Z 300 Zeugnis der Einführungsphase der gymnasialen Oberstufe (Integrierte Sekundarschule, berufliches Gymnasium) – (11.11)

B ¿Quedamos?

Comprensión lectora

1 a Ordena los dibujos poniendo números en las casillas y el día de la semana. ▶ Texto, p. 66

1 
2 
3 
4 

☐ Es ____________. ☐ Es ____________. ☐ Es ____________. ☐ Es ____________.

b Describe la situación en los dibujos en el orden correcto.

____

____

____

____

____

____

La lengua

2 IR / VENIR Marta y Lucía encuentran a Manuel en la calle. Completa el diálogo con las formas de ir y venir.

> Wenn die Bewegung zum Sprecher hin geht, verwendet man in der Regel das Verb *venir*. Geht die Bewegung vom Sprecher weg, verwendet man *ir*.

Manuel: ¡Hola chicas! ¿Adónde ____________?

Lucía: ____________ al instituto y Marta ____________ al centro. Y tú, ¿de dónde ____________?

Manuel: ____________ de la casa de un compañero. Y vosotros, ¿de dónde ____________?

Marta: ____________ de la casa de Alejandro.

Manuel: ¿De Alejandro? ¿Pero por qué Alejandro no ____________ con vosotras entonces?

Marta: No sé. ¿Por qué?

Manuel: Pues, él también tiene que ____________ al instituto como Lucía y yo.

Marta: Ah, ahora comprendo por qué no tenéis tiempo para salir por la tarde hoy. ¿Por qué ____________ al instituto? ¿Qué hay?

Lucía: ____________ a una presentación de libro. Puedes ____________ con nosotros también.

Marta: No gracias. Prefiero ____________ al centro. Tarek ____________ también. Pero podemos quedar después. ¿Por qué no ____________ todos juntos a la heladería?

Manuel: No tengo mucho dinero. ¿Qué tal si ____________ a mi casa y vemos una película juntos?

Marta: Buena idea.

3 IR A + INFINITIV **¿Qué van a hacer los chicos un día antes de un examen? Formula las frases como en el ejemplo y escríbelas en tu cuaderno.** ▶ Grammatik, 33

Ejemplo: Primero Ana va a aprender el vocabulario nuevo y después…

1. Ana / aprender el vocabulario nuevo / escribir un texto en francés
2. Lucía / hacer todos los deberes otra vez / dormir antes de las nueve
3. Tarek y Marta / quedar en el parque / contestar las preguntas del profe otra vez
4. Manuel / leer / todos los textos otra vez / descansar un poco
5. poner (vosotros) atención / trabajar en grupos para preparar los diálogos
6. Lena / mirar todos los deberes otra vez / no hacer nada más
7. la madre de Nico le / preguntar muchas cosas con la ayuda de su cuaderno / tomar un helado juntos
8. ¿Y tú? ¿Qué hacer (tú) un día antes de un examen?

4 SABER / PODER **¿Cómo lo dices en español? Explica a un amigo español qué dicen tus amigos en alemán. Escribe las frases en tu cuaderno.** ▶ Grammatik, 35

1. Sag mal, Tim kann doch gut kochen, oder? Kann er nicht Freitag kommen und uns helfen?
2. Gute Idee … dann können wir zum Supermarkt gehen und einkaufen.
3. Super … dann kann ich mich ausruhen und ihr könnt schon mal alles vorbereiten!
4. Moment … Du kannst doch Gitarre spielen, oder? Dann kannst du mit Kathrin sprechen, sie kann Klavier spielen …
5. Dieser Tim … er kann so viele Sachen: er kann gut schwimmen, er kann gut Volleyball spielen … und er kann kochen!
6. Ist doch super … wir können ihm jetzt sofort eine SMS schreiben.

Comprensión auditiva

5 a Describe cada dibujo en tu cuaderno. Utiliza estar + gerundio. ▶ Grammatik, 24

¿Te acuerdas del gerundio? ▶ Unidad 3A

En el dibujo número uno/dos/tres veo a… Está/n…

b Escucha a los chicos. Después marca con una cruz el dibujo que mejor corresponde a la situación y explica por qué.

____

____

c Marca los temas. ¿De qué hablan los chicos?

concierto profesores deporte cocinar otros alumnos el móvil prácticas ropa
el fin de semana hermanos exámenes notas

d Explica el problema de Alejandro.

____

____

C Cintia, una chica de Perú

Comprensión lectora

1 a Marca la opción correcta según el reportaje con una cruz. ▶ Texto, p. 69

1. Por la mañana
   - ☐ Cintia prepara el desayuno para sus seis hermanos.
   - ☐ la madre les pone el uniforme escolar a sus hijos[1] pequeños.
   - ☐ Cintia se ducha primero y después desayuna.
2. Para ir a la escuela
   - ☐ Cintia va a pie.
   - ☐ la madre lleva a todos sus hijos[1] en autobús.
   - ☐ sus hermanos necesitan veinte minutos a pie.
3. Cintia se queja un poco
   - ☐ porque el autobús siempre llega tarde.
   - ☐ porque a veces no quiere aguantar a sus hermanos.
   - ☐ porque sus hermanos nunca se apuran.
4. A veces Cintia se queda en casa porque
   - ☐ pierde el autobús.
   - ☐ tiene que ayudar a su madre en el campo.
   - ☐ no hay clases cuando llueve.
5. El padre de Cintia
   - ☐ recoge siempre a sus hijos[1] de la escuela.
   - ☐ ve a sus hijos[1] solo por la tarde porque trabaja en Lima.
   - ☐ a veces viene de Lima y trae regalos para sus hijos[1].
6. Cintia
   - ☐ se acuesta tarde aunque se levanta a las cinco de la mañana.
   - ☐ está cansada por la noche.
   - ☐ quiere vivir en Lima y tener más tiempo libre.

1 **el hijo / la hija** der Sohn / die Tochter

b Corrige las opciones falsas en tu cuaderno con la información del reportaje.

La lengua

2 Completa el texto con la forma correcta de los verbos. ▶ Grammatik, 36

shutterstock / Blend Images

El padre de Cintia ________________ (*llamarse*) Roberto y ________________ (*trabajar*) en una fábrica[1] de zapatos en Lima, la capital de Perú. No ________________ (*ver*) mucho a su familia pero en el campo no ________________ (*tener*) suficiente trabajo. Por eso siempre les ________________ (*llevar*) regalos cuando ________________ (*ir*) a su pueblo para ________________ (*ver*) a sus hijos[2] y a su mujer[3]. Solo ________________ (*vivir*) en Lima para trabajar y por eso casi nunca ________________ (*quedar*) con sus compañeros de trabajo. Todos los días ________________ (*levantarse*) muy temprano – normalmente a las cinco. ________________ (*ducharse*), ________________ (*desayunar*) y ________________ (*ponerse*) su ropa de trabajo. Después ________________ (*tomar*) el autobús. No ________________ (*poder*) ir a pie porque ________________ (*vivir*) en un barrio que ________________ (*estar*) bastante lejos (de la fábrica). A veces ________________ (*levantarse*) un poco tarde y entonces ________________ (*perder*) el autobús. Sin embargo no ________________ (*apurarse*) porque ________________ (*poder*) tomar el próximo autobús también para no ________________ (*llegar*) tarde al trabajo. Por la noche, en casa, ________________ (*cocinar*) algo, ________________ (*ver*) la tele o ________________ (*leer*) un libro y casi siempre ________________ (*acostarse*) antes de las diez de la noche.

1 **la fábrica** die Fabrik 2 **el hijo** der Sohn, das Kind 3 **la mujer** die Ehefrau

3 IMPERATIV DER REFLEXIVEN VERBEN **Este fin de semana, el padre de Cintia esta en casa. Usa el imperativo del verbo reflexivo, primero en singular, después en plural.** ▶ Grammatik, 36

quedarse un rato con la abuela — *apurarse*, que ya llegamos tarde — *quejarse* con Cintia
levantarse, que ya son las nueve y media — *ponerse* una camisa blanca — *acostarse*, que ya es tarde

¿Qué dice el padre de Cintia a uno de sus hijos?	¿Qué dice el padre de Cintia a dos de sus hijos?
1. ______	______
2. ______	______
3. ______	______
4. ______	______
5. ______	______
6. ______	______

4

Expresión escrita

4 **Convierte el texto sobre Roberto, el padre de Cintia, que trabaja en Lima (en el ejercicio 2, p. 42) en una entrevista con preguntas y respuestas. Escribe el texto en tu cuaderno.**

PF **5** **Eduardo, tu intercambio, te escribe un e-mail porque va a llegar a tu casa dos días antes. En el e-mail te pregunta qué vas a hacer en esos días y qué podéis hacer juntos. Escribe en tu cuaderno una respuesta con tus actividades e indica también una o dos cosas que podéis hacer juntos.**

Mediación

6 **Eduardo, tu intercambio, está de excursión y te llama porque va a volver tarde esta noche. Explícale a tu madre qué dice y explícale las preguntas de tu madre. Escribe en tu cuaderno.**

Quiere saber Pregunta	si cuándo dónde	[…]
Dice que		

tu madre	tu intercambio
1. Frage Eduardo, wann er heute nach Hause kommt.	Voy a las ocho.
2. Müssen wir ihn von der Schule abholen?	No, los padres de Jonas me van a llevar a vuestra casa.
3. Weiß er schon, wohin sie morgen fahren?	No sé. Tengo que preguntar a mi profe. Creo que vamos a una exposición.
4. Frage ihn mal, ob er heute nach dem Ausflug noch etwas essen möchte.	No gracias.
5. Braucht er noch etwas aus dem Supermarkt?	No tampoco.
6. Sage ihm, dass wir eine Überraschung für ihn haben.	¡Qué guay!

Expresión oral

7 **Haced el tándem.** ▶ p. 144

Taller de lectura

–¡Mamaaá!

–Hija, por Dios, no des esas voces, que no estoy sorda[1].

–Perdona […]. Es que me acaba de llamar Carmen. Da una fiesta el sábado y me quiere invitar. ¿Puedo ir?

–Bueno, supongo que sí –respondió con aire ausente[2]–. ¿A qué hora terminará?

–Sobre las dos o las tres.

–¿De la mañana? […]

–¡Venga, mamá! Van todas las de la clase. Si quieres, habla con su madre… […].

–Bueno, está bien –dijo […].

–¡Gracias, mami, eres la mejor madre del mundo! […]

–Oye, ¿y qué te vas a poner? –me preguntó con un entusiasmo más forzado que un pie del 38 en un zapato del 35.

–Esa es otra, no tengo nada.

–¿Cómo que no tienes nada? ¿Y el vestido de las Navidades[3]?

–¡Pero, mamá, qué cursilada[4]! Nadie va así vestida a una fiesta.

–¿Cómo van entonces?

–Pues no sé… Con un top… una mini…

–Vamos, de lo que tienes lleno el armario.

–¿Lleno, dices? A ver, ¿cuántas minifaldas[5] tengo?

–Que yo recuerde, tres.

–Si cuentas las dos que ya no me sirven […]. Tú no conoces a mis amigas, van todas de marca[6].

–¡Vaya bobada[7]! Hay gente que se viste de arriba abajo de marca y va hecha un adefesio[8]. Además, ¿a ti qué más te da lo que digan? No deberías ser tan influenciable. Es importante tener criterios propios y tú misma siempre [dices] que es una bobada eso de las marcas.

–Porque antes no iba a fiestas, pero ahora es diferente. Para ti es muy fácil, porque […] a papá le da igual. Pero te querría ver yo en mi situación. Claro que como nunca tienes tiempo para ir conmigo de compras, lo único que cuenta para ti es tu trabajo. […]

–¿Me estás acusando[9] de ser mala madre?

–No, perdona, no quería decir eso, pero la madre de Sandra siempre tiene tiempo para ir de compras con ella, y la de Ainhoa y la de Inma…

–Vale, está bien, si quieres vamos a dar una vuelta por [las tiendas].

–Gracias, mamá, eres la mejor.

–¡Chaquetera![10]

Pero la realidad fue bien distinta. Una vez en la tienda, lo que a mí me gustaba, a mi madre le parecía espantoso[11]. Y a la inversa[12].

Quelle: © María Menéndez Ponte, Maldita adolescente, Ed. SM, Madrid 2002.*

1 no estoy sorda ich bin nicht taub
2 respondió con aire ausente sie antwortete abwesend
3 las Navidades Weihnachten
4 ¡qué cursilada! wie kitschig!
5 una minifalda ein Minirock
6 van todas de marca alle tragen Markenkleidung
7 ¡Vaya bobada! Was für ein Quatsch!
8 y va hecha un adefesio *hier* und sehen albern aus
9 me estás acusando de… wirfst du mir etwa vor, dass …
10 ¡Chaquetera! Opportunistin!
11 … le parecía espantoso. … sie fand es furchtbar.
12 Y a la inversa. Und umgekehrt genauso.

1 **Wie fühlen sich Mutter und Tochter?**

Creo que […] Pienso que	está es	bastante muy	contento/-a nervioso/-a feliz tímido/-a tranquilo/-a	porque […]

2 **Suche im Text die Teile, die den folgenden Titeln entsprechen.**

Planes para el sábado (líneas ________–________)
Madre e hija (líneas ________–________)
¿Qué me pongo? (líneas ________–________)
Comprar ropa (líneas ________–________)

3 **Wie geht die Geschichte weiter? Was könnte der Tochter gefallen? Was sagt die Mutter dazu? Kaufen sie am Ende etwas? Erfinde einen Dialog und schreibe ihn in dein Heft.**

1 GUSTAR **¿Qué les gusta a los chicos? Completa las frases con el verbo gustar y los pronombres nada, bastante y mucho.**

nada ☹ bastante ☺ mucho ☺☺

1. **Alejandro:** A mí no me gusta nada ______ ☹ ir al gimnasio.
2. A Marta y Alejandro ______ ☺ las películas españolas.
3. ¿A ti ______ ☺☺ ir al teatro?
4. A Lucía ______ ☺☺ escuchar música y bailar.
5. **Lucía y Tarek:** A nosotros ______ ☺ la clase de arte.
6. **Manuel:** A mí ______ ☺ el carnaval.
7. ¿A vosotros ______ ☺☺ ir a la piscina?
8. A Alejandro ______ ☹ los libros de historia.
9. A Manuel ______ ☺☺ las vacaciones.
10. **Tarek:** A Manuel y a mí ______ ☺☺ el rap.

2 ESTAR + GERUNDIO **Formula las respuestas de los chicos como en el ejemplo.**

1. ¡Manuel! / *escribir* un mensaje ¡Manuel! –¿Eh? Un momento, estoy escribiendo un mensaje.
2. ¡Tarek! / *hablar* con un amigo ______
3. ¡Lucía! / *leer* un e-mail ______
4. ¡Marta! / *mirar* fotos ______
5. ¡Alejandro! / *ver* un vídeo ______
6. ¡Manuel! / *buscar* un número ______

3 VOCABULARIO **Tarek compra ropa. ¿Qué preguntas le hacen en la tienda?**

1. ¿______ ayuda? –Sí, gracias.
2 ¿______? –Busco zapatos finos y una camisa elegante para una entrevista.
3. ¿______? –Tengo la M.
4. ¿______ esta camisa? –Pues, me parece poco cómoda.
5. ¿______ estos zapatos grises? –No, no me gustan nada. No van bien con la camisa.
6. ¿______? –Son 135 €.

4 DIE INDIREKTE REDE **Marta tiene visita de amigos de Alemania que no hablan español. Ella traduce para los chicos. Escribe sus frases en tu cuaderno.**

Preguntan Quieren saber	si… cuándo… dónde… cómo… por qué…	1. Können wir morgen alle zusammen in den Park gehen? 2. Wann treffen wir uns (*quedar*) morgen? Um 11:15 oder 11:45? 3. Kommt Manuel auch später zum Konzert mit? 4. Wie heißen Tareks Geschwister? 5. Warum lernt Lucía auch Deutsch?

5 IMPERATIV MIT PRONOMEN **Dilo más directamente y formula los imperativos como en el ejemplo.**

1. ¿Por qué no le explicas el problema a Julia? ¡Explícale el problema!
2. ¿Por qué no le escribes un e-mail a tu hermana? ______
3. ¿Por qué no les das el juego a tus hermanos? ______
4. ¿Por qué no te compras zapatos nuevos? ______
5. ¿Por qué no me lees el mensaje? ______
6. ¿Por qué no les mandas el enlace a tus amigos? ______
7. ¿Por qué no nos explicas el ejercicio? ______

6 **Un día normal. Describe un día escolar en la vida de Rafa.**

7:15 levantarse, ducharse	**8:00** desayunar
8:15 irse a la escuela	**8:45–14:30** estar en clase
14:45 comer en casa	**antes de hacer deporte**, estudiar un poco
tarde quedar con amigos	**21:00** cenar con la familia
después de cenar, leer un poco, ver la tele	**23:30** acostarse

______
______
______
______
______
______
______
______
______
______

7 **El día de Cintia. Completa el texto con la forma correcta de los verbos.**

Hola, yo ______ (*ser*) Cintia y ______ (*venir*) de Perú. En un día normal ______ (*levantarse*) muy temprano y no ______ (*poder*) quedarme en cama. Por la mañana ______ (*tener* que) ayudar a mi madre y llevar a mis hermanitos a la escuela. ¡Ellos ______ (*ser*) muy lentos! Siempre lo ______ (*decir*), pero nunca me ______ (*escuchar*). Luego ______ (*apurarse*) para tomar el autobús. En la escuela ______ (*poner*) mucha atención a las clases, porque por la tarde ______ (*ayudar*) a mi madre en el campo. Después de la cena ______ (*hacer*) mis deberes, ______ (*ver*) televisión o ______ (*jugar*) con mis hermanitos. Por la noche nunca ______ (*salir*) con amigas y ______ (*acostarse*) muy temprano, porque siempre ______ (*estar*) muy cansada.

¡Vamos!

Comprensión lectora

1 **Un profesor que está de excursión en Madrid les explica el programa a sus estudiantes. Completa con los lugares.**

▶ Texto p. 78/79

El sábado visitamos ______________________. Allí podéis ver cuadros de Joan Miró y otros artistas famosos. Después vamos al ______________________. Podéis alquilar una bici o simplemente descansar un poco. A las cuatro de la tarde hay un tour por ______________________. Si no os interesa el fútbol, también podéis pasear por ______________________. Allí hay muchas tiendas bonitas. Por la noche vamos a comer tapas en ______________________. Pero atención, el domingo por la mañana a las 8:30 visitamos ______________________. Ya sé que es bastante temprano, pero es la mejor hora para ir allí y tampoco es muy caro. Después vamos al hotel.

La lengua

2 a VOCABULARIO **Completa el crucigrama.**

1▶ Para hacer un tour por la ciudad puedes alquilar una ~.
2▶ Un lugar donde juegan al fútbol o hay conciertos.
3▶ En una ciudad, un lugar perfecto para descansar y pasar un día tranquilo.
4▶ Un lugar[1] adonde vas cuando necesitas ropa, zapatos, etc.
5▶ Un lugar donde encuentras cosas bonitas por poco dinero.
6▶ Si tienes ganas de probar tapas y tomar algo, vas a este lugar.
7▶ ~ con amigos, ~ por la noche, ~ de casa.
8▼ ¡Madrid es esto!

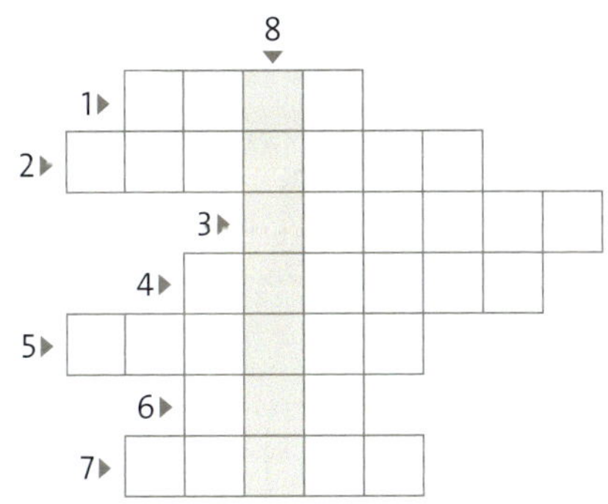

1 el lugar der Ort

b VOCABULARIO **¿Qué hacer en Madrid? Elige la palabra adecuada y completa el texto.**

descansar interesa alternativo encuentras arte visitar tapas alquilar cuadros pasear perfecto

¿Qué hacer en Madrid?

stock.adobe.com/Sergii F gurnyi

Pues, si te gustan las ______________, tienes que visitar los bares del barrio de Malasaña. A mucha gente le gusta mucho el ambiente ______________ que hay allí. ¡Este barrio es ______________ para salir con amigos por la noche! Pero si prefieres pasar un día tranquilo, puedes ______________ una bici y ______________ por el Retiro, el parque más famoso de Madrid. Es perfecto para ______________. Y si te ______________ el ______________, tienes que ______________ uno de los museos más importantes de Madrid, el Reina Sofía. Allí siempre ______________ exposiciones interesantes con ______________ de artistas famosos.

3 DER REALE BEDINGUNGSSATZ DER GEGENWART **El guía da recomendaciones. Completa lo que dice con el imperativo.**

▶ Grammatik, 40

visitar el Museo Reina Sofía.	*tener* cuidado con la mochila.
pasar un día tranquilo en el Retiro.	*visitar* el estadio Santiago Bernabéu.
hacer un tour por los bares de Malasaña.	*alquilar* una bici para pasear por el parque.

1. Si no os gusta caminar, ______________________________

2. Si te interesa el fútbol, ______________________________

3. Si tienes ganas de ir de tapas, ______________________________

4. Si quieres descansar, ______________________________

5. Si os gustan los cuadros de Picasso, ______________________________

6. Si vas al Rastro, ______________________________

Comprensión auditiva

4 a **Escucha: ¿en qué lugar de Madrid están los turistas?**

1. ______________________________
2. ______________________________
3. ______________________________

b **Escucha otra vez. ¿Por qué sabes en qué lugar están? Apunta palabras clave.**

1. ______________________________
2. ______________________________
3. ______________________________

A Buscar piso en Madrid

Comprensión lectora

1 **Compara los dos barrios y las dos habitaciones según la información del texto.** ▸ Texto, p. 81

El barrio de Chamberí	es	más/menos central que más/menos bonito que más/menos caro que	el barrio de Retiro.
La habitación de Chamberí	es	más/menos grande que más/menos barata que más/menos luminosa que mejor/peor que	la habitación de Retiro.
	está	más/menos lejos del centro que	

La lengua

2 DER KOMPARATIV **Un estudiante nos cuenta de los problemas para encontrar un piso en Madrid. Completa con el comparativo.** ▸ Grammatik, 41

«Para muchos estudiantes, encontrar una buena habitación en Madrid es __________ (+ difícil) para otra gente. Muchos prefieren vivir cerca de la universidad porque es __________ (+ práctico) vivir lejos. El problema es que normalmente los pisos en el centro son __________ (− tranquilo) y __________ (+ caro) los pisos en otros barrios. Además, las habitaciones exteriores a menudo son __________ (+ luminoso) las interiores, pero no son __________ (= tranquilo). Por eso hay estudiantes que prefieren vivir en casa de sus padres. No es __________ (= interesante) vivir en un piso compartido, pero es __________ (+ barato).»

3 DER KOMPARATIV Compara los lugares turísticos de Madrid. Utiliza el comparativo. ▶ Grammatik, 41

1. Las exposiciones del Museo Reina Sofía son ______________ (+ bueno) las de muchos otros museos.
2. El Parque del Buen Retiro es ______________ (+ bonito) muchos otros parques de la ciudad.
3. El ambiente del barrio de Malasaña es ______________ (+ alternativo) el ambiente de los barrios menos centrales.
4. El Estadio Vicente Calderón del Atlético de Madrid no es ______________ (= grande) el Estadio Santiago Bernabéu del Real Madrid.
5. Las tiendas de la Calle Fuencarral son ______________ (+ elegante) las de otros barrios centrales, pero también son ______________ (+ caro).
6. La Plaza Mayor de Madrid es muy bonita, pero es ______________ (– bonito) la de Salamanca.

stock.adobe.com/andrii_lutsyk

Shutterstock.com/VanHart

4 ORTSPRÄPOSITIONEN Te mudas a otro piso. Un amigo te ayuda y te pregunta dónde poner tus cosas. Tú se lo explicas.

la cama — el armario — el sofá — la lámpara — ~~el escritorio~~[1] — la silla — la alfombra[2] — la mesa — la estantería[3] — el ordenador — los libros

tu compañero	tú
¿Dónde pongo el escritorio?	Pon el escritorio debajo de la ventana[4].
¿Y dónde pongo la lámpara?	

1 el escritorio der Schreibtisch 2 la alfombra der Teppich 3 la estantería das Regal 4 la ventana das Fenster

Mediación

5 Tu amigo quiere pasar tres meses en Madrid. Ayúdalo a encontrar una habitación y contesta sus preguntas.

www.buscopisos.esp

compartir | de | pisos | en | Madrid | Vista Alegre | BUSCAR

Precio desde 300€ | Precio hasta 400€ | Baños min 2 | m^2 min 40 | m^2 max 60

OFERTA Compartir piso en Madrid (MADRID)
Habitación libre desde del 01 de abril hasta el 31 de junio en piso de cuatro habitaciones. Compartido con 2 chicos y una chica. Amueblada con cama de 1 metro, mesita de noche, escritorio, armario y una estantería. La habitación es muy luminosa. El piso tiene lavadora, TV, microondas y terraza. Situado en zona tranquila, cerca del Metro Vista Alegre. Cerca hay un centro comercial, supermercados, un banco y tiendas. **Costes: 350 € / mes.**

OFERTA Compartir piso en Madrid (MADRID)
Hola. Alquilo una habitación por tres semanas durante mis vacaciones (16 de abril hasta el 05 de mayo). Ideal para gente joven, vacaciones, nuevos en la ciudad, mudanzas etc. En el piso viven dos personas (un hombre, 36, una chica 23). Tu habitación está amueblada con cama, escritorio, y armario. El piso está a 15 minutos del metro Oporto. Hay muchos bares y cafés cerca. Además, hay un parque para descansar.
Costes: 300 € / mes, internet se paga aparte.

Sind die Zimmer möbliert und welche Möbel sind in dem Zimmer?

Gibt es in der Nähe Einkaufsmöglichkeiten?

In welchem Zeitraum sind die Zimmer frei?

Sind die Wohnungen gut an den öffentlichen Nahverkehr angebunden?

Expresión oral

6 Haced el tándem 1. ▶ p. 145/1

Expresión escrita

7 Juan, tu amigo español, tiene un perfil en una página web que ofrece hospedaje[1] gratis a viajeros jóvenes. Te gusta la idea y también publicas un perfil. Preséntate y describe tu habitación. ¿Dónde puede domir tu huésped[2] y dónde puede poner sus cosas? Escribe en tu cuaderno.

www.hospedajegratis.esp

Juan, 21

¡Hola chic@s!
Me llamo Juan y vivo en el barrio de Malasaña en Madrid. Aquí podemos ir de tapas y te puedo mostrar la ciudad. Si te quieres quedar en mi piso, aquí ves mi habitación: puedes dormir en mi cama que está al lado de mi armario. Si traes a un amigo, también podemos poner una colchoneta[3] entre la cama y la ventana. Puedes poner tus cosas en mi estantería (mientras estés aquí pongo los libros de la estantería debajo de mi cama). Claro que puedes usar las guías que están en la mesa. Y si tocas la guitarra como yo… tengo una encima del armario. ¡A tocar!
Saludos, Juan

1 el hospedaje die Unterkunft   2 el huésped der Gast   3 la colchoneta die Luftmatratze

B ¿Cómo llego a la oficina?

Comprensión auditiva

1 Escucha la llamada telefónica una vez y explica la situación.

Hablan tres personas: Soledad, la señora García y el señor López.

–¿Quién llama[1]? ______________________________

–¿A quién? ______________________________

–¿Cuál es el motivo[2] de la llamada? ______________________________

1 llamar anrufen
2 el motivo der Grund

2 Escucha dos veces más.

a Completa: ¿qué dicen las personas?

stock.adobe.com/stokkete

–¿Diga?

–Buenos días, ¿______________________ la señora García?

–Sí. ¿De parte de ______________________?

–Del señor López, soy el jefe de ventas de la empresa Solylux.

–Un ______________________, ahora se pone.

–¿Sí?

–Hola, señora García, ______________________ Manuel López, de la empresa Solylux…

–Ah, sí, ______________________ ______________________, señor López…

b Elige las cuatro opciones correctas.

1. El señor López
   - ☐ está en su coche[1].
   - ☐ está en el metro.
   - ☐ está en la calle Alcalá.
2. La señora García propone[2] encontrarse en media hora
   - ☐ en una estación de metro por allí cerca.
   - ☐ en una cafetería.
   - ☐ en la calle Alcalá.
   - ☐ en la entrada de un banco.
3. No sabe cómo llegar a la oficina porque
   - ☐ su coche no funciona.
   - ☐ no sabe cómo usar el metro.
   - ☐ no tiene GPS.

1 el coche das Auto
2 proponer vorschlagen

c Completa la descripción del camino.

Para llegar a su cita con la señora García, el señor López tiene que coger la ______________________ ______________________ en dirección a «Cuatro Caminos» y bajarse en ______________________. Sigue la calle de ______________________ y coge la ______________________ ______________________ a la izquierda. Después coge la segunda calle ____________ ____________ ______________________. Luego sigue todo recto y coge la ______________________ ______________________ a la izquierda. Sigue hasta llegar a una ______________________. La cafetería está en la ______________________ ______________________ a la derecha.

La lengua

3 DAS DIREKTE OBJEKTPRONOMEN **Dos compañeras quedan para trabajar juntas. Completa con los pronombres directos.**
▶ Grammatik, 42

–Oye, ¿__________ puedes ayudar con los textos para el folleto? ¿__________ podemos escribir juntas?

–Claro que __________ puedo ayudar con los textos. ¿Por qué no quedamos mañana? ¿Qué tal a las ocho en mi casa?

stock.adobe.com/Antonioguillem

–Vale. Pero… ¿dónde vives? ¿Me puedes explicar cómo llegar a tu casa?

–Claro. Vivo en la Calle de Valencia. ¿__________ conoces?

–No, no __________ conozco. Soy nueva en Madrid.

–Ah, sí… ¿Tienes un mapa del centro?

–Sí, claro. Aquí __________ tengo.

–Bueno, mira. Es muy fácil. Estamos aquí. ¿Ves esta calle? __________ coges y vas hasta la plaza. __________ tienes que cruzar y luego tomas la primera calle a la derecha. Después sigues todo recto hasta el metro. Allí está…

–Espera, espera, no tan rápido, no __________ entiendo. ¿__________ puedes repetir, por favor?

–Claro. Tienes que ir todo recto hasta la estación de metro. Allí está mi casa. Es el número 18, vivo en el 4° B.

–Espera, __________ voy a apuntar en el móvil. El número 18, 4° B… vale.

–Venga, muy bien. ¿Entonces __________ vemos mañana a las ocho?

–Sí, ¡hasta mañana!

4 DAS DIREKTE OBJEKTPRONOMEN **Lili le hace muchas preguntas a su prima mayor, Lucía. Contesta las preguntas y sustituye la parte subrayada por un pronombre. Hay dos posibilidades.** ▶ Grammatik, 43

> Wenn ein Pronomen an ein *gerundio* angehängt wird, trägt das *gerundio* einen Akzent:
> *Lo estoy leyendo.* → *Estoy leyéndolo.*

1. ¿Dónde puedo cargar mi móvil? (en mi habitación).

____

____

2. ¿Quieres escribir el e-mail a tu tía hoy? (no, mañana)

____

____

3. ¿Dónde vas a comprar un nuevo armario? (en una tienda)

____

____

4. ¿Dónde está esperando mamá a papá? (en la estación de trenes)

____

____

5. ¿Cuándo vas a alquilar <u>una bici</u> en el Retiro? (esta tarde)

____

____

6. ¿No vas a llamar <u>a tu abuelo</u>? ¡Hoy es su cumpleaños! (ahora)

____

____

7. ¿Estás leyendo <u>un mensaje de Salvador</u>? –(sí)

____

____

5 **La prima de Lucía está en Madrid y pregunta por el camino. Completa con el verbo correcto.**

conocer *decir* *repetir* *seguir*

Lili: Disculpe, ¿usted ____________ el café «La Rosa»? Está cerca de la iglesia Santa María.

Señora: ¿Cómo ____________, «La Rosa»? No, lo siento, no lo ____________. Pero la iglesia está muy cerca. ____________ todo recto hasta el metro «Canal» y coge la tercera calle a la derecha. Después coges la segunda calle a la izquierda y encuentras la iglesia a mano izquierda.

Lili: Ok, ____________: ____________ todo recto, después cojo la tercera calle a la derecha y luego cojo la segunda a la izquierda. ¡Muchas gracias!

Expresión escrita

PF **6** **Estás en un bar en Malasaña. Un amigo quiere venir también y te escribe. Contéstale y descríbele el camino al bar.**

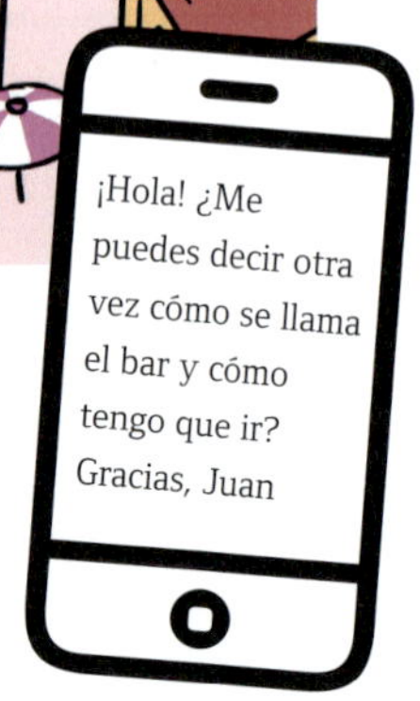

Expresión oral

PF **7** Haced el tándem 2. ▸ p. 145/2

C Mis sitios favoritos

Comprensión lectora

1 **¿En qué sitio de Madrid se encuentran las personas que dicen estas frases? ¿Por qué lo crees?** ▶ Texto, p. 87

1. «Mira, también hay un proyecto de creación literaria. Empieza mañana. ¿Te interesa?»

   ____

2. «La vista es fenomenal. ¡Qué bonita es Madrid!»

   ____

3. «Te quiero mucho.»

   ____

4. «¡Una obra genial! Pero un poco corta, ¿no?»

   ____

   ____

5. «Uf… aquí hay tanta gente de otros países… ¡parece que todo el mundo está aquí!»

   ____

   ____

6. «No, gracias, los prefiero sin chocolate. A mí no me gusta el chocolate.»

   ____

   ____

7. «Hmmh, tienes que probar esta. ¡Está muy rica!»

   ____

   ____

La lengua

2 **a** DER SUPERLATIV **Utiliza el superlativo para describir estos lugares de Madrid (libro, p. 78–79).** ▶ Grammatik, 44

1

shutterstock / FedericoPhotos

mercado / famoso

2

stock.adobe.com / MIGUEL GARCIA SAAVEDRA

parque / bonito/-a

3

shutterstock / Lance Bellers

museo / interesante

4

shutterstock / Belyay

estadio / grande

5

shutterstock / funky-frogstock

bares / bueno/-a

1. ______________________________
2. ______________________________
3. ______________________________
4. ______________________________
5. ______________________________

b **Utiliza el superlativo y describe en tu cuaderno los mejores lugares en tu ciudad/región.**

Para mí, el lugar más bonito de mi ciudad es... ______________________________

3 DER ABSOLUTE SUPERLATIV **Lucía está en Sevilla para visitar a su padre. Lee su postal y pon los adjetivos en el superlativo absoluto.** ▶ Grammatik, 45

Hola Alejandro:

¿Qué tal estás?

Yo estoy desde hace tres días en Sevilla. ¡Para mí, es la ciudad más bonita de España! La gente es ______________ (simpático/-a).

El piso de mi padre está en un barrio ______________ (chulo/-a), con una plaza muy romántica en el centro. La puedes ver en la postal. Hay también ______________ (mucho/-a) turistas. Los bares de aquí son ______________ (bueno/-a). ¡Y las tapas! Te digo que son ______________ (rico/-a). Pero los precios... ¡uf!

Besos, Lucía

Alejandro López Fernández
Calle del Espinar 23, 3°A
28025 Madrid

4 VOCABULARIO **Estás en una cafetería de Madrid y pides algo de comer y beber. Escribe un diálogo.**
▶ Palabrateca, p. 240

¿Me cobras, por favor? ¿Y para beber?
Son… euros con… céntimos. ¿Algo más?
Aquí tienes. ¿Qué te pongo?

____
____
____
____
____
____
____
____
____
____

Cafetería Vista Alegre

Bocadillos y ensaladillas:	
Bocadillo de queso	2,60 €
Bocadillo de jamón	2,60 €
Bocadillo de tortilla	2,80 €
Bocadillo de chorizo	2,80 €
Sándwich vegetariano	2,70 €
Cruasán de jamón y queso	3,60 €
Ensaladilla rusa	4,00 €
Bebidas frías	
Agua con/sin gas	2,00 €
Zumo de naranja	2,50 €
Bebidas calientes	
Chocolate	2,50 €
Café	2,00 €

Expresión escrita

PF **5** **Presenta tus tres sitios favoritos en tu ciudad o región en un blog. Puedes tomar el blog de Soledad como modelo (libro, p. 87). Escribe en tu cuaderno.**

Estas palabras te pueden ayudar para estructurar tu texto:
normalmente, cuando, además, por eso, sin embargo, aunque, mientras

Taller de lectura

Madrid

¿Vas a viajar a Madrid? Tanto si es un viaje de varios días como una escapada de fin de semana, seguro que tienes dudas sobre qué visitar, los precios de las distintas atracciones turísticas o cómo desplazarte. Conoce nuestra guía de Madrid, de viajeros para viajeros.
Si te gusta nuestra guía, no olvides agregarla a favoritos.

shutterstock/Sorin Colac

La Gran Vía, la imagen más famosa de Madrid

¿Por qué visitar Madrid?
Madrid es la capital de España así como la ciudad española que más visitantes atrae. Con más de 8 millones de visitantes en 2015, Madrid se sitúa entre una de las ciudades más populares de Europa.
El número de turistas de Madrid crece año tras año debido a una perfecta combinación de oferta cultural, monumental y de ocio.

¿Por dónde empezar?
Una vez que tengáis elegidas las fechas, lo más importante es determinar el cómo llegar, elegir el hotel y, finalmente, tener un primer contacto con el transporte público para saber cómo llegar a los puntos de interés.
Una vez estéis situados, ¿por qué no empezar conociendo la historia de Madrid?

stock.adobe.com/SeanPavonePhoto

Las cuatro torres, el techo de Madrid

¿Aún no tienes hotel?
En HotelesBaratos.com podréis encontrar increíbles ofertas en hoteles de todas las categorías. Los descuentos pueden llegar hasta el 75 % y el mejor precio está garantizado.
Hoteles en Madrid – Reserva online con precio mínimo garantizado

La guía de Madrid más compleja
¡Queremos ser tu guía! Por eso te ofrecemos una guía de viajeros para viajeros, con un lenguaje claro y consejos personales que te ayudarán a ahorrar dinero y optimizar el escaso tiempo que se suele tener en vacaciones.

Disfruta Madrid: Civitatis Tours S.L. (https://www.disfrutamadrid. com)*

1 **Du planst eine Madridreise und bist auf dieses Internetportal gestoßen. Markiere im Text, wo folgende Informationen stehen. Zwei Informationen stehen nicht im Text!**

1. Wir organisieren auch Besichtigungen.
2. Jedes Jahr kommen mehr Touristen nach Madrid.
3. Die Unterkunft kann man online reservieren.
4. Das Portal wird von anderen Touristen organisiert.
5. Madrid ist die meist besuchte Stadt Spaniens.
6. Die Sehenswürdigkeiten erreicht man gut mit Bus.

2 **Fasse jeden Abschnitt in einem Satz auf Deutsch zusammen.**

¡Vamos!

Comprensión lectora

1 Haz el cuestionario sobre la historia de Perú. ▶ Texto, p. 90/91

1. Los incas vivieron en el territorio actual[1] de
- ☐ Ecuador, Colombia y Brasil.
- ☐ Perú, Bolivia y Chile.
- ☐ Argentina, Paraguay y Bolivia.

2. ¿Quién llegó a América en 1492?
- ☐ Atahualpa.
- ☐ Francisco Pizarro.
- ☐ Cristóbal Colón.

3. Los españoles terminaron la conquista de Perú
- ☐ en 1492.
- ☐ en 1821.
- ☐ en 1533.

4. Después, Perú pasó a ser
- ☐ un imperio indígena.
- ☐ una colonia española.
- ☐ una región independiente[2].

5. Perú logró la independencia de España
- ☐ hace ca. 200 años.
- ☐ hace ca. 2.000 años.
- ☐ hace más de 500 años.

6. Actualmente, Perú es conocido por
- ☐ su música indígena.
- ☐ sus platos especiales.
- ☐ su ambiente alternativo.

1 el territorio actual das heutige Gebiet
2 independiente unabhängig

La lengua

2 DESDE, DESDE HACE, HACE, EN **Cuenta la historia de Perú usando las preposiciones.** ▶ Grammatik, 49

1. Los indígenas viven ______________ más de 12.000 años en el territorio actual peruano.
2. El Imperio Inca terminó cuando los conquistadores mataron a Atahualpa ______________ 1533.
3. Perú logró la independencia de España ______________ 200 años.
4. ______________ 1821, la ciudad de Lima es la capital de Perú.
5. ______________ unos años, la cocina peruana es bastante conocida.

Comprensión auditiva

3 a Escucha y apunta los datos históricos.

1. ______________ 3. ______________ 5. ______________

2. ______________ 4. ______________ 6. ______________

PF **b Cuenta la historia de México usando los datos de a.**

Hace ______________ años los primeros hombres llegaron al territorio actual de México. Desde ______________ hasta el siglo XVI, los aztecas[1] vivieron en esta región. En ______________ fundaron[2] la ciudad de Tenochtitlan, la capital de su imperio. En el año ______________ llegaron los primeros españoles y en ______________ el conquistador Hernán Cortés terminó la conquista del Imperio azteca. México pasó a ser una colonia española, pero en ______________ logró la independencia de España, así como el Perú. Hoy la ciudad de Tenochtitlan es conocida como «Ciudad de México» y es una de las ciudades más grandes del mundo.

Teotihuacán

stock.adobe.com/f9photos

1 los aztecas die Azteken 2 fundar gründen

A Un viaje por Perú

Comprensión lectora

1 Completa el texto sobre Perú con las palabras correspondientes. ▶ Texto, p. 92/93

alto altura animales antigua año capital colores construyeron desierto dibujaron frutas histórico mercados mundo nacional restos turistas

La ________________ de Perú es Lima, una ciudad grandísima de casi 9 millones de habitantes. En los ________________ del centro hay ________________ y verduras que no conocemos en Europa y ¡más de 3000 tipos de patatas de muchas formas y ________________! El plato ________________ de Perú es el ceviche, un plato de pescado fresco, patatas y verduras.

Otro lugar conocido es Cuzco, una ciudad andina muy ________________. En el centro ________________ –que es muy bonito– todavía hay ________________ de la arquitectura inca, porque fueron los incas quienes fundaron la ciudad en el ________________ 1200. Se encuentra cerca de Machu Picchu, un lugar que los incas ________________ en el siglo XV a 2360 metros de ________________. Todavía hoy es un sitio muy conocido, porque las ruinas[1] de las casas y templos incas son espectaculares[2] y muchísimos ________________ las quieren visitar. En los Andes peruanos está también el Lago Titicaca, que a casi 4.000 metros de altura es el lago más ________________ del ________________.

En el ________________ de Nazca hay otro «superlativo» peruano, las famosas «líneas de Nazca». Hace 2000 años los indígenas ________________ allí casi 800 figuras de ________________ y otras formas grandísimas.

1 las ruinas die Überreste 2 espectacular spektakulär

La lengua

2 EL PRETÉRITO INDEFINIDO **Completa la tabla con la raíz[1] de un verbo correspondiente y con las formas de ir y ser.**
▶ Grammatik, 47, 48

abrir comprender coger fundar vivir comer escribir estudiar trabajar lograr ganar viajar

	-ar		-er/-ir		ir/ser
[yo]	estudi ________	é	viv ________	í	________
[tú]	________	aste	________	iste	________
[él/ella]	________	ó	________	ió	________
[nosotros/-as]	________	amos	________	imos	________
[vosotros/-as]	________	asteis	________	isteis	________
[ellos/ellas]	________	aron	________	ieron	________

1 la raíz *hier:* der Verbstamm

6

3 EL PRETÉRITO INDEFINIDO **¿Qué escribe Alberto en su postal a Lorena? Usa los verbos en pretérito indefinido y formula sus frases.** ▶ Grammatik, 47, 48

1. *llegar* (yo) / hace dos semanas
   ____
2. Miguel / *llegar* unos días después
   ____
3. la primera semana / *quedarse* (yo) en casa de Enrique
   ____
4. el primer día / *visitar* (yo) el centro histórico
   ____
5. por la mañana / *comprar* (yo) frutas en el mercado de Lima
   ____
6. por la tarde / *descubrir* (yo) el Museo de la Nación
   ____
7. por la noche / *ir* (nosotros) a un restaurante y *probar* (yo) el ceviche
   ____
8. Miguel / *llegar* / el lunes pasado
   ____
9. Juntos / *viajar* (nosotros) a Cuzco
   ____
10. *subir* (nosotros) a pie hasta Machu Picchu
   ____

PF **4** EL PRETÉRITO INDEFINIDO **Completa las biografías de los conquistadores usando el pretérito indefinido.**

1. El 3 de agosto de 1492, tres barcos[1] ______________ (*salir*) de España y ______________ (*empezar*) su viaje a la India: la Pinta, la Niña y la Santa María. Dos meses más tarde, el 12 de octubre de 1492, Cristóbal Colón ______________ (*llegar*) a una isla del Caribe[2] que él ______________ (*llamar*) «San Salvador». En ese momento ______________ (*empezar*) la conquista de América.

Cristóbal Colón

shutterstock/AnnaNenasheva

2. Francisco Pizarro ______________ (*ser*) un hombre cruel[3]. En 1502 ______________ (*viajar*) a América y ______________ (*pasar*) un tiempo en la isla de «La Española». Entre 1519 y 1529 ______________ (*vivir*) en Panamá. En 1533 él y sus hombres ______________ (*conquistar*) el Imperio Inca y ______________ (*fundar*) la Ciudad de los Reyes, que hoy es conocida como Lima.

Francisco Pizarro

shutterstock/patrimonio designs ltd

1 **el barco** das Schiff   2 **la isla del Caribe** die Karibikinsel   3 **cruel** grausam

Expresión oral

5 Haz el tándem. ▸ p. 146

Expresión escrita

6 Pasaste una semana muy interesante en Madrid. En el aeropuerto, antes de volver a casa, le escribes una postal a tu amiga española Nuria.

ir a
visitar / ver…
descansar / pasar un día tranquilo…
alquilar una bici…
probar tapas / *tomar* algo / …
salir por la noche… / *salir* a bailar…

hace…
los primeros días
ayer
un día
primero… después

Hola Nuria:

____
____
____
____
____
____
____
____
____

Nuria Osma Castro
Calle Juan 28
10181 Sierra de Fuentes (Cáceres)

Comprensión auditiva

7 Elena le cuenta a su amigo Polo de sus vacaciones en Perú. Escucha el diálogo dos veces y completa la tabla.

	A	B	C
Primera audición: ¿Qué lugares visitó Elena en Perú?	________	________	________
Segunda audición: ¿Qué le pareció cada lugar?	Le pareció ________	________	________

B Un lago, dos países, otro mundo

Comprensión lectora

1 Describe las fotos de la página 88 del libro con la información del texto. ► Ein Bild beschreiben, p. 278

	Describe la foto: ¿Qué muestra[1]? ¿Qué hay?	Indica las líneas del texto que dan la información para comprender las fotos.
Foto 1: Los uros	______ ______ ______ ______	______
Foto 2: Las islas flotantes	______ ______ ______ ______	______
Foto 3: El Lago Titicaca	______ ______ ______	______

1 mostrar zeigen

La lengua

2 **a** EL PRETÉRITO INDEFINIDO Completa la tabla con las formas del pretérito indefinido. ► Grammatik, 47, 48

infinitivo	poder	tener	estar	poner	hacer	dar
[yo]	pude	______	______	______	______	______
[tú]	______	tuviste	______	______	______	______
[él/ella]	______	______	estuvo	______	______	______
[nosotros/-as]	______	______	______	pusimos	______	______
[vosotros/-as]	______	______	______	______	hicisteis	______
[ellos/ellas]	______	______	______	______	______	dieron

b ¿De qué hablan los chicos en el recreo? Elige uno de los verbos de a y escribe la forma correspondiente.

1. Oye, Manuel, ¿qué ______ en tus últimas vacaciones?
2. Y vosotros, ¿______ problemas con el examen ayer?
3. Estoy un poco cansado, lo siento. Es que anoche[1] no ______ dormir.
4. Ayer te esperé dos horas, pero no llegaste. ¿Dónde ______?
5. Ayer el profe de Matemáticas nos ______ las notas. ¡Tengo un notable!
6. El sábado pasado los chicos del instituto ______ una fiesta.

1 anoche gestern Nacht

3 EL PRETÉRITO INDEFINIDO **Formula las preguntas que hicieron a Luciana cuando volvió a España.** ▶ Grammatik, 47, 48

1. ¿ ______________________________ ?
   –Pues… estuve allí tres meses.
2. ¿ ______________________________ ?
   –No, sólo pasé tres días en Cuzco. Luego seguí al Lago Titicaca.
3. ¿ ______________________________ ?
   –Sí, cuando llegué tuve problemas, pero me adapté.
4. ¿ ______________________________ ?
   –¿El primer día? Pues, estuve bastante mal.
5. ¿ ______________________________ ?
   –Sí, fui a Bolivia en bote. Fue un viaje largo… ¡pero genial!
6. ¿ ______________________________ ?
   –Sí, me puse un poco nerviosa en el bote, pero fue una experiencia fenomenal.
7. ¿ ______________________________ ?
   –Sí, claro, hice muchísimas fotos. ¡Si queréis verlas, tenéis que visitar mi exposición!

4 a EL PRETÉRITO INDEFINIDO **Dos amigos españoles que estuvieron en Perú cuentan. Usa el pretérito indefinido.**
▶ Grammatik, 47, 48

1

estar en Lima / *visitar* el centro histórico / *probar* el ceviche

2

tomar una avioneta / *ver* las líneas de Nazca / *ser* impresionante

3

hacer el Camino Inca a pie / *subir* a Machu Picchu / *valer* la pena

4

ir en tren al Lago Titicaca / *tener* problemas con la altura / *ponerse* mal

5

volver[1] a Lima / *perder* el avión[2] / *tener* que esperar 19 horas

primero
la primera semana
un día
después
además
también

1 volver a zurückkehren nach
2 el avión das Flugzeug

Primero estuvimos en la capital, Lima. Allí… ______________________________

____

____

____

____

____

____

b **Basándote en los resultados de a, cuenta las experiencias de los amigos a un/una compañero/-a de clase.**

Primero los dos estuvieron en la capital, Lima. Allí… ______________________________

5 a VOCABULARIO **Explica las siguientes palabras en español.** ▶ Wörter umschreiben, S. 283

1. ein Tourist: ______
2. Sandalen: ______
3. ein Ausflug: ______
4. eine Ausstellung: ______
5. der Fußweg: ______

b Apunta para cada palabra un sustantivo, un verbo o un adjetivo correspondiente como en el ejemplo.
▶ Wörter erschließen, S. 282

1.	el/la turista, el turismo	turístico/-a
2.	la diferencia	______
3.	el dibujo	______
4.	el viajero, la viajera	______
5.	______	conquistar
6.	______	escribir
7.	la construcción	______
8.	el descubrimiento	______
9.	______	informar a alguien
10.	la dificultad	______

Expresión escrita

6 a EL PRETÉRITO INDEFINIDO **Apunta: ¿qué hizo Alfonso el sábado pasado?** ▶ Grammatik, 47, 48

1 
2 
3 
4 
5 
6 

______
______
______
______
______

b Alfonso te escribe un mensaje y te pregunta qué hiciste el fin de semana pasado. ¿Qué le contestas?

primero | después/luego/además | por la mañana/tarde/noche

______
______
______

Taller de lectura

Descubriendo América Latina

América Latina es un gran territorio caracterizado por una mezcla de culturas: la indígena, la europea y la africana. Abarca[1] muchos países y regiones diferentes: desde México en América del Norte hasta Chile, Argentina y Uruguay en el Cono Sur[2]. Con Cuba, República Dominicana o Puerto Rico (entre otros) en el Caribe y también con los países centroamericanos como Panamá, Honduras y Costa Rica, sin olvidar[3] la región andina con Ecuador, Perú o Bolivia.

La variedad geográfica de América Latina es asombrosa. Son dieciocho países con costas bañadas por el océano Atlántico y/o el Pacífico. Sólo Bolivia y Paraguay no tienen salida al mar.
Hay hermosas playas de arena[4] blanca y aguas azul turquesa en la región del Caribe. Hay montañas muy altas en la cordillera de los Andes que atraviesa Sudamérica de norte a sur, desde Colombia hasta Tierra de Fuego[5]. Y una gran parte del territorio es selva tropical[6] con muchos ríos y lagos.
Además, otras regiones naturales son, por ejemplo, la puna, el altiplano, los llanos, la pampa o el desierto.
En América Latina hay sol, lluvia, nieve[7] y hielo[8]. Hay volcanes, ríos, cataratas[9] y glaciares[10].
La naturaleza ofrece paisajes[11] espectaculares y únicos.

Cayo Coco (Cuba)

un paraíso de **islas y playas** de arena blanca: Cayos o islas de Cuba, Honduras o Panamá o Los Roques de Venezuela en el Caribe

maravillas de **hielo** como el glaciar Perito Moreno (Argentina)

el **desierto** de sal[12] más grande y alto del mundo, el Salar de Uyuni (Bolivia)

un espectacular **salto de agua**[13] como las Cataratas de Iguazú entre Brasil y Argentina

uno de los **volcanes** activos más altos del mundo: el volcán Cotopaxi, Ecuador (5.897 m)

una **selva** que hace respirar al planeta: la Amazonía

En América Latina hay ciudades antiguas con mucha historia como Machu Picchu o Cuzco (Perú) y bellas ciudades coloniales como Cartagena de Indias (Colombia), Antigua (Guatemala) o San Miguel de Allende (México). Pero también hay metrópolis modernas y muy pobladas como Buenos Aires, Lima, Bogotá o Ciudad de México, que tiene más de 20 millones de habitantes.

1 abarcar algo etw. umfassen
2 el Cono Sur Argentina Chile y Uruguay
3 olvidar algo etw. vergessen
4 la arena Sand
5 Tierra de Fuego Inselgruppe in der Südspitze Argentiniens
6 la selva tropical Regenwald
7 la nieve Schnee
8 el hielo Eis
9 la catarata Wasserfall
10 el glaciar Gletscher
11 el paisaje Landschaft
12 el desierto de sal Salzwüste
13 el salto de agua Wasserfall

6

1 Busca en el mapa del libro (→ Umschlagseite) los países y las capitales latinoamericanos que se mencionan en el texto.

2 ¿A qué se refieren los siguientes nombres?

el Salar de Uyuni   Antigua   Perito Moreno   Cartagena de Indias   Cotopaxi
Los Roques de Venezuela   Lima   San Miguel de Allende

facultativo **3** ¿Cuál(es) de estos lugares te gustaría visitar? ¿Por qué? Escribe en tu cuaderno.

1 DER REALE BEDINGUNGSSATZ DER GEGENWART **¿Qué hacer en Madrid? Tus amigos te piden recomendaciones. Haz frases en condicional con imperativo.**

1. *querer* pasar / día romántico / *ir*

   Si queréis pasar un día romántico, id ___ al Templo de Debod.

2. *interesar* / teatro / *salir*

   Si ___ al «Microteatro por dinero».

3. *gustar* / churros / *desayunar*

   Si ___ en la «Chocolatería San Ginés».

4. *ser* / creativos / *poner* atención

   Si ___ a los proyectos culturales de «El Matadero».

5. *buscar* / mejor vista de Madrid / *visitar*

   Si ___ el bar «Casa de Granada».

2 ORTSPRÄPOSITIONEN **¿Dónde están las cosas en la habitación de Carlitos? Mira la foto y completa el texto con las preposiciones de lugar.**

En la habitación de Carlitos hay una cama, un escritorio[1] y una estantería[2]. El escritorio está ___ la ventana. ___ el escritorio y la cama hay una silla. La estantería está ___ el escritorio ___ la pared[3]. ___ de la cama hay un pantalón. Los zapatos están ___ de la cama. Todo parece un poco caótico…

shutterstock/Room27

1 **el escritorio** der Schreibtisch 2 **la estantería** das Regal 3 **la pared** die Wand

3 DER KOMPARATIV **Marta le escribe a la madre de Soledad. Completa su e-mail con las formas del comparativo.**

es_mail | enviar | insertar | ortografía | opciones | cancelar

Hola, María:

¡Soledad está muy bien! Ahora vive en el piso de Chamberí con Gabriela, su nueva compañera de piso. La habitación de Soledad es ___ (+ pequeño/-a) y ___ (– luminoso/-a) la de Gabriela, pero es ___ (– ruidoso/-a) porque es interior. No es ___ (= bonito/-a) su propia habitación, pero Soledad está contenta porque la ciudad de Madrid le gusta muchísimo. La vida allí le parece mucho ___ (+ interesante) la vida en el pueblo. ¡Hay tanta gente! Además su habitación no es ___ (= central) la de Retiro y para ella vivir lejos del centro es ___ (+ bueno/-a) vivir cerca, porque prefiere un barrio tranquilo. ¡Es genial!

Un beso, Marta

4 DER SUPERLATIV **¿Cuáles son tus «superlativos»? Haz frases y compáralas con tus compañeros.**

1. asignatura – fácil: La asignatura más fácil para mí es Biología. ____________________
2. asignatura – difícil: ____________________
3. deporte – interesante: ____________________
4. lengua – fácil: ____________________
5. profesor/a – bueno/-a: ____________________
6. libro – divertido: ____________________
7. película – mala: ____________________
8. grupo de música – bueno: ____________________

5 DAS DIREKTE OBJEKTPRONOMEN **Lee las preguntas y respuestas y tacha lo que no convenga.**

1. ¿Conoces ya **a mi hermana / a mi hermano**? –No, no **lo** conozco todavía.
2. ¿Sabes dónde puedo comprar **ropa de moda / zapatos de cuero ecológico**? –Sí, creo que hay una tienda en el centro que **los** ofrece.
3. ¿Estás buscando **los textos / el folleto**? –Sí, **lo** necesito para el proyecto.
4. ¿Entonces tengo que seguir **esta calle / este camino**? –Sí, **la** tienes que seguir hasta el final. Ahí está la tienda que estás buscando.
5. ¿Vas a comprar **este cinturón / esta camiseta**? –Sí, creo que sí, pero hoy no llevo dinero. Voy a volver mañana para comprar**la**.

6 EL PRETÉRITO INDEFINIDO **Esteban te cuenta de su llegada a Madrid. Completa el texto con la forma correcta de los verbos en pretérito indefinido.**

Cuando ____________________ (*llegar*) a Madrid, lo primero que ____________________ (*hacer*) ____________________ (*ser*) buscar a mi amigo Jaime. ____________________ (*quedar*) con él en una cafetería, ____________________ (*poner*) mucha atención y él me ____________________ (*dar*) muy buenos consejos. El más importante ____________________ (*ser*) leer el blog de su amiga Soledad. Cuando ella ____________________ (*llegar*) por primera vez a Madrid, ____________________ (*escribir*) en ese blog sus primeros descubrimientos. Cuando yo ____________________ (*leer*) el blog, me ____________________ (*parecer*) genial. ____________________ (*seguir*) sus consejos y ____________________ (*poder*) descubrir los lugares más bonitos de la ciudad. ____________________ (*probar*) los churros con chocolate de la «Chocolatería San Ginés» y ____________________ (*ir*) también a «El Matadero». ¡Me ____________________ (*encantar*) los proyectos culturales de ese lugar! Claro que ____________________ (*visitar*) la Plaza Mayor y ____________________ (*comer*) tapas en el Mercado de San Miguel. Sus consejos ____________________ (*ser*) geniales. Sin embargo, nunca ____________________ (*conocer*) El Templo de Debod.

Comprensión lectora

1 **Marca la opción correcta según el texto.** ▶ Texto, p. 108/109

1. Con el móvil
   - [ ] se pueden hacer muchas cosas para el instituto.
   - [ ] no puedes trabajar con documentos.
   - [ ] se pueden incluso escanear productos para saber qué es.
2. Existen aplicaciones
   - [ ] para sacar fotos y mandarlas a tus amigos.
   - [ ] pero cuestan mucho dinero.
   - [ ] que te leen documentos después de sacarles una foto.
3. En los chats
   - [ ] se pueden difundir rumores.
   - [ ] no es posible compartir fotos falsificadas.
   - [ ] nunca se habla mal de otras personas.
4. Si te gusta hacer deporte
   - [ ] no puedes usar tu móvil u otros medios para mantenerte en forma.
   - [ ] puedes comprar un reloj con una aplicación para empezar a hacer competiciones.
   - [ ] un Smart Watch no es interesante para ti.
5. Un Smart Watch
   - [ ] es una aplicación muy moderna para el móvil.
   - [ ] te ayuda con las actividades en el instituto.
   - [ ] es un reloj que registra tus actividades deportivas.
6. Carla va a tener problemas con sus padres porque
   - [ ] muchas personas han compartido su post.
   - [ ] ha organizado una fiesta en casa de sus abuelos.
   - [ ] ha visto 536 vídeos en internet.

Comprensión auditiva

2 **a** **Escucha el programa de radio con Manuel Ramírez, experto en tecnologías de la comunicación. ¿De qué medios habla?**

____

____

b **¿Qué canales de televisión y periódicos se mencionan? ¿Qué más llegas a saber sobre ellos?**

canales de televisión: ____

____

____

____

____

____

periódicos: ____

____

____

____

____

____

____

Los españoles compran muchas veces los periódicos en el quiosco. Las suscripciones[1] no son tan típicos.

1 la suscripción das Abo(nnement)

mauritius images/Stefan Kiefer

c **¿Qué medios de comunicación (no) son importantes para ti y por qué? Escribe una breve entrada de blog en tu cuaderno.**

La lengua

3 a EL PRETÉRITO PERFECTO **Forma el pretérito perfecto de los verbos indicados.** ▶ Grammatik, 51

1. *buscar* (yo) ______
2. *compartir* (ellos) ______
3. *contestar* (nosotros) ______
4. *descubrir* (tú) ______
5. *hablar* (vosotras) ______
6. *hacer* (yo) ______
7. *navegar* (ella) ______
8. *ir* (ellas) ______
9. *subir* (vosotros) ______
10. *sufrir* (nosotras) ______
11. *ver* (tú) ______
12. *comentar* (él) ______

b ¿Qué (no) han hecho las personas hoy / esta semana / este año? Formula una frase con cada verbo de 3a en pretérito perfecto y utiliza las palabras de abajo. Escribe las frases en tu cuaderno.

Ejemplo: 1. Hoy he buscado información en internet para mis deberes de Historia.

post mensaje teléfono internet ciberacoso película deberes información
vídeo página web cine fotos […]

4 EL PRETÉRITO PERFECTO **Marta ha salido de casa sin ver a sus padres ni a su hermano Nico. Por eso les ha dejado mensajes. ¿Qué ha escrito? Completa con el pretérito perfecto.** ▶ Grammatik, 51

Hola, papá: perdona, no ______ (*verse* / nosotros) porque ya
______ (*salir* / yo) con Carmen y sus amigos andaluces. ______
(*venir* / ellos) de Málaga. Todavía no ______ (*ir* / yo) al supermercado, es que no
______ (*tener*) tiempo. ¡Lo siento! ¿Puedes ir al supermercado y también llamar a mamá?
______ (*llamar* / ella) y necesita más cosas del supermercado. Un beso

Nico, ______ (*dejar* / tú) tu móvil en la cocina. Felipe te ______
(*mandar* / él) muchos mensajes y yo todavía no ______ (*hablar*) con mamá y papá sobre
la fiesta, ¿lo haces tú, x fa[1]? Lucía y yo ______ (*quedar*) con unos amigos en el parque.

[1] x fa = por fa(vor)

5 EL PRETÉRITO PERFECTO **¿Qué (no) han hecho los chicos hoy? Formula frases y utiliza el pretérito perfecto.**

1. Alejandro / tres fotos / *subir* / hoy ______
2. María / para el examen de Alemán / *estudiar* / todavía no ______
3. Pedro y Marisol / un regalo / para su padre / *comprar* / ya ______
4. Paloma / el nuevo Smart Watch / *usar* / todavía no ______
5. Fernando / tres veces / *ir* / esta semana / al gimnasio ______

¡Vamos!

Comprensión lectora

1 ¿A qué se quieren dedicar los chicos y por qué? ▶ Texto, p. 112/113

	Quiere ser…	La profesión le interesa porque…	Tiene dudas[1] porque…
Manuel			
Lucía			
Federico			no hay información
Romina			no hay información
Merche			
Mariana			no hay información

1 la duda der Zweifel

La lengua

2 ACABAR DE Nico le pregunta a su madre lo que hace su familia. Escribe frases como en el ejemplo.

1

Nico: Mamá, ¿qué está haciendo Lena?

Madre: Pues, acaba de llegar del instituto, ahora está haciendo sus deberes y después va a quedar con una amiga.

2

Nico: ____________________

Madre: ____________________

____

3

Papa

Nico: ____________________

Madre: ____________________

____

4

Mamá

Nico: ____________________

Madre: ____________________

____

7

Expresión escrita

PF **3** **¿Y tú, a qué te quieres dedicar y por qué? Prepárate para una entrevista con un orientador laboral[1]. Escribe diez frases sobre tus intereses y tus dudas[2].**

No me gustaría Me gustaría Mi sueño es Quiero No quiero	• trabajar con niños • ser… • aprender la profesión de… • trabajar en una oficina • ser mi propio/-a jefe/-a • aprender una profesión tradicional • estudiar en la universidad • hacer una FP de… • …	• por eso • ya que • porque • pero • aunque	(no)	• es una profesión con futuro. • ganas poco dinero. • mis padres están de acuerdo. • es difícil encontrar trabajo. • me parece interesante. • tengo buenas notas en… • hay muchas discusiones en casa. • es la profesión ideal para mí. • me gusta/n… • me interesa/n… • me gusta trabajar solo/-a. • soy deportista, creativo/-a, … • … es/son mi vida. • …

1 **el orientador laboral** der Berufsberater
2 **la duda** der Zweifel

A ¿Qué quieres hacer después de la ESO?

Comprensión lectora

1 ¿Qué cuenta el orientador laboral? Contesta las preguntas. ▶ Texto, p. 115

1. ¿A qué se dedica un orientador laboral en un instituto español?

shutterstock / Robert Kneschke

- ______________________________
- ______________________________
- ______________________________

2. ¿Qué opciones tienen los alumnos después de la ESO?

- ______________________________
- ______________________________
- ______________________________

3. ¿Qué consejos les da a los alumnos que se quieren presentar a un puesto?

- ______________________________

La lengua

2 VOCABULARIO **Completa las familias de palabras.** ▶ Wörter erschließen, S. 282

verbo	sustantivo	adjetivo u otro sustantivo
	la orientación	
		práctico/-a
		informativo/-a
educar		
		el/la jugador/a
		el/la viajero/-a
	el interés	

3 BUENO / MALO **Laura cuenta de su día a día en la ESO. Completa con una forma de bueno y malo.** ▶ Grammatik, 54

«Hola, soy Laura y estudio 4° de ESO en el Instituto Madrid Sur. Es un ________ 😊 instituto… vamos, digo yo. Tengo una ________ 😊 profesora en Matemáticas. Se llama Carmen y es bastante estricta, pero sabe explicar muy bien. Por eso nunca saco ________ 😠 notas en Mates. ¡Es mi punto fuerte! Pero escribir me resulta bastante difícil, y creo que tengo un ________ 😠 profesor en Lengua. Es muy aburrido. Me cuesta poner atención en su clase. Pero para el próximo examen, voy a estudiar con una amiga que es muy ________ 😊 en Lengua. ¡Así seguro que voy a sacar una ________ 😊 nota!»

shutterstock / BestPhotoStudio

4 UNPERSÖNLICHE KONSTRUKTIONEN MIT SE **Completa los anuncios con el verbo correcto en la forma impersonal.**
▶ Grammatik, 52

vender[1] *buscar* *ofrecer* *pagar* *comprar* *necesitar*

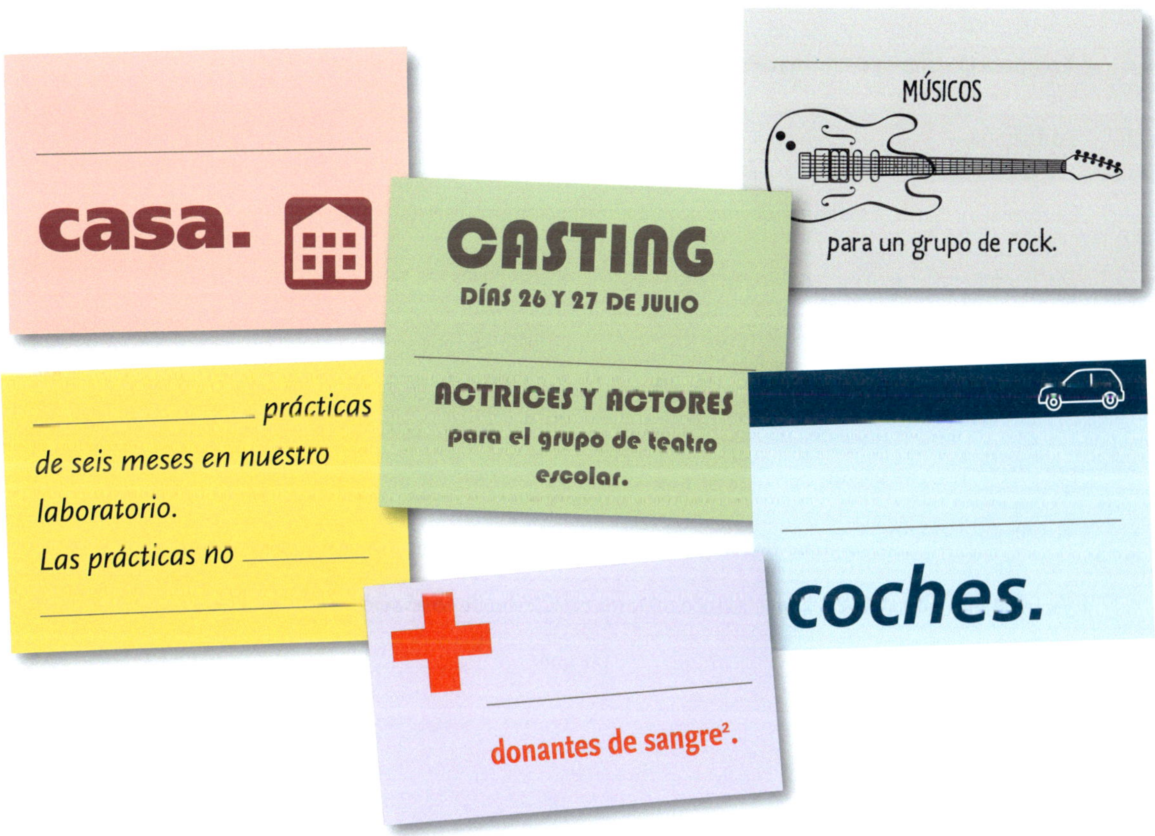

1 vender verkaufen 2 el donante de sangre der Blutspender

5 MUCHOS / POCOS / ALGUNOS **¿Cuáles son las profesiones preferidas de los jóvenes españoles? Completa con una forma de mucho / poco / alguno.**

Los jóvenes españoles tienen ________ (+) ideas diferentes de qué hacer después de la ESO. ________ (+/−) quieren ser médicos. En esta profesión hay ________ (+) trabajo y ________ (−) paro. Por otro lado, a ________ (+) jóvenes les gusta trabajar como probador de videojuegos, aunque a ________ (−) padres les gusta esta idea. En general, ________ (+) profesiones populares como *Youtuber* y *Blogger* están relacionadas con el internet. También hay ________ (+/−) estudiantes que quieren ser abogados, pero eso significa tener ________ (+) exámenes y ________ (−) tiempo libre durante los estudios.

Comprensión auditiva

6 a Escucha la entrevista de radio. ¿Cuál es el tema?

____

shutterstock/ESB Professional

b Escucha otra vez: ¿qué sabes de Mario, el invitado del programa?

¿Cuántos años tiene? ________

¿Dónde vive? ________

¿Qué lenguas habla? ________

Hace una formación profesional de ☐ paisajista[1] ☐ enfermero[2] ☐ educador

1 el paisajista der Landschaftsgärtner 2 el enfermero der Krankenpfleger

c Compara el sistema de formación profesional con el sistema de Alemania.

En España	En Alemania
La formación profesional dura dos años.	La formación profesional dura normalmente ________.
Uno va año y medio al instituto y en los últimos seis meses se hacen prácticas.	Se combinan ________ con ________. Así uno puede adaptarse poco a poco a ________ ________.
Las prácticas no se pagan.	Uno tiene un contrato[1] y ________.

1 el contrato der Vertrag

d Escucha una última vez: ¿qué le parece a Mario el sistema de formación profesional alemán? ¿Por qué?

A Mario le parece ________ porque ________

____

____

Expresión oral

PF **7** Haced el tándem. ▸ p. 147

B La vida laboral en España y Alemania

Comprensión lectora

1 Apunta las experiencias de Carla y Jan. ► Texto, p. 118

shutterstock/Monkey Business Images

	Carla García Morales	Jan Albers
¿Qué nacionalidad tiene?		
¿Dónde vive?		
¿Qué profesión tiene?		
¿Dónde trabaja?		
¿Por qué se fue al extranjero?		
¿Qué le sorprendió?		
¿Cómo es su horario laboral?		

La lengua

2 VOCABULARIO Forma palabras compuestas y apúntalas con su significado alemán. A veces hay más de una posibilidad.

sustantivos

el examen el horario el punto el tiempo
el uniforme la formación la experiencia
la carrera la jornada la vida

adjetivos

débil escolar final
fuerte laboral libre medio/-a
privado/-a profesional

Ejemplo: el examen final – die Abschlussprüfung

sustantivos

el bufete el estilo el número
el/la compañero/-a la carta la entrevista
la fuente la mecánica

sustantivos

el abogado el coche el ingreso
el teléfono el trabajo la clase
la presentación la vida

Ejemplo: la mecánica de coches – die Automechanik

Mediación

3 PERSONALPRONOMEN MIT PRÄPOSITION **Marta chatea con una amiga alemana. Después se lo cuenta a Lucía en español.**

▶ Grammatik, 53

grupo de chat

Emma: Hey! Hast du Lust mit uns ins Kino zu gehen?	Pregunta si tengo ganas de ir al cine con ellos.
Marta: Hi ☺. Wer geht denn mit dir mit?	Pregunto
Emma: Paul, Merche und Vega.	Dice que
Marta: Paul??? Der will sicher nicht mit mir weggehen und ich auch nicht mit ihm!	Digo que
Emma: Komm schon! Gibt es immer noch Stress zwischen dir und ihm?	Pregunta si
Marta: Ja. Aber für mich ist es kein Problem, wenn ihr ohne mich geht.	Digo que
Emma: Ok, schade! Aber das nächste Mal kommst du wieder mit uns mit!	Dice que
Marta: Na klar, :*	Digo que

Expresión escrita

4 El profesor de tu clase de intercambio en Madrid os escribe y os ofrece hacer miniprácticas en Madrid. Contesta su e-mail.

es_mail | enviar | insertar | ortografía | opciones | cancelar

Hola a tod@s:

Espero que paséis unas vacaciones bonitas. Los que todavía tienen tiempo, tienen la posibilidad de hacer unas miniprácticas de tres días aquí en Madrid. Nuestro instituto tiene una cooperación con tres empresas diferentes: una editorial, un taller de automóviles y un centro de salud[1]. En la editorial podéis apoyar a un lector en su trabajo: leer y corregir novelas de autores. En el taller de automóviles vais a conocer el funcionamiento de los elementos de un coche y podéis observar cómo repararlos. En el centro de salud podéis acompañar a los enfermeros[2] durante el cuidado de los pacientes y ayudar con el reparto de comidas. Si os interesa, por favor mandadme un e-mail en el que me explicáis qué práctica os gusta y por qué. También escribid vuestros puntos fuertes.

Un saludo,

Javier López Fernández

1 el centro de salud das Gesundheitszentrum 2 el/la enfermero/-a die Krankenschwester / der Krankenpfleger

C El futuro del trabajo

Comprensión lectora

1 Decide si las frases son verdaderas o falsas según el texto. Corrige los enunciados falsos en tu cuaderno. ▶ Texto, p. 122

	verdadero	falso
1. Las aplicaciones cambiarán el mundo laboral.	☐	☐
2. En el futuro ya no existirán algunos empleos tradicionales.	☐	☐
3. Los drones serán importantes para el futuro del transporte.	☐	☐
4. Los conductores de autobuses serán muy importantes en el futuro.	☐	☐
5. En el futuro existirán muchos bancos físicos para pedir préstamos.	☐	☐
6. Las competencias creativas serán muy importantes.	☐	☐
7. En las oficinas no trabajará mucha gente.	☐	☐
8. La era que acaba de empezar se llama la era de la Inteligencia Futura.	☐	☐

La lengua

2 EL FUTURO SIMPLE **Sergio habla con su abuela por teléfono. El año que viene será un año muy importante para él. ¿Qué le cuenta a su abuela? Completa el texto con las formas correctas de los verbos en futuro simple.** ▶ Grammatik, 55

«¡Hola abuela! Mhm… sí, el año que viene ______________ (*ser*) muy importante para mis amigos y también para mí. ______________ (*terminar* / nosotros) el instituto, ______________ (*hacer* / nosotros) el bachillerato y ______________ (*empezar*) una nueva etapa de nuestras vidas. Pero, no sé, ¿mi vida ______________ (*tener*) muchos momentos bonitos? ¿______________ (*encontrar* / yo) un trabajo interesante? Creo que mi vida ______________ (*cambiar*) completamente. ______________ (*tener que* / yo) buscar una formación interesante y algún día muchos de mis amigos y yo probablemente ______________ (*tener*) nuestras propias familias. Mis Padres ______________ (*tomar*) una decisión importante y seguro que ______________ (*vivir*) en el campo. ¿Y vosotros, el abuelo y tú? ______________ (*vivir* / vosotros) cerca de nosotros y ______________ (*tener*) tiempo para toda la familia?»

3 a Sergio se hace preguntas sobre su futuro. Formula sus preguntas y utiliza el futuro simple en tu cuaderno

¿Qué	*tener* suerte en la entrevista de trabajo?
¿Cómo	*recibir* una respuesta?
¿Cuándo	me *dar* el puesto a mí?
¿En el futuro	*poder* trabajar en la empresa Solylux?
¿[Yo]	*decir* mis padres si me dan el puesto?
¿Mi vida	*ser* la vida laboral?
¿Mi novia y yo	*cambiar* mucho si me dan el puesto?
¿Mis hijos	*ser* felices?
¿[Nosotros]	cambios *traer* las nuevas tecnologías para mí?
¿[…]	*poder* pasar bastante tiempo juntos?

b Y tú, ¿qué preguntas te haces sobre el futuro? Escribe una entrada de diario y formula preguntas/suposiciones sobre tu futuro.

7

4 LA DOBLE NEGACÍON: **María le cuenta a su novio Pablo sus problemas con su amiga Paloma.** ▶ Grammatik, 56

1. Paloma no escucha **nadie / nunca / nada** mis problemas.
2. Siempre discutimos mucho, pero no me enfado[1] **nadie / nunca / nada**.
3. A Paloma no le gusta **nadie / nunca / nada** el fútbol, pero a mí sí.
4. A mí me gusta mucho ir de compras, pero Paloma no va al centro comercial **nadie / nunca / nada**.
5. Cuando vamos a la discoteca Paloma no quiere hablar con **nadie / nunca / nada**, sólo quiere bailar toda la noche.

1 enfadarse sich ärgern

Mediación

ES DE **5** **Tus amigos y tú hacéis prácticas. Habláis sobre el futuro del mundo laboral y tú buscas información en internet. Como sólo tú hablas español, les escribes un email explicándoles los cambios en el mundo del trabajo que se mencionan en el gráfico.**

Taller de lectura

Técnico en Aceites de Oliva y Vinos

¿Qué voy a aprender y hacer?
Con esta Formación Profesional de Grado Medio vas a aprender tareas relacionadas con la elaboración, producción y comercialización de aceites de oliva, vinos y otras bebidas. Entre otras cosas, vas a extraer aceite de oliva, vas a elaborar destilados y bebidas espirituosas y vas a observar en la práctica cómo se envasan, etiquetan y almacenan estos productos.

¿Cuáles son las salidas profesionales?
Como técnico en aceites de oliva y vinos, puedes trabajar de bodeguero, maestro de almazara y comercial de almazaras y bodegas. En otras palabras, estás capacitado para acompañar el proceso de elaboración de estos productos desde la recolección de materias primas hasta su venta y comercialización en tiendas especializadas.

Para más informaciones consulta: http://www.todofp.es/que-como-y-donde-estudiar/que-estudiar/familia/loe/industrias-alimentarias/aceites-oliva-vinos.html

Técnico en Vídeo Disc-Jockey y Sonido

¿Qué voy a aprender y hacer?
Con esta Formación Profesional de Grado Medio vas a aprender tareas relacionadas con la animación musical y visual de espectáculos públicos y también con la producción audiovisual para cine, radio, televisión y otros medios de comunicación. Entre otras cosas, vas a grabar, editar y preparar archivos musicales y visuales y vas a planificar y operar todos los elementos que complementan un espectáculo musical.

¿Cuáles son las salidas profesionales?
Como técnico en vídeo disc-jockey y sonido puedes trabajar de ayudante de sonido o microfonista en televisión, cine, radio, fiestas y conciertos. En otras palabras, estás capacitado para acompañar la planificación y realización de distintos espectáculos escénicos.

Para más informaciones consulta: http://www.todofp.es/que-como-y-donde-estudiar/que-estudiar/familia/loe/imagen-sonido/video-discjockey-sonido.html

1 Du möchtest eine Berufsausbildung in Spanien machen. Lies die beiden Anzeigen. Welche Ausbildung gefällt dir besser?

2 Was lernst du in der Ausbildung und wie sehen deine beruflichen Perspektiven aus? Unterstreiche die wichtigsten Punkte im Text.

3 Was bedeuten die folgenden Wörter. Kennst du ggf. Wörter ► Wörter erschließen, S. 282

– aus derselben Wortfamilie? Notiere die deutsche Bedeutung sowie ein Wort derselben Wortfamilie in dein Heft.

producción comercialización especializadas audiovisual archivo musical ayudante planificación realización

– aus dem Deutschen oder anderen Sprachen? Notiere die deutsche Bedeutung sowie die Entsprechung in einer anderen Sprache in dein Heft.

vino aceite de oliva destiladas observar proceso de elaboración recolección materias primas consulta editar medios de comunicación espectáculo

4 **Nutze nun für die Wörter, die du noch nicht verstanden hast, ein Wörterbuch.** ▶ Das wörterbuch benutzen, S. 285

a **Verbinde zunächst die Abkürzungen mit ihrer spanischen und deutschen Bedeutung.**

n	femenino	metaphorisch
f	verbo	Adjektiv
adj	masculino	Plural
fam	neutro	Umgangssprache
m	adjetivo	weiblich
pl	plural	männlich
v	lenguaje familiar	Verb
fig	figurativo	sächlich

b **Notiere für die folgenden Ausdrücke die Wortart und die deutsche Bedeutung, die sie im Text haben. Ergänze bei den Substantiven auch den bestimmten Artikel.**

medio (de comunicación) comercial maestro grabar público

medio I *m* 1 Mitte *f* 2 Mittel *n* (Hilfsmittel) ~ de transporte Transportmittel 3 Medium *n* ~ ambiente *f* Umwelt *f* II *adj* halb; Durchschnitts-

comercial I *adj* kommerziell, geschäftlich, Handels- centro ~ Einkaufszentrum *n* II *m/f* 1 Handelsvertreter(in) *m/f* 2 *m* Werbespot m

maestro I *adj* Meister-; Haupt-; meisterlich II *m/f* Lehrer(in) *m/f*, Meister *m/f*

grabar v/tr (en) 1 gravieren (in), einmeißeln 2 INFOR speichern 3 aufzeichnen, aufnehmen 4 einprägen

público I *m* Zuschauer *m/f*, Zuhörer *m/f*; Publikum *n* II *adj* öffentlich, bekannt, allgemein

5 **Was ist laut Text nicht Teil der beiden Ausbildungen bzw. der späteren Berufspraxis?**

1. a) ☐ die Herstellung alkoholhaltiger Getränke
   b) ☐ die Pflege von Olivenbäumen und Weinreben
   c) ☐ die Lagerung von Ölen und Weinen
   d) ☐ der Verkauf und die Vermarktung von Weinen und Olivenölen

2. a) ☐ Planung von Bühnenshows
   b) ☐ Tonassistenz u. a. in Kino Fernsehen und Radio
   c) ☐ Aufnahme von Musikarchiven
   d) ☐ Wartung von Aufnahmegeräten

ES DE **6** **Deine Eltern verstehen nicht, warum du in Spanien eine Ausbildung machen möchtest. Erkläre ihnen, worum es in der von dir gewählten Ausbildung geht und welche beruflichen Perspektiven du mit dieser Ausbildung hast.**
▶ Sprachmittlung, S. 281

¡Vamos!

Comprensión lectora

1 Completa el texto informativo sobre Andalucía con el vocabulario nuevo en las formas correctas. ▶ Texto, p. 126/127

cada · Andalucía · montaña *f.* · esquiar · energía solar *f.* · andaluz/a (3 x) · industria *f.* · sur *m.* · comunidad autónoma (2 x) *f.* · situado/-a · monumento *m.* · paisaje *m.* · exportar · flamenco *m.* · gazpacho *m.* · experto *m.* · economía *f.*

Cuando los alemanes piensan en España, muchas veces piensan en Mallorca o Barcelona. Sin embargo, para muchos, la región más típica de España es ____________________. ¿Qué hay en esta ____________________ y dónde está? Para empezar, es la ____________________ más grande de España, ahí hay más de ocho millones de habitantes. Esto significa que uno de ____________________ cinco españoles vive en Andalucía. Andalucía está cerca de África, es decir que está ____________________ en el ____________________ de España. Su ____________________ es impresionante: playas y ____________________. La Sierra Nevada, por ejemplo, es el lugar perfecto para ____________________. Las ciudades ____________________ están entre las ciudades más bonitas de España, por ejemplo la capital, Sevilla, o también Granada con la Alhambra. Es uno de los ____________________ árabes más conocidos del mundo.

En Andalucía, el turismo es un factor muy importante para la ____________________ andaluza, pero también el cultivo de la fruta que se ____________________ a los países del Norte. Además los ____________________ son ____________________ en ____________________. Sin embargo no hay tanta ____________________ como en otras regiones de España. Pero Andalucía tiene una vida cultural muy rica. De Andalucía vienen el ____________________ y el ____________________ y el artista famoso Pablo Picasso también fue ____________________.

Expresión escrita

2 En tus vacaciones, pasas una semana en el mar del Norte y otra en Baviera, en casa de tus tíos. Le mandas dos fotos a tu amiga Mar de Madrid. Explícale qué se ve en las fotos. ▶ Ein Bild beschreiben, S. 278

Hola Mar:

De momento estoy pasando mis vacaciones de verano en Baviera y estoy disfrutando del sol. Pasamos dos días en ____________________

____

____

____

____

____

____

____

imago sport·otodier st/Jocher Tack

shutterstock/linerpics

Comprensión auditiva

3 En un museo en España quieres escuchar la audioguía sobre la vida del artista Pablo Picasso.

a ANTES DE ESCUCHAR **Para hablar de la vida de un artista, necesitas palabras como las siguientes. Imagina qué significan y escríbelas en alemán o en otro idioma.** ▶ Wörter erschließen, S. 282

el dibujo	______	la obra	______
el pintor	______	publicar	______
pintar	______	el retrato	______
la pintura	______	el poeta	______
la época	______	la inspiración	______
el periodo	______	la relación amorosa	______

b COMPRENSIÓN GLOBAL **Escucha, después elige los mejores títulos para el audio.**

mauritius images/Science Source

- ☐ Pablo Picasso y las mujeres[1]
- ☐ Pablo Picasso – una vida larga
- ☐ Pablo Picasso – un pintor casi francés
- ☐ Pablo Picasso y su familia numerosa

c COMPRENSIÓN DETALLADA **Escucha otra vez la audioguía y marca con una x las respuestas correctas. A veces más de una puede ser correcta.**

1. Pablo Picasso nació[2] en el siglo
   ☐ XVIII. ☐ XIX. ☐ XX.
2. Nació en
   ☐ La Coruña. ☐ Galicia.
   ☐ Málaga. ☐ Barcelona.
3. Su apellido completo es
   ☐ Ruz Picasso.
   ☐ Picasso Ruiz.
   ☐ Ruiz Picasso.
4. El padre de Pablo Picasso trabajó
   ☐ como profesor.
   ☐ en un museo.
   ☐ como pintor.
5. Dolores y Concepción son los nombres de
   ☐ los primeros cuadros de Picasso.
   ☐ sus hermanas.
   ☐ sus primas favoritas.

1 **la mujer** die Frau
2 **nació** er wurde geboren
3 **murió** sie starb
4 **firmar** *hier:* signieren
5 **pintó** er malte

6. En 1895 su familia fue a vivir a Cataluña porque
   ☐ su padre encontró trabajo en Barcelona.
   ☐ su hermana pequeña murió[3].
   ☐ Pablo tuvo su primera exposición allí.
   ☐ Pablo quiso estudiar en Barcelona.
7. A los 20 años Pablo decidió firmar[4] sus obras solo con el apellido Picasso porque
   ☐ es el apellido de su madre.
   ☐ porque así lo llamaron sus amigos catalanes.
   ☐ no quiso usar un apellido tan normal y español.
8. En París Pablo Picasso
   ☐ se hizo amigo de otros artistas.
   ☐ pasó mucho tiempo en bares.
   ☐ pintó[5] muchos cuadros.
   ☐ utilizó mucho el color azul al pintar.
9. Fernande es el nombre de
   ☐ una artista francesa.
   ☐ su primera novia.
   ☐ su primera mujer.
   ☐ una mujer que compró uno de sus cuadros.

d COMPRENSIÓN DETALLADA **Escucha otra vez y escribe la palabra correspondiente.**

la novia · el padre · el hijo[1] · la mujer · la hija[1] · la hermana · la madre

José es	______	Paloma es	______
María es	______	Olga es	______
Jaqueline es	______	Pablo es	______

1 **el/la hijo/-a** der Sohn / die Tochter

A El turismo antes y hoy

Comprensión lectora

1 Busca la información en el texto e indica las líneas. ▶ Texto, p. 129

1. ____________ Cada año millones de turistas visitan Andalucía.
2. ____________ Muchos andaluces viven del turismo.
3. ____________ A principios del siglo el gobierno andaluz se interesaba más por el dinero que por el paisaje.
4. ____________ Los grandes hoteles cerca de la costa pueden destruir el medio ambiente.
5. ____________ El turismo sostenible intenta cuidar el paisaje mejor que antes.
6. ____________ El turismo sostenible intenta usar menos agua.
7. ____________ El Señor García piensa que el turismo tradicional es una cosa del pasado.

La lengua

2 EL PRETÉRITO IMPERFECTO **Completa la tabla con las formas que faltan.** ▶ Grammatik, 57

infinitivo	presente	pretérito imperfecto
____________	llueve	____________
____________	____________	tomabais
____________	ayudamos	____________
____________	____________	construíamos
____________	me acuesto	____________
____________	lees	____________
____________	____________	pensabas
____________	veo	____________
____________	va	____________
____________	____________	escribíais
____________	se divierten	____________
____________	____________	ponía

3 EL PRETÉRITO IMPERFECTO **El señor García recuerda cómo era su pueblo en los años setenta. Completa el texto con los verbos en pretérito imperfecto.** ▶ Grammatik, 57

Cuando ____________ (*ser* / yo) pequeño, la vida en mi pueblo ____________ (*ser*) muy diferente. Casi no ____________ (*haber*) turistas en Andalucía, porque los alemanes e ingleses ____________ (*pasar*) sus vacaciones en otros países de Europa, como por ejemplo en Italia y Francia. Casi no ____________ (*haber*) tráfico, las calles ____________ (*estar*) libres y por eso la vida en mi pueblo ____________ (*ser*) mucho más tranquila que hoy. En la costa solo ____________ (*haber*) un hotel pequeño y en los pocos bares y restaurantes la gente no ____________ (*necesitar*) otras lenguas que el español. En el hotel nadie ______________________ (*saber*) hablar bien el inglés porque no se lo ______________________ (*necesitar*) casi nunca. Ahora, durante los meses de verano, no sabes dónde dejar el coche, porque hay tantos turistas. Antes, en los años setenta, muy pocos españoles ______________________ (*tener*) coche y la mayoría ______________________ (*ir*) a pie. Casi no ______________________ (*haber*) tráfico y por eso se ______________________ (*poder*) llevar el coche hasta el centro. Hoy los coches están prohibidos[1] en el casco histórico[2]. En aquel entonces nadie ______________________ (*pensar*) en el medio ambiente, porque no ______________________ (*haber*) problemas ecológicos o en aquellos años no los ______________________ (*ver* / nosotros). No ______________________ (*reciclar* / nosotros) la basura y tampoco ______________________ (*cambiar* / nosotros) nuestra ropa cada día, porque mucha gente todavía ______________________ (*lavar*) su ropa a mano[3].

1 **estar prohibido** verboten sein 2 **el casco histórico** die Altstadt 3 **lavar a mano** mit der Hand waschen

4 EL PRETÉRITO IMPERFECTO **Hoy y antes. Usa las expresiones siguientes en pretérito imperfecto para terminar las frases.**

▶ Grammatik, 57

tener coche *cambiar* las toallas cada día *vivir* del turismo no *ahorrar* energía
pasar sus vacaciones en Italia *respetar* el paisaje *pensar* mucho en el medio ambiente
reciclar basura *usar* mucha agua *tener* un teléfono en casa

1. Hoy casi toda la gente tiene móviles, pero cuando mis padres eran jóvenes solo ______________________ ______________________.
2. Hoy muchos turistas alemanes vienen a Andalucía, pero en los años sesenta los alemanes ______________________ ______________________.
3. Hoy el tráfico es un problema en las costas en verano, pero antes no mucha gente ______________________ ______________________.
4. El turismo sostenible cuida mejor el paisaje, pero hace 40 años muy poca gente ______________________ ______________________.
5. Ahora usamos mucho la energía solar, pero antes la gente ______________________ ______________________.
6. Antes los grandes hoteles ______________________ para regar[1], pero ahora ya no hay tantos campos de golf.
7. Antes muchos turistas ______________________ porque no ______________________, pero hoy la mayoría de los turistas utiliza sus toallas más de una vez.
8. En aquellos años muy pocos andaluces ______________________ pero hoy el turismo es muy importante para la región.
9. Hoy es casi normal reciclar la basura pero en los años ochenta los andaluces todavía no ______________________ ______________________.

1 **regar** bewässern, gießen (Pflanzen)

5 VOCABULARIO Apunta a la izquierda para cada palabra una de la misma familia y, a la derecha, el significado en alemán. ► Wörter erschließen über Wortfamilien, S. 283

palabra de la misma familia	palabra desconocida	significado en alemán
	el saludo	
	el cambio	
	el jardín	
	gobernar	
	económico/-a	
	los ahorros	
	la decisión	
	el reciclaje	
	alimentar	
	la inmensidad	

Comprensión auditiva

shutterstock / Diego Cervo

6 Radio Andalucía hace entrevistas en la calle. ¿Qué dice la gente mayor sobre la vida en su pueblo hace cincuenta años?

a Escucha y ordena las fotos.

1 

imago stock&people/robert fischman

2 
shutterstock / Monkey Business Images

3 
stock.adobe.com/Gerhard1302

4 
shutterstock / Alexander Raths

b ¿Qué dice la gente mayor? Toma apuntes debajo de las fotos.

Expresión escrita

7 La gente mayor siempre dice que antes la vida era mejor. ¿Qué piensas tú? Escribe un comentario personal.
► Eine Stellungnahme verfassen, S. 278

B Una semana en Andalucía

Comprensión lectora

1 **Marca con una cruz las opciones correctas. A veces más de una opción es correcta.** ▶ Texto, p. 132

1. El hotel Andalucía Verde está
   - ☐ cerca de la playa.
   - ☐ en la Sierra Nevada.
   - ☐ en Cádiz.

2. No hay nadie en la recepción del hotel
   - ☐ después de las once de la noche.
   - ☐ a las seis de la mañana.
   - ☐ entre las 7 y las 11 de la noche.

3. El congreso duró
   - ☐ 3 días.
   - ☐ 4 días.
   - ☐ 5 días.

4. Durante el congreso
   - ☐ llovía siempre.
   - ☐ hacía mucho calor.
   - ☐ hacía un poco de frío.

5. Durante el congreso Julia y sus compañeros
   - ☐ alquilaron bicicletas.
   - ☐ alquilaron un coche.
   - ☐ desayunaban en el hotel.
   - ☐ cenaban juntos en el restaurante del hotel.

Comprensión auditiva

2 **a Marca en el mapa las ocho provincias andaluzas.**

b ¿Qué tiempo va a hacer el sábado en la comunidad autónoma de Andalucía? Escucha el pronóstico y toma apuntes para cada provincia.

____

____

____

____

____

____

____

3 **Radio Andalucía hace una entrevista con Jonas, un alemán que está trabajando en un hotel en Ronda porque está haciendo una formación profesional en hostelería.**

a ANTES DE ESCUCHAR **Completa la tabla.** ▶ Wörter erschließen, S. 282

palabra de la misma familia	palabra en otro idioma	palabra desconocida	significado en alemán
______	______	el/la recepcionista	______
______	______	aburrirse	______
______	______	el accidente	______
______	______	la cocina	______

b Escucha la entrevista entre radio Andalucía y Jonas, y termina las siguientes frases.

1. Jonas sabe hablar bien el español porque ______________________________
2. Jonas hace prácticas en Andalucía porque ______________________________
3. Jonas no necesita mucho porque ______________________________
4. Jonas trabaja en la recepción porque ______________________________
5. En su tiempo libre Jonas ______________________________

Expresión escrita

4 **Haces prácticas en un hotel alemán en la costa del Norte. La semana que viene van a venir dos estudiantes españoles que también quieren hacer prácticas. Tu jefe te pide escribirles para darles un par de informaciones.**

zur Zeit schlechtes Wetter, kalt, Regen — Wetter ändert sich schnell — passende Kleidung (Arbeit, Strand …)

Rezeption ist nur bis 11 Uhr abends besetzt: eventuell vorher anrufen!

Frühstück und Mittag: im Hotel (mit den Kollegen) — Arbeitszeit: jeden Tag von 9 bis 17 Uhr

____

____

____

____

8

Expresión oral

5 **Haced el tándem.** ▸ p. 148

La lengua

6 PRETÉRITO INDEFINIDO / PRETÉRITO IMPERFECTO **Marca la forma correcta del verbo.** ▸ Grammatik, 58, 59

Javier García trabaja en la recepción del hotel Andalucía Verde.

1. Ayer **fue / era** un día increíble: primero **llegó / llegaba** un grupo de clientes de Madrid para una conferencia importante.
2. Después **llegó / llegaba** un grupo de turistas alemanes con sus maletas y un montón de preguntas.
3. Entonces Javier **tuvo que / tenía que** contestar sus preguntas, mientras **habló / hablaba** por teléfono y **coordinó / coordinaba** a los empleados del hotel.
4. Cuando tuvo dos minutos de tiempo libre, lo **llamó / llamaba** la señora Mayoral: en la sala de conferencia **hizo / hacía** muchísimo calor y por eso no **pudieron / podían** trabajar.
5. Mientras la señora Mayoral **se quejó / se quejaba**, Javier la **escuchó / escuchaba**.
6. Resulta que el aire acondicionado no **funcionó / funcionaba**.
7. Javier **llamó / llamaba** al mecánico del hotel, pero ya que **fue / era** su día libre, el mecánico no **contestó / contestaba** el teléfono.

8. Después Javier **llamó / llamaba** a otros mecánicos en Cádiz, pero nadie **tuvo / tenía** tiempo.
9. Como la otra sala de conferencia tampoco **estaba / estuvo** libre, Javier no **supo / sabía** qué hacer y **llamó / llamaba** a su jefe.
10. Al final este **bajó / bajaba** el precio de la sala de conferencias, **ofreció / ofrecía** la otra sala para el día siguiente e **invitó / invitaba** a la señora Mayoral y sus compañeros a una cena.

7 a PRETÉRITO INDEFINIDO / PRETÉRITO IMPERFECTO **Completa el texto con la forma correcta del verbo.** ▶ Grammatik, 58, 59

El primer día de la conferencia, la señora Mayoral y sus compañeros no ________________ (*poder*) trabajar: el aire acondicionado no ________________ (*funcionar*) y ________________ (*hacer*) muchísimo calor en la sala de conferencias. La señora Mayoral ________________ (*quejarse*) del problema con Javier en la recepción, pero él no ________________ (*poder*) solucionar el problema. Al final el grupo ________________ (*decidir*) irse a la playa. Allí ________________ (*haber*) mucha gente, ________________ (*hacer*) más de 30 grados y toda la gente ________________ (*disfrutar*) del sol y ________________ (*nadar*) en el mar. A las siete de la tarde la señora Mayoral y sus compañeros ________________ (*volver*) al hotel, ________________ (*querer*) ducharse y cenar juntos. Pero, cuando ________________ (*entrar*) en el hotel, no ________________ (*haber*) nadie. ________________ (*llamar*) a Javier, pero nadie ________________ (*contestar*). Todos ________________ (*tener*) hambre y ________________ (*estar*) cansados…

De repente, el jefe del hotel ________________ (*entrar*) y ________________ (*decir*)…

b Termina la historia con dos o tres frases.

____

____

____

8 PRETÉRITO INDEFINIDO / PRETÉRITO IMPERFECTO **Completa el texto sobre Javier con la palabra correspondiente.**

antes   cuando   entonces   normalmente   siempre (2 x)   un día
cada domingo   muchas veces

1. ________________ Javier era pequeño, vivía en Madrid.
2. Hoy vive solo en Cádiz, pero ________________ vivía con sus padres y sus hermanos. ________________, no tenía buenas notas en el instituto, no le gustaba mucho estudiar.
3. Por la tarde, él y sus compañeros ________________ quedaban en la plaza, charlaban un rato o hacían planes para el futuro.
4. ________________ volvía a casa para cenar a las nueve o a las diez y ________________ no hacía sus deberes.
5. ________________ venían sus abuelos y pasaban el día con la familia y ________________ pasaban el verano en el pueblo con los abuelos.
6. Pero ________________, Javier decidió cambiar algo: empezó a estudiar y terminó el instituto con buenas notas. ¿Por qué? Pues…

Taller de lectura

Este viernes a las 19 horas, España en cine y teatro.

CINE

***El olivo* (2015), de Icíar Bollaín**

Alma tiene 20 años, es rebelde, impulsiva y vive en un pueblo cerca de Castellón. Hace doce años la familia vendió un olivo milenario[1] en contra de la voluntad[2] de su abuelo. Desde entonces el abuelo dejó de hablar y ahora ha decidido también dejar de comer. Para Alma, su abuelo es la persona más importante en el mundo y por ello se obsesiona con recuperar[3] ese olivo milenario. Según ella, esto es lo único que puede ayudar a su abuelo. Sin dinero, sin un plan y sin contarle la verdad a nadie, Alma emprende una misión[4] que parece imposible: recuperar el olivo, que ha sido replantado en algún lugar de Europa, y traerlo de regreso a los campos de la familia.
Con ternura y humor, esta película nos presenta un viaje que cambia para siempre la vida de Alma y también la nuestra.

Piffl Medien GmbH

Teatro

***La casa de Bernarda Alba* (1936), de Federico García Lorca**

Tropa: Los errantes.
Después de la muerte de su segundo esposo[5], Bernarda Alba se encierra[6] en su casa y obliga a sus cinco hijas a respetar un estricto luto[7]: durante ocho años no pueden salir de casa. Angustias, que es la mayor y la única hija del primer esposo de Bernarda, hereda[8] un poco de dinero. Esto atrae a Pepe el Romano, un hombre del pueblo, que se compromete[9] con ella. En secreto, sin embargo, Pepe enamora también a Adela, la hermana menor, quien acepta ser su amante. Este amor secreto es descubierto por Bernarda, lo que lleva a apasionadas discusiones que terminan incluso[10] en la muerte de una de las hijas...
Esta obra de Federico García Lorca nos presenta la trágica vida de las mujeres en los pueblos de España a principios del siglo 20, pero también la universalidad de las pasiones.

Shutterstock.com/Dragana Eric

1 milenario tausendjährig
2 en contra de la voluntad gegen den Willen
3 recuperar zurückgewinnen
4 emprender una misión sich auf eine Mission begeben
5 el esposo der Ehemann
6 encerrarse sich einsperren
7 el luto die Trauer
8 heredar erben
9 comprometerse con alg. sich verloben mit jdm
10 incluso sogar

1 a Lee el texto sobre la película *El olivo* y marca las opciones correctas con una cruz.

- [ ] Almas Großvater hat einen sehr alten Olivenbaum verkauft.
- [ ] Für Alma ist ihr Großvater sehr wichtig.
- [ ] Der Großvater verkraftet den Verlust des Olivenbaums nicht.
- [ ] Alma hat das Leben im Dorf satt.
- [ ] Alma will den Olivenbaum ihres Großvaters zurückholen.
- [ ] Alma verreist gemeinsam mit ihrem Großvater.
- [ ] Der Großvater will nicht mehr essen.

b **Lee el texto sobre *La casa de Bernarda Alba* y marca las opciones correctas con una cruz. A veces más de una puede ser correcta.**

1. Bernarda Alba hat
   - ☐ fünf Töchter.
   - ☐ nur zwei Töchter.
   - ☐ zwei Töchter und einen Sohn.

2. Angustias ist
   - ☐ Bernardas älteste Tochter.
   - ☐ die Schwester von Adela.
   - ☐ die Schwester von Pepe.

3. Die Schwestern
   - ☐ dürfen acht Jahre lang das Haus nicht verlassen.
   - ☐ dürfen acht Jahre lang nicht heiraten.
   - ☐ müssen acht Jahre lang Trauerkleidung tragen.

4. Pepe el Romano
   - ☐ ist sehr wohlhabend.
   - ☐ ist nur am Geld von Angustias interessiert.
   - ☐ schuldet Bernarda Alba viel Geld.

5. Bernarda Alba war
   - ☐ einmal verheiratet.
   - ☐ zweimal verheiratet.
   - ☐ nie verheiratet.

2 **Marca con una cruz el resumen correcto y marca en los dos textos la información correspondiente:**

El olivo:

☐ Almas Großvater verkraftet den Verlust seines Olivenbaumes nicht und Alma begibt sich auf eine unmögliche Reise, um diesen Baum zurückzugewinnen.

☐ Almas Großvater will unbedingt seinen Olivenbaum wieder haben und schickt Alma auf eine lange Reise, um diesen Baum ins Dorf zurückzubringen.

La casa de Bernarda Alba:

☐ Bernarda Alba ist mit Pepe verheiratet und hat mit ihm zwei Töchter. Als er stirbt, dürfen sie acht Jahre lang das Haus nicht verlassen.

☐ Bernarda Alba ist Witwe und hat fünf Töchter. Pepe verlobt sich mit Angustias, der ältesten Tochter, ist aber eigentlich nur an ihrem Geld interessiert.

3 **El centro cultural español en tu ciudad organiza una noche de teatro y de cine. ¿Qué te gustaría ver? ¿La película o la obra de teatro? ¿Por qué no?** ► Eine Stellungnahme verfassen, S. 278

1 UNPERSÖNLICHE KONSTRUKTIONEN MIT SE **Un amigo de Perú quiere saber cómo son las FP Medias en España. Reescribe el texto usando se.**

es_mail | enviar | insertar | ortografía | opciones | cancelar

Para hacer una FP Media, los alumnos van un año y medio al instituto. Después realizan prácticas en una empresa y así conocen la vida laboral. En España, los empresarios no pagan las prácticas. Cuando los alumnos terminan los estudios, reciben el título de Técnico y pueden ir a trabajar o seguir un estudio de FP Superior.

Para hacer una FP Media, se va un año y medio al instituto. ______

______

______

______

______

______

2 VERKÜRZTE ADJEKTIVE **Completa las frases con una forma de bueno (b), malo (m) o grande (g) y termínalas con tus ideas.**

1. Un ______ (b) profesor sabe ______.
2. En una ______ (g) fiesta siempre hay ______.
3. Una ______ (g) ciudad ofrece ______.
4. Una ______ (b) carta de presentación es ______.
5. En mi opinión, «______» es una ______ (m) película.
6. Un ______ (m) trabajo, para mí, ______.

3 FUTURO SIMPLE **María y Laura hablan sobre los planes de sus amigos, Blanca y Javi, que se mudan a Alemania. Completa con el verbo correcto en futuro.** ▶ Grammatik, 55

alquilar *conocer* *pasar* *trabajar* *aprender* *buscar* *ir* *irse* *visitar* *vivir* (2 x) *tener* que

María: ¿Ya lo sabías? Blanca y Javi ______ a Alemania.

Laura: ¡Síii! Javi ______ en una empresa alemana y Blanca ______ prácticas allí.

María: ¡Vaya! ______ mucho alemán y ______ a gente nueva. Van a Berlín, ¿no?

Laura: Sí, a Berlín. ¿Sabes tú si ______ juntos allí?

María: Al principio Javi ______ con un amigo y Blanca también, pero después ______ un piso los dos.

Laura: ¡Mola muchísimo! ¡Pero ______ venir a España en verano para vernos!

María: ¡Claro! Y si no, yo los ______ en Alemania y ______ mis vacaciones en Berlín. ¿Ana y tú ______ conmigo?

4 FUTURO SIMPLE **Completa el crucigrama con las formas correspondientes del futuro.** ▶ Grammatik, 55

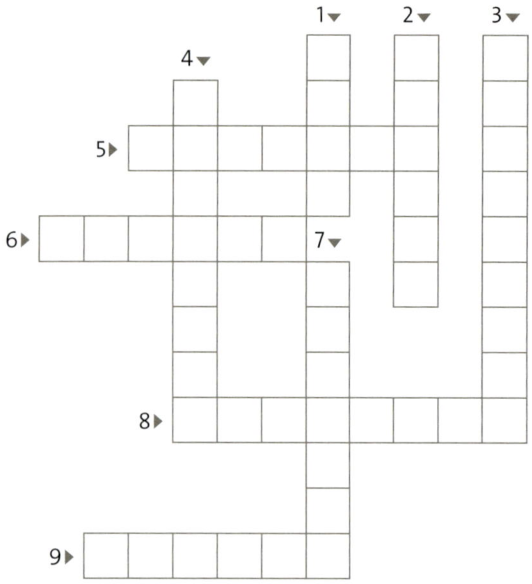

Waagerecht: ▶
5 ponen
6 sabes
8 salisteis
9 decíais

Senkrecht: ▼
1 hice
2 viene
3 queremos
4 pudimos
7 tuviste

5 LA DOBLE NEGACIÓN **Contesta las preguntas con una negación. Utiliza** no… nada, no… nadie **o** no… nunca.
▶ Grammatik, 56

1. ¿Hay gente en el parque? ______
2. ¿Entiendes lo que dice la profesora? ______
3. ¿Conoces a alguien aquí? ______
4. ¿Tienes algo para beber? ______
5. ¿Vas muchas veces al cine? ______
6. ¿Tomas mucho zumo? ______

6 EL PRETÉRITO IMPERFECTO **Un anciano compara el pasado y el presente. Haz frases según el ejemplo.**

shutterstock/Ollyy

1. *jugar* en la calle – *jugar* a los videojuegos

   Antes jugábamos en la calle, hoy los jóvenes juegan a los videojuegos.

2. *compartir* habitación – *tener* una habitación propia

   ______

3. *ir* al cine – *ver* películas en internet

   ______

4. *hablar* los unos con los otros – *chatear* por el móvil

   ______

5. *escribir* cartas y postales – *escribir* mensajes

   ______

6. *escuchar* la radio – *usar* el móvil

____

7. *acostar*se temprano – *salir* siempre con amigos

____

7 PRETÉRITO INDEFINIDO / PRETÉRITO IMPERFECTO **Carla (libro, p. 118) les escribe una carta a sus abuelos poco después de llegar a Düsseldorf. Completa el texto con los verbos en pretérito imperfecto o pretérito indefinido.**

stock.adobe.com/janvier

Düsseldorf, 13/4/2021

Queridos abuelos:

Ayer, mientras ____________ (*ir* / yo) a mi trabajo, ____________ (*pensar* / yo) en vosotros. Yo estoy muy bien aquí en Düsseldorf y tengo nuevas noticias. La semana pasada ____________ (*presentarse* / yo) en una WG, como dicen aquí, un piso compartido, donde ____________ (*haber*) una habitación libre. Antes de la entrevista ____________ (*ponerse* / yo) muy nerviosa, porque el piso ____________ (*ser*) muy bonito y ____________ (*estar*) muy cerca de mi trabajo. Al final todo ____________ (*salir*) muy bien: ¡las dos chicas que ____________ (*vivir*) allí me ____________ (*aceptar*) como compañera de piso! Son muy majas y me invitan a todos lados. Ayer ____________ (*pasar* / nosotras) toda la tarde en la orilla[1] del Rin. El ambiente me ____________ (*gustar*) mucho, sobre todo porque ____________ (*hacer*) sol y la gente ____________ (*disfrutar*) de un *Altbier* (la cerveza local, ¡que es muy buena!) en las terrazas del río. ¡____________ (*Ser*) un día genial!

Besos y abrazos,

Carla

1 **la orilla** das Ufer

8 WETTER **¿Qué llevas en tu maleta? Completa el diálogo entre madre e hija con el tiempo que corresponda (libro, p. 132).**

Madre: ¿Y? ¿Ya tienes tu maleta? ¿Qué llevas?

Hija: Sí, ya la tengo. En agosto todavía ____________ . Por eso llevo blusas de manga corta, shorts y sandalias.

Madre: ¿Y no llevas un abrigo? ¿Y si por la noche ____________  o si algunos días ____________ ?

Hija: Mmm… Bueno, para esos días llevo camisas de manga larga y pantalones. ¡Pero un abrigo no! ¡Madre, en verano no ____________ !

Madre: ¡Yo sé que en verano no ____________ ! Pero a veces ____________  y ____________  mucho. Lleva entonces zapatos o botas. Ah… y no olvides una gorra, que en verano siempre ____________ .

¡Vamos!

Comprensión lectora

1 Lee otra vez las nueve acciones para los ODS y apunta cinco acciones que consideras importantes. ▶ Texto, p. 143

Las 5 acciones para los ODS que más me importan:
Para mí es importante...

1. ______
2. ______
3. ______
4. ______
5. ______

Comprensión auditiva

2 a Basándose en la Agenda para los Objetivos de Desarrollo Sostenible, publicada por las Naciones Unidas, el Ministerio de Asuntos Exteriores[1] de España también ha publicado una agenda. En la radio hoy se habla sobre el objetivo número diez. Escucha el programa y completa las frases con la información presentada. 1 el Ministerio de Asuntos Exteriores Außenministerium

la libertad, la justicia y la igualdad — política de migración segura y ordenada — Estrategia Nacional para la Inclusión Social de la Población Gitana[1] — un estado social y democrático — marginados por su etnia — gastos adicionales — el sexo, la edad, la etnia o la religión

1. El ODS 10 promueve reducir la desigualdad causada por motivos como ______
2. Para las personas con discapacidad[2] la desigualdad significa ______
3. La Constitución[3] Española dice que España es ______
4. La Constitución española garantiza valores[4] como ______
5. Para no dejar a nadie atrás se trabajará en la ______
6. Los gitanos muchas veces están ______
7. Para el tema de la migración es necesaria una ______

1 la población gitana Volksgruppe der Roma 2 la discapacidad Behinderung 3 la constitución Verfassung 4 el valor Wert

b ¿Qué podéis hacer tus amigos y tú contra la desigualdad en el mundo? Piensa en tres aspectos y apúntalos en tu cuaderno.

La lengua

3 EL IMPERATIVO **Después de un día largo en el instituto Lucía vuelve a casa y sus padres le mandan[1] muchísimas cosas. Completa lo que dicen sus padres con la forma correcta del imperativo afirmativo y negativo.**

▶ Grammatik, 61

1 mandar algo a alg. *hier:* jdm etw. auftragen

Su madre:

1. ________________ (*dejar* / no) tu ropa en el suelo[1].
2. ________________ (*salir* / no) de tu habitación sin ordenarla[2].
3. ________________ (*visitar*) a tus abuelos el sábado.
4. ________________ (*hacer*) tus deberes.
5. ________________ (*ayudar*) a tu padre con la cena.

Su padre:

1. ________________ (*usar* / no) tanto el móvil.
2. ________________ (*beber* / no) alcohol en la fiesta hoy.
3. ________________ (*volver* / no) tarde de la fiesta.
4. ________________ (*ponerse*) una chaqueta, que hace frío.
5. ________________ (*olvidar* / no) llamar a tu tío, hoy es su cumple.

1 el suelo Boden 2 ordenar aufräumen

4 EL IMPERATIVO **Merche y Alejandro han discutido mucho y ahora Merche no quiere hablar con su novio. Alejandro decide mandarle un mensaje y disculparse. Escribe el mensaje de Alejandro usando el imperativo afirmativo y negativo. Los verbos siguientes te pueden ayudar.**

estar enfadado/-a con alguien[1] *hablar* *dejar* *terminar* la relación[2] *olvidar* *pensar* (en) *perdonar*[3] *escribir* *irse* […]

1 estar enfadado/-a con alg. auf jdn wütend sein 2 la relación die Beziehung 3 perdonar verzeihen

Merche

Querida Merche:

¡Lo siento mucho!

____

____

____

____

____

____

____

A Una solución sobre ruedas

Comprensión lectora

1 a Apunta la información del texto relacionado con los números indicados en una frase completa. ▶ Texto, p. 145

22 millones	____________________
5 millones	____________________
2008	____________________
de 8:00 a 14:00	____________________
15 millones	____________________

b Con la ayuda del texto explica con tus palabras las siguientes expresiones. Escribe una frase para cada expresión en tu cuaderno. ▶ Texto, p. 145

1. una pesadilla
2. ir como sardinas
3. a las horas punta
4. uso exclusivo para ciclistas
5. moverse en bicicleta
6. tener conciencia ecológica
7. luchar contra el cambio climático
8. ir sobre ruedas

La lengua

2 EL SUBJUNTIVO **Completa la tabla con las formas correctas de los verbos.** ▶ Grammatik, 62

infinitivo	presente de indicativo: 1ª persona del singular	presente de subjuntivo
ver	________	________ (*yo*)
________	pongo	________ (*él/ella*)
olvidar	________	________ (*vosotros/-as*)
ofrecer	________	________ (*ellos/-as*)
________	salgo	________ (*nosotros/-as*)
________	me ducho	________ (*tú*)
despertar	________	________ (*yo*)
________	hago	________ (*tú*)
________	________	se divierta
tener	________	________ (*ellos/-as*)

3 EL SUBJUNTIVO **Estás en Ciudad de México y hablas con un amigo sobre la situación del tráfico en la ciudad. Formula frases con el subjuntivo.** ▶ Grammatik, 62

los peatones andan por el carril-bici
la gente empuja en el metro en horas punta
en la ciudad hay muchos parques y zonas verdes
la ciudad tiene autobuses ecológicos
me roban la bicicleta
tantos coches circulan por la ciudad
muchos van en monopatín[1]
el gobierno promueve el uso de las bicis eléctricas
pronto hay menos tráfico y contaminación
los ciclistas van muy rápido
[…]

1. Me gusta que mi ciudad tenga autobuses ecológicos ______.
2. No me gusta que ______.
3. Me encanta que ______.
4. Me alegro de que ______.
5. Me molesta que ______.
6. Odio[2] que ______.
7. Me sorprende que ______.
8. Espero que ______.
9. Temo que ______.
10. Me preocupa que ______.

1 el monopatín Skateboard 2 odiar + *subj.* hassen

4 **Mateo piensa en la situación medioambiental en Alemania. Completa el texto con las formas de subjuntivo donde sea necesario.**

Pues, no me sorprende que Alemania no ______ (*ser*) el país más sostenible en el mundo, pero me molesta que mucha gente no ______ (*pensar*) en las consecuencias para las futuras generaciones. A mí me gusta que mis amigos y yo ______ (*ir*) en monopatín[1] aunque también muchas veces vamos también a pie. Así ______ (*poder*/nosotros) reducir las emisiones. Me alegro de que mucha gente más ______ (*estar*) a favor de tales soluciones y espero que en el futuro cada vez más gente ______ (*empezar*) a usar la bici en vez del coche. Creo que así ______ (*poder* / nosotros) fomentar[2] un futuro mejor. Mis padres también piensan así y esperan que algún día yo también ______ (*usar*) energía solar como ellos, pero no les sorprende que algunas personas no ______ (*estar* de acuerdo). Hay gente que cree que no ______ (*tener* / nosotros) que cambiar nada y muchos piensan que el planeta no ______ (*necesitar*) un cambio drástico.

1 el monopatín Skateboard 2 fomentar fördern

9

Mediación

5 a A tu amigo le encanta ir en bici. Los dos vivís en Stuttgart y discutís sobre medidas diferentes para reducir los problemas del medio ambiente y del tráfico en la ciudad. Acabas de encontrar más información sobre este tema en español y decides mandarle a tu amigo un mensaje para presentarle esta información sobre una limitación de la velocidad[1] en las calles.

1 la limitación de velocidad Geschwindigkeitsbeschränkung

Velocidad: los hechos

0 100

5%

La reducción de la velocidad media en un 5% puede reducir el número de accidentes mortales en un

30%

La reducción de la velocidad en las zonas urbanas es esencial para proteger a los peatones y los ciclistas.

100

países tienen leyes que permiten a las autoridades locales reducir los límites de velocidad nacionales. por ejemplo, a **30 km/h** en zonas cercanas a las escuelas.

30 km/h

La limitación de la velocidad en zonas urbanas a 50 km/h puede reducir las lesiones y las muertes.

114 países tienen la velocidad en zonas urbanas limitada a **50 km/h, o menos.**

59 países

tienen la velocidad en zonas urbanas limitada a 50 km/h, o menos...

...y permiten a las autoridades locales reducir aún más ese límite.

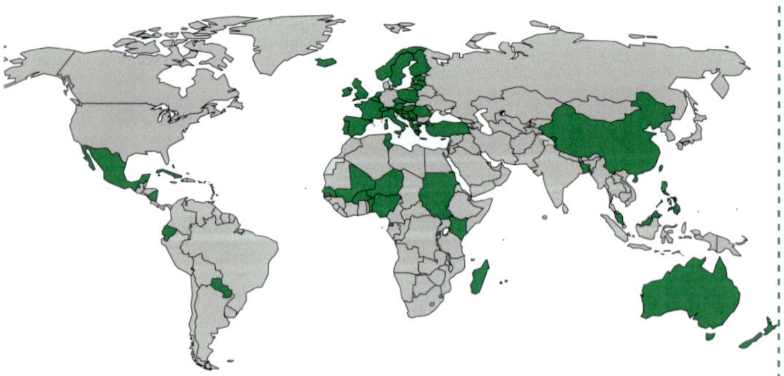

Países con un límite de velocidad máxima a nivel nacional de 50km/h en áreas urbanas que puede ser modificado a nivel local.

Sólo 1 de cada 7 países considera buena la observancia de sus leyes sobre limitaciones de velocidad.

Organización Mundial de la Salud

Fuente: Informe sobre la situación mundial de la seguridad vial 2013
www.who.int/violence_injury_prevention/road_safety_status

DECENIO DE ACCIÓN PARA LA SEGURIDAD VIAL 2011-2020

facultativo

b Piensa en más argumentos a favor y en contra de tal limitación y discutid en clase.

B Almería, ¿milagro bajo un mar de plástico?

Comprensión lectora

1 **a Contesta a las preguntas en tu cuaderno.** ▶ Texto, p. 148

1. ¿Qué es el «mar de plástico» en la región de Almería?
2. ¿Cuál es la principal desventaja de los invernaderos?
3. ¿Qué tienen que ver[1] los invernaderos con las familias locales?
4. ¿Cómo era la región en el pasado y cómo podría ser en el futuro?
5. ¿Quiénes trabajan en los invernaderos y cómo es su situación laboral?

1 tener que ver con zu tun haben mit

b Completa las frases con la información correcta del texto.

a) El 70 % ____________________

b) Más de 3,5 millones de ____________________

c) Más de 30 millones de ____________________

d) El 98 % ____________________

e) Más de 12.000 ____________________

La lengua

2 **a** EL SUBJUNTIVO **Merche tiene problemas con su novio y busca ayuda. Su amigo Manuel le da consejos. Completa sus frases usando las formas correctas del subjuntivo.** ▶ Grammatik, 64

1. Es imposible que Alejandro ____________________ (*estar enamorado*[1]) de otra chica.
2. Para una buena relación es necesario que cada uno ____________________ (*escuchar*) los deseos y los problemas del otro.
3. Además, siempre es importante que los dos ____________________ (*tener*) confianza[2].
4. Personalmente pienso que también es importante que tú ____________________ (*dejar de*[3]) pensar tanto en los problemas y que ____________________ (*pensar*) en los momentos bonitos también.
5. En mi opinión, es probable que, con más comprensión, los dos ____________________ (*estar*) juntos para siempre.

1 estar enamorado/-a de alg. in jdn verliebt sein 2 la confianza Vertrauen 3 dejar de + *inf.* aufhören etw. zu tun

b ¿Qué más es necesario para una relación exitosa? Apunta tres consejos para Merche y Alejandro.

es importante es necesario es normal	que	*tolerar* *hablar* sobre *escuchar* […]	las opiniones del otro. vuestros sentimientos. los problemas diarios de la pareja[1]. […]

1 la pareja der/die Partner/in

____

____

3 EL SUBJUNTIVO **Los invernaderos no son un fenómeno exclusivo de Almería, también en Alemania hay muchos. Tu amiga Lucía ha encontrado opiniones diferentes acerca de los invernaderos en Alemania y te las muestra, pero tú no estás de acuerdo. Contradices las opiniones según el ejemplo.** ▶ Grammatik, 63

Ejemplo: Los invernaderos de Wittenberg son más grandes que los invernaderos de El Ejido.
→ No creo/pienso que los invernaderos de Wittenberg sean más grandes que los invernaderos de El Ejido.

1. Los tomates del invernadero en Lutherstadt Wittenberg solo se exportan a Holanda.
2. El invernadero más grande de todo el mundo está en Alemania.
3. El cultivo de frutas y hortalizas en invernaderos nunca es sostenible y siempre malgasta mucha agua.
4. La lluvia no se usa para regar[1] las plantas.
5. En los invernaderos de Alemania se cultivan muchas frutas exóticas.
6. La mayor parte de las exportaciones alemanas son de fruta y verdura.
7. En el norte de Alemania también hay un mar de plástico como en El Ejido.

1 **regar** bewässern

1. ______________________________
____
2. ______________________________
3. ______________________________
____
4. ______________________________
5. ______________________________
____
6. ______________________________
____
7. ______________________________
____

Expresión escrita

4 **Durante tu estancia de intercambio en Andalucía quieres participar en una conferencia juvenil sobre los nuevos superalimentos. A ti te interesa el cultivo de soja. Para la conferencia escribes un texto y presentas tu opinión sobre el cultivo de soja en Sudamérica.**

PF

stock.adobe.com/Alexander Raths

! Für diese Übung sollte zunächst der Mediationstext im Schülerbuch auf S. 151 bearbeitet werden!

pienso/creo que + *ind.*
no pienso/creo que + *subj.*
es necesario/imprescindible/… que + *subj.*
Me parece importante/mal/… que + *subj.*
por un lado… por otro lado
Para mí / En mi opinión
Según el artículo / …

C ¿Te la vas a comprar?

Comprensión lectora

1 Combina las frases según la información del texto. ▶ Texto, p. 152/153

Cada alemán o alemana	1	a	no saben nada de las maquiladoras latinoamericanas.
Las llamadas maquilas	2	b	puedes ir a una tienda de comercio justo.
Grandes empresas extranjeras	3	c	muchas maquiladoras no se atreven a ir al baño durante el trabajo.
Las maquilas en América Latina ofrecen	4	d	se llaman *Zonas Francas* en el resto del mundo.
Las costureras en las maquilas	5	e	compra unos 11 a 15 kilos de ropa al año.
Muchos consumidores	6	f	tiene entre 18 y 35 años.
La mayoría de las mujeres que trabajan en las fábricas	7	g	se caracterizan por la gran presión de tiempo para cumplir con los pedidos.
Las condiciones de trabajo	8	h	costes de producción bajos y mano de obra muy barata para las multinacionales.
Para no perder su puesto de trabajo	9	i	reciben instrucciones para confeccionar los productos deseados por las multinacionales.
Para hacer algo contra la injusticia	10	j	invierten en países como Guatemala o El Salvador porque ofrecen muchas ventajas.

La lengua

2 DOS PRONOMBRES **Lucía quiere organizar una fiesta y habla con su novio que la ayuda con los preparativos. Completa las respuestas de su novio usando los pronombres.** ▶ Grammatik, 66

1. Oye, ¿le llevas estos libros a mi abuela? Es que, con los preparativos de la fiesta, no tengo tiempo.

   ______________________________ en unas horas, ¿vale?

2. ¿Me das mi móvil, por favor? Tengo que llamar a Marta.

   Espera, ahora ______________________________.

3. Por favor, explícales a mis padres que la fiesta es muy importante para mí.

   No te preocupes, ______________________________ esta tarde.

4. Ponte tu camiseta nueva para la fiesta, ¿vale?

   Vale, ______________________________ si te gusta tanto.

5. ¿Le devuelves esta falda a tu hermana? Me la probé, pero prefiero otra para la fiesta.

   Claro, mañana ______________________________.

9

3 EL SUBJUNTIVO **Alejandro piensa en su familia y sus amigos. Formula frases utilizando la conjunción adecuada y el subjuntivo. Escribe en tu cuaderno.** ▶ Grammatik, 65

1. Mis abuelos duermen 2. Mi amigo Juan siempre sabe si tengo problemas 3. Mi mejor amigo, Sebastián, va a la universidad 4. Mis padres y yo preparamos una cena tradicional 5. Victoria gana todos los partidos de tenis 6. Ana María trabaja en una cafetería 7. Mi perro Tito está fuera	para que sin que hasta que	nuestros padres no *tener* que pagar los estudios solos. *tener* que practicar mucho. *salir* el sol. *darle* (nosotros) de comer. *estar* impresionados los invitados. *estar* contenta su mamá. *tener* que contárselo.

Expresión oral

PF **4** **Haced el tándem.** ▸ p. 149

Comprensión auditiva

5 **Como te interesa mucho el tema de la moda y de las tiendas de comercio justo, estás buscando opciones para aprender más sobre esta temática. En un podcast presentan *FairCademy*. Escucha el podcast y contesta las preguntas.**

1. ¿Cuál es el objetivo de *FairCademy*? ______________________________

____

2. ¿Cuáles son los temas centrales de los cursos? ______________________________

____

____

3. ¿Qué se aprende en los diferentes módulos?

módulo 1: ______________________________

____

módulo 2: ______________________________

____

módulo 3: ______________________________

____

módulo 4: ______________________________

módulo 5: ______________________________

____

4. ¿Qué puedo hacer si no puedo participar en el curso? ______________________________

____

Expresión escrita

6 **La discusión sobre las maquilas en América Latina te ha llamado la atención. Después del bachillerato quieres hacer unas prácticas en una ONG[1] que quiere mejorar las condiciones laborales en la industria textil.**
Para convencerlos de que eres el/la candidato/-a perfecto/-a presentas tu opinión acerca del tema de las maquilas y lo que se puede hacer para mejorar la situación.

1 la ONG (organización no gubernamental) NGO (Nichtregierungsorganisation)

Taller de lectura

La Puerta del Sol será peatonal en agosto y habrá seis carriles bici temporales más en la ciudad

En total se liberarán de los coches 5.546 metros cuadrados en lo que el equipo de PP y Cs[1] señala como la primera zona cero emisiones de Madrid 360

stock.adobe.com/Matej Kastelic/kasto

El Ayuntamiento de Madrid sacará este agosto los coches de la Puerta del Sol y de sus calles aledañas[2] antes de acometer las obras necesarias para su ya anunciada peatonalización permanente. El paso de vehículos por este espacio con más de 500 años de historia estará prohibido a partir del 20 de agosto. El proyecto lo avanzó sin fecha ni estimación de costes[3] el alcalde[4], José Luis Martínez Almeida, en septiembre de 2019 y él mismo ha sido el encargado de darle hoy carta de naturaleza y de fijar un plazo[5]: el próximo año. [...] Convertir la Puerta del Sol en un espacio solo para peatones es un viejo sueño municipal. [...] En la zona, en pleno corazón[6] de Madrid Central, el coche ha ido cediendo espacio al viandante desde hace años. El alcalde también ha anunciado la creación de 12 kilómetros de carril bici temporales, que se suman a los 46,7 existentes.

Martínez-Almeida ha avanzado este primer paso del proyecto en un desayuno informativo celebrado este viernes por Europa Press. [...] En total, se peatonalizan 5.546 metros cuadrados en lo que el equipo de PP y Cs señala como la primera zona cero emisiones de Madrid 360, el plan de Almeida para luchar contra la polución en la capital española.

[...] Luis Ángel Fiel, portavoz[7] de Carril Bici Castellana, celebra la noticia pero considera que estos tramos sueltos[8] no harán que la bicicleta se consolide como medio de transporte para los madrileños. Es necesario, argumenta, un tejido[9] como el que hay dispuesto para el resto de transportes.

[...] Greenpeace ha recibido el anuncio con optimismo. «Apreciamos este cambio de actitud de un alcalde que llegó quitando[10] carriles bici, como el de Gran Vía de Hortaleza», declara Adrián Fernández Carrasco, responsable de movilidad de la ONG ecologista [...] «Falta valentía[11] para dar el paso, para discutir el espacio y debatir el papel hegemónico del coche en la ciudad. El 80 % del espacio público, entre circulación y aparcamiento, lo tiene el coche», continúa Fernández. [...]

Los colectivos, a pesar de los matices, han recibido el anuncio con los brazos abiertos[12] y mantienen la esperanza de que la red se termine de consolidar. Son firmes en que el Madrid del futuro pasa por un tejido sólido para este medio de transporte. «La gente quiere una ciudad más amable para las personas, no quiere estar en la Castellana[13] luchando contra coches y autobuses», concluye Fiel.

1 **PP y Cs** dos partidos políticos españoles
2 **aledaño/-a** angrenzend
3 **la estimación de costes** Kostenschätzung
4 **el alcalde** der Bürgermeister
5 **fijar un plazo** eine Frist setzen
6 **el corazón** Herz, *hier:* das Zentrum
7 **el portavoz** der Sprecher
8 **tramos sueltos** lose Abschnitte
9 **el tejido** das Gewebe, *hier:* das Netz
10 **quitar** entfernen
11 **la valentía** Mut
12 **con los brazos abiertos** mit offenen Armen
13 Straße in Madrid

1 a Lee el texto y marca las opciones correctas.

- [ ] Madrid quiere ser una ciudad con menos tráfico y más bicicletas.
- [ ] En el centro de Madrid las bicis están prohibidas.
- [ ] Greenpeace no está de acuerdo con la nueva idea del alcalde.
- [ ] Hasta ahora Madrid ha tenido 46,7 kilómetros de carril bici.
- [ ] Es necesario un tejido de carriles bici.
- [ ] La gente está en contra de que la ciudad sea más amable y más sostenible.

b Subraya cuatro aspectos importantes sobre los carriles bici en la capital española.

2 Marca con una cruz el resumen adecuado.

- [ ] Der Madrider Stadtrat wird die Autos in diesem August von der Puerta del Sol und den umliegenden Straßen entfernen, bevor er die notwendigen Arbeiten für die bereits angekündigte permanente Fußgängerzone in Angriff nimmt. Die Puerta del Sol in eine reine Fußgängerzone zu verwandeln, ist ein alter Traum. Dieser Plan wird von allen Seiten unterstützt, wenngleich manche Aktivisten der Meinung sind, dass diese losen Abschnitte das Fahrrad nicht zu einem konsolidierten Verkehrsmittel für die Madrider machen werden.
- [ ] Der Madrider Stadtrat möchte die Autos in diesem August aus weiten Teilen der spanischen Hauptstadt verbannen. Dieser Plan wird dennoch nicht von allen Seiten unterstützt, da manche Aktivisten der Meinung sind, dass dieses Vorhaben das Fahrrad nicht zu einem konsolidierten Verkehrsmittel für die Madrider machen werden. Es sei notwendig, dass Radfahren attraktiver zu machen.

3 ¿Qué piensas tú? ¿Estás a favor o en contra de que haya más carriles bici en ciudades grandes como Madrid o Berlín? Escribe una carta al director[1] y presenta tu opinión acerca del tema.

1 la carta al director Leserbrief

Sr. director: ______________________________

He leído con mucho interés su artículo y quiero presentar mi opinión. ... ______________________________

____

____

____

____

____

____

____

____

____

____

____

____

–En mi opinión...
–(No) estoy de acuerdo con...
–Pienso/Creo que...
–No pienso/creo que... + *subj.*
–(No) entiendo por qué...
–Atentamente, XY

Comprensión lectora

1 **Combina las partes de las frases según la información del texto sobre la Unión Europea.** ▶ Texto, p. 156/157

1. Entre los valores de la UE
2. El queso parmesano de Italia y el jamón ibérico de España
3. Actualmente, muchos jóvenes de los países del sur emigran a Alemania
4. Europa no es muy grande
5. Los habitantes de la UE pueden viajar libremente dentro de la UE
6. Alemania, Bélgica, Francia, Italia, Luxemburgo y los Países Bajos
7. Después de la Segunda Guerra Mundial

a. ya que sólo ocupa el 7 % de la superficie del planeta.
b. fue fundada la UE para terminar con los permanentes conflictos entre vecinos.
c. están la libertad, la igualdad y el respeto de los derechos humanos.
d. son los países que fundaron la Unión Europea.
e. son alimentos europeos con indicación geográfica, protegidos por la UE.
f. y no necesitan enseñar el pasaporte en las fronteras.
g. porque los europeos son libres de elegir en qué país de la UE quieren trabajar.

La lengua

2 **a** VOCABULARIO **¿Cómo se llaman los continentes / los países / las regiones / las ciudades correspondientes a estos adjetivos? En caso de duda, utiliza un diccionario y apúntalos en tu cuaderno.**

italiano/-a sueco/-a francés/-esa suizo/-a griego/-a holandés/-esa
austriaco/-a andaluz/a inglés/-esa belga chipriota argentino/-a bávaro/-a
madrileño/-a portugués/-esa europeo/-a barcelonés/-esa malagueño/-a americano/-a
sirio/-a turco/-a árabe chino/-a

b **Lee el principio y el final del poema y complétalo. Utiliza los adjetivos de a u otros. Puedes usar también un diccionario para completar el poema.**

el coche el vino la moda la música [...]

Tu democracia es griega.
Tu café es brasileño.
Tu pizza es italiana.

____
____
____
____
____

¿Cómo te atreves[1] a decir que tu vecino es extranjero?

Autor: anónimo

1 atreverse sich trauen

3 LA VOZ PASIVA **Aquí puedes leer cinco fechas importantes del Brexit, la salida de Gran Bretaña de la UE. Completa las frases con los verbos en la voz pasiva.** ▶ Grammatik, 67

1. El proceso del Brexit no ____________________ (*completar*) hasta el año 2020.
2. En enero de 2020 ____________________ (*aprobar*[1]) la ley del Brexit.
3. Hasta el año 2020 ____________________ (*discutir*) las condiciones de la separación.
4. El Brexit ____________________ (*decidir*) en un referéndum el 23.06.2016 por un 51,8 %.
5. En 2019 las propuestas de la primera ministra de Inglaterra, Theresa May, ____________________ (*rechazar*[2]) muchas veces.
6. En diciembre de 2020 ____________________ (*firmar*[3]) un tratado[4] sobre futuras relaciones comerciales.

1 **aprobar una ley** ein Gesetz verabschieden 2 **rechazar** abweisen 3 **firmar** unterschreiben 4 **el tratado** der Vertrag

4 a LA VOZ PASIVA **Además de la Unión Europea existen también otras uniones de países como por ejemplo las Naciones Unidas. Completa las frases sobre esta organización y utiliza la voz pasiva. ¡Atención con el tiempo verbal!**
▶ Grammatik, 67

El emblema de las Naciones Unidas

1. La Organización de las Naciones Unidas (ONU) ____________________ (*fundar*) oficialmente el 24 de octubre de 1945.
2. En 2020, ____________________ (*celebrar*) el 75° aniversario[1] de la organización.
3. En 2017 António Manuel de Oliveira Guterres de Portugal ____________________ (*elegir*) Secretario General de las Naciones Unidas, el puesto más importante de la ONU.

1 **el aniversario** der Jahrestag

b Pon las frases siguientes en la voz pasiva.

1. La Asamblea General[1] representa las Naciones Unidas.

____

2. Cada año los 193 estados miembros[2] exportan muchos productos.

____

3. Las Naciones Unidas trataron las pandemias de COVID-19 y SARS en los años 2020 y 2002 con mucho cuidado.

____

____

1 **la Asamblea General** die Generalversammlung 2 **el estado miembro** der Mitgliedsstaat

¡Vamos!

Comprensión lectora

1 Completa las frases según la información del texto. ▶ Texto, p. 160/161

1. En América Latina hay grandes reservas de ____________ y ____________, como plata, oro y petróleo.
2. Las reservas de petróleo más grandes del mundo están en ____________. ____________ también produce bastante petróleo.
3. Otros países latinoamericanos, como ____________ y ____________, son grandes productores de café de alta calidad.
4. La ____________ de muchos productos diferentes es muy importante para la economía española. Sobre todo en la región del norte y del centro hay mucha ____________.
5. Un producto que se asocia mucho con Alemania, pero que también se fabrica mucho en España, son ____________.
6. El sur de España exporta muchas ____________ y ____________.
7. En el sector terciario, ____________ es especialmente importante para la economía española, ya que representa más del 10 % del PIB.

La lengua

2 VOCABULARIO **Mira los siguientes productos, servicios y profesiones. ¿Con qué sector económico se asocian? Apunta las palabras en la tabla.**

los minerales · los metales · el petróleo · la industria de la manufactura · los productos agrícolas · el café · la soja · las frutas · el hierro · el cobre · el carbón · el aluminio · la plata · el oro · el silicio · la caña de azúcar · el cacao · los coches · el turismo · el material eléctrico · la médica · los productos químicos · los productos farmacéuticos · las verduras · la gastronomía · la arquitectura · el educador · los bancos · el cajero · el profesor · la abogada · el diseñador web · la mecánica de coches

sector primario	sector secundario	sector terciario
el cacao		

3 LOS PRONOMBRES RELATIVOS **Después de su viaje a México, Marta les cuenta a Lucía y Manuel lo que sabe de este país latinoamericano ahora. Subraya el pronombre relativo adecuado con la preposición correcta (si es necesaria).**

▶ Grammatik, 69

la pirámide maya Chichén Itzá

un grupo de mariachis

1. México es uno de los países **en los cuales / de la que** vivían los mayas.
2. Tiene una superficie de 1.972.550 km^2 **la cual / con el que** es seis veces más grande que Alemania.
3. El mariachi es un género musical mexicano **del que / con los que** muchos han oído hablar.
4. México es uno de los países latinoamericanos **para las que / en los cuales** se produce mucho petróleo.
5. Las playas en la zona de Playa del Carmen no son las únicas **en las cuales / a las que** puedes encontrar huskys, es que en México existen muchos perros de esta raza.
6. El Día de los Muertos es el día **en el cual / de la cual** se preparan fiestas para los muertos con su comida favorita, bailes y música.

1 **el perro** der Hund

Comprensión auditiva

4 **Escucha el podcast sobre la crisis en Venezuela y decide si la frase es verdadera o falsa. Corrige los enunciados falsos escribiendo frases en tu cuaderno.**

Caracas, la capital de Venezuela

	verdadero	falso
1. La situación de la economía venezolana no pasa por serios problemas.	☐	☐
2. El problema más grave es la hiperinflación.	☐	☐
3. Inflación significa tener precios más bajos.	☐	☐
4. Según un estudio, la tasa de inflación[1] anual del país llegó al 1.200.000 % en 2018.	☐	☐
5. Teóricamente Venezuela es un país rico por sus reservas de petróleo, pero el precio bajo del crudo[2] en 2014 causó una crisis también en Venezuela.	☐	☐
6. Para solucionar el problema el gobierno decidió introducir una nueva moneda[3], el «bolívar soberano».	☐	☐
7. Los venezolanos echan la culpa[4] a algunos países extranjeros.	☐	☐
8. Hasta ahora alrededor del 15 % de la población ha decidido irse del país desde que comenzó la crisis.	☐	☐

1 **la tasa de inflación** die Inflationsrate
2 **el crudo** das Rohöl
3 **la moneda** die Währung
4 **echar la culpa a alg.** jdm die Schuld geben

A La economía de España

Comprensión lectora

1 Rellena la tabla con la información del texto. ¿De qué y dónde trabajan las personas presentadas en la revista? ¿Qué sabes sobre la región en la que trabajan? ▶ S. 164/165

persona	¿Dónde vive?	¿De qué y dónde trabaja?	¿Qué llegas a saber sobre la región? (2 aspectos)
 Finia Palacios			
 Fátima Ahmed			
 Raúl González			
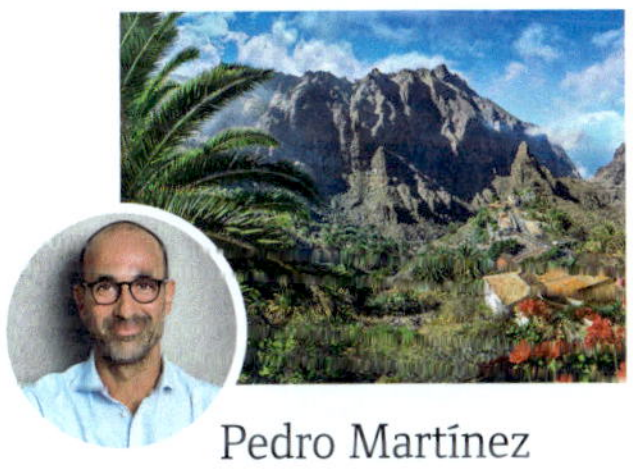 Pedro Martínez			
 Ignacio Pinilla			
 Carlota Corredera			

La lengua

2 a CONDICIONAL **La gente está pensando en qué haría con una semana de vacaciones más. Completa con el verbo correcto en condicional.** ▶ Grammatik, 70

tomar *viajar* *cocinar* *leer* *jugar* *practicar* *descansar*

1. ______________ (yo) a las Islas Canarias. ______________ en la playa y ______________ el sol[1] todo el día.
2. Mi hermana y yo ______________ para toda la familia.
3. Mis hermanos ______________ muchos libros, pero yo ______________ a videojuegos todo el día.
4. Yo ______________ un poco con la guitarra.

1 tomar el sol sich sonnen

b Y tú, ¿qué harías? Escribe dos frases.

____

____

3 a CONDICIONAL **¿Qué (no) harían esas personas? Completa las frases con el condicional de los verbos irregulares.**
▶ Grammatik, 70

stock.adobe.com/Jacob Lund

1. Finia: ¡Hola!, o – como se ______________ (*decir*) en el País Vasco – Kaixo!
2. Finia: Para poder trabajar en Alemania ______________ (*tener* que / yo) aprender alemán.
3. Raúl: ______________ (*poder* / ellos) quedarse más jóvenes en Extremadura, pero para eso ______________ (*tener* que / ellos) tener un trabajo.
4. Fátima: Muchos ______________ (*decir*) que la región más turística de España son las Baleares, pero, en realidad, es Cataluña.
5. Ignacio: He vivido toda mi vida en Valencia y no ______________ (*salir*) de aquí por nada.
6. Carlota: ______________ (*Poder* / nosotros) cortar las uvas con máquinas, pero lo hacemos a mano.
7. Pedro: No ______________ (*saber* / yo) qué ______________ (*hacer*) mis hijos y yo sin la ayuda de otras personas.
8. Y tú, ¿qué ______________ (*hacer*) en la situación de Pedro?

b **Imagínate que tú y tu familia ganáis cinco millones de euros en la lotería. ¿Qué (no) haríais con tanto dinero? Formula al menos siete frases en condicional usando las ideas de abajo y también tus propias ideas.**

(yo) mi madre mi hermano
mis abuelos mi hermana
mi padre (nosotros) (ellos)
(ellas) mi abuela mis padres

1 dejar de + *inf.* aufhören etw. zu tun

- *viajar* a muchos países
- *dejar* de[1] trabajar
- *levantarse* tarde
- *donar* una parte del dinero
- *invertir* el dinero en […]
- *comprar* un/a […]
- […]

von links nach rechts: Shutterstock.com/Artashes; Shutterstock.com/Fahroni; Shutterstock.com/khuncho007; Shutterstock.com/Phongphan; Shutterstock.com/potowizard

Expresión escrita

4 **Quieres hacer un voluntariado en Honduras. Contesta al anuncio y presenta tus ideas para una entrada en la página web de la organización. Escribe en tu cuaderno.**

www.proyectos_ayuda.esp

¿A ti te gustaría pasar un tiempo en Honduras?

¿Quieres pasar algún tiempo viviendo en el extranjero, vivir experiencias nuevas y únicas, y hacer algo bueno al mismo tiempo? Buscamos personas que quieran pasar un tiempo en Honduras, uno de los países más pobres de América Latina, para ayudar a la gente. Necesitamos personas responsables para formar parte del grupo. Escríbenos y cuéntanos por qué te gustaría participar en el proyecto. ¿Cómo crees que puedes ayudar a la gente aquí? Además, queremos saber qué harías con los 500.000 euros de los que disponemos en nuestro proyecto.

Shutterstock.com/Svetlana Bykova

Hola, me llamo Leon y tengo 18 años. A mí me gustaría participar en el proyecto porque…

B Una empresa con futuro

Comprensión lectora

1 Decide si las frases son verdaderas o falsas según la información del texto sobre la compañía *Biofase*. Corrige los enunciados falsos en tu cuaderno. ▶ Texto p. 168

	verdadero	falso
1. En un gran número de países latinoamericanos hay muchas empresas innovadoras.	☐	☐
2. La compañía puertorriqueña *Biofase* utiliza semillas de tomate para sus productos.	☐	☐
3. *Biofase* produce productos baratos pero no muy sostenibles.	☐	☐
4. México es el mayor productor de aguacate en el mundo y sus semillas se tirarían a la basura.	☐	☐
5. Actualmente 15 empleados trabajan para la empresa *Biofase*.	☐	☐
6. Los Estados Unidos son un cliente muy importante con mucho potencial.	☐	☐
7. *Biofase* es sostenible porque produce plástico biodegradable y al mismo tiempo contribuye a la economía del país mexicano.	☐	☐
8. La empresa *Biofase* no quiere más clientes porque así tendrían más costes.	☐	☐

La lengua

2 LA FRASE CONDICIONAL IRREAL **En vez de hacer sus deberes, Tarek se imagina escenarios diferentes. Completa sus pensamientos con las formas del imperfecto de subjuntivo y del condicional.** ▶ Grammatik, 71, 72

1. Si en el mundo ____________ (*tener* / nosotros) más empresas como *Biofase*, ____________ (*producir* / nosotros) menos plástico.
2. Si cada uno ____________ (*dejar* de[1]) comprar productos de plástico, también ____________ (*ayudar*) a proteger el medio ambiente.
3. Si ____________ (*usar*) más personas los medios de transporte públicos, el transporte ____________ (*ser*) más sostenible.
4. Si en el instituto ____________ (*existir*) la asignatura «Ciencias Medioambientales», ____________ (*aprender* / nosotros) mucho más sobre el tema de la sostenibilidad.
5. Mi madre diría: «Si ____________ (*dejar* de / tú) pensar en el medio ambiente ahora, ____________ (*terminar* / tú) tus deberes más rápido.»

1 **dejar de** + *inf.* aufhören etw. zu tun

3 LA FRASE CONDICIONAL IRREAL **Tus amigos siempre te hablan de sus problemas y quieren tus consejos. Escríbeles qué harías en las siguientes situaciones y dales consejos. Formula frases como en el ejemplo y usa el imperfecto de subjuntivo y el condicional.** ▶ Grammatik, 71, 72

Ejemplo: Si no entendiera nada en Mates, estudiaría con un compañero.

1. ¡Me enamoré[1] de mi mejor amigo/-a!
2. Mi familia quiere irse a vivir a México.
3. Recibí una invitación para hacer unas prácticas en una empresa en Buenos Aires.
4. ¡Puedo elegir el destino de las próximas vacaciones y no tengo ni idea de adónde ir!
5. ¡Mi hermano siempre me llama en mitad de la noche porque necesita ayuda!
6. Tengo que trabajar para ayudar a mi familia.

1 **enamorarse de alguien** sich in jdn verlieben

Aquí tienes algunas ideas:

aceptarla *hablar* con él/ella *dar* clases de español *elegir* Venezuela / [...] (no) *ir* con ellos [...]

Comprensión auditiva

4 a **Todos los años tiene lugar una feria[1] de empleo a la que se presentan las empresas para captar a jóvenes profesionales que buscan trabajo. Escucha la presentación sobre la empresa española *Telefónica* y apunta sus marcas diferentes en las regiones correctas.**

1 la feria die Messe

Movistar O2 vivo

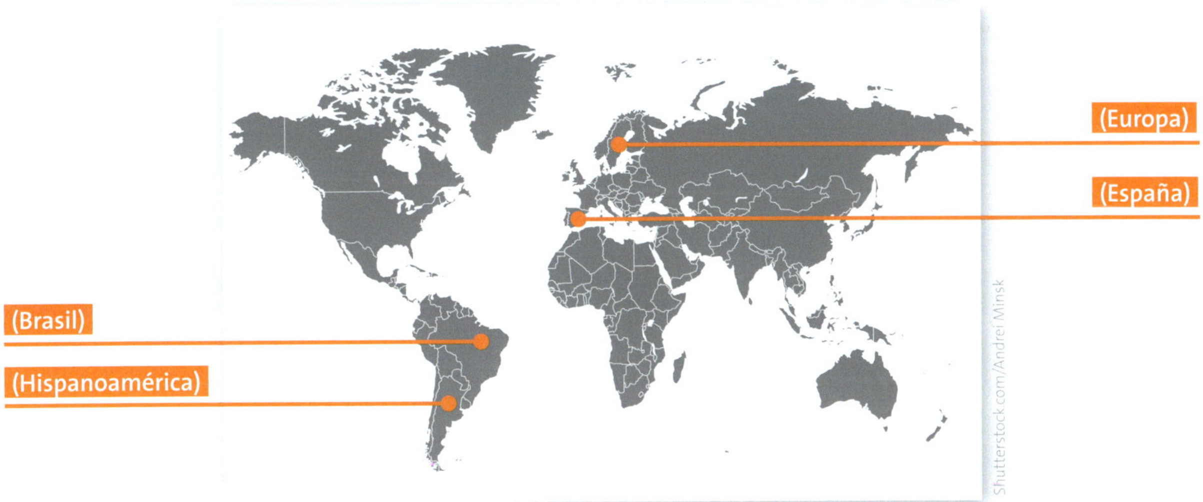

Shutterstock.com/Andrei Minsk

b **Escucha otra vez y contesta las preguntas.**

1. ¿Dónde y cuándo se fundó la empresa *Telefónica*? ____________________
2. ¿Cuál era su nombre al inicio[1]? ____________________
3. ¿En cuántos países / continentes ofrece sus servicios hoy en día? ____________________
____
4. ¿Cuántos puestos de trabajo genera Telefónica actualmente? ____________________
5. ¿Qué relación tiene con el deporte? ____________________
____

1 al inicio zu Beginn

c **Completa la frase.**

Bajo el presidente Álvarez-Pallete, la empresa quiere asumir la responsabilidad en la ____________________ ____________________ y por eso participa en el BASECAMP de Berlín, donde se promueve el diálogo social sobre las oportunidades y los riesgos de la ____________________ y la ____________________.

10

Mediación

ES DE **5 a** **Tu vecina es emprendedora autónoma. Quiere viajar durante un año sin dejar de trabajar. Como no habla español te pide ayuda para entender las ofertas de estos espacios *coworking* en Canarias. Explícale las ventajas de cada uno según sus criterios.**

Meine Kriterien:
- in der Natur oder in Strandnähe
- Dorf oder kleinere Stadt (ruhig)
- technische Ausstattung (Drucker, schnelles Internet)
- ggf. Einzelbüros
- Freizeitangebote in der nahen Umgebung
- Küche vor Ort oder Cafés/Restaurants in der Nähe
- günstig
- deutsch-/englischsprachige Mitarbeiter

Coworking & Hostal

stock.adobe.com/ANETA

¿Quieres trabajar y sentir que estás de vacaciones al mismo tiempo? La Gomera es una isla verde y tranquila – el lugar ideal para descansar, hacer caminatas y olvidar el estrés de las ciudades grandes. Nuestro Espacio Coworking está en un pequeño pueblo cerca de la capital de la isla.
Nuestros servicios: alquiler de oficinas, internet rápido, habitaciones, restaurante (desayuno, almuerzo, cena), excursiones por toda la isla. Hablamos español, inglés y alemán. ¡Súper-ofertas entre octubre y abril!

T-Co-Work

Shutterstock.com/4 PM production

¡Venga a trabajar en T-Cowork y disfrute del mejor ambiente laboral en Santa Cruz!

- oficinas individuales y compartidas
- sala de conferencias
- alquiler de un día / una semana / un mes
- el internet más rápido de la isla
- copias, scan, impresora
- ambiente agradable y familiar
- cerca de la playa

T-Cowork. Trabajo, diversión y cultura en la capital de Tenerife.

Surf'n Cowork Lanzarote

Nuestro Coworking es más que un espacio para trabajar. Te ofrecemos:

- oficinas compartidas o individuales con todo el equipamiento técnico
- cocina compartida
- para las pausas: una terraza grande, sala de videojuegos y clases de yoga
- playa de surf a solo 5 minutos
- buena localización en Puerto del Carmen (cerca de hostales, restaurantes, cafeterías, tiendas, etc.)
- transporte diario a la capital (centro histórico y aeropuerto)

stock.adobe.com/Balate Dorin

Trabaja y disfruta

facultativo

b Imagina el lugar perfecto para trabajar o estudiar. ¿Cómo sería? ¿Qué habría allí?

C Nuevos horizontes

Comprensión lectora

1 a ¿De quién se trata? Relaciona las frases con la persona correcta según la información del texto. ▶ Texto, p. 172

1. Antes de irse a Murcia había estudiado literatura y había trabajado como profesora.
2. Le gusta mucho la naturaleza donde vive pero quiere volver a su patria y ya ha encontrado un trabajo allí.
3. Es de un pueblo pequeño pero importante para la gente que hace el Camino de Santiago.
4. En su pueblo ahora ya no vive mucha gente porque muchos se han ido a vivir fuera.
5. Antes de llegar al extranjero había enviado ya muchas solicitudes, pero no tuvo suerte.
6. Una de sus amigas ya había emigrado a España y le preguntó por qué no se iba también a vivir y trabajar allí.

Julia

Rocío

Andrés

b Los tres dejaron su lugar de origen para vivir fuera. ¿A quién de los tres puedes entender mejor? ¿Por qué? Explica tu punto de vista en dos frases.

____

____

____

La lengua

2 PRETÉRITO PLUSCUAMPERFECTO **Rocío cuenta un poco más de su historia migratoria. Completa su testimonio con el pretérito pluscuamperfecto.** ▶ Grammatik, 73

Para contar la historia de mi migración tengo que empezar con mi abuela. Ella llegó a Ecuador en 1960. A los 20 años decidió dejar a su familia y emigrar para no vivir más bajo la dictadura de Franco, porque antes ______________ (*vivir*) en España. Antes de ir a Ecuador y estar embarazada[1] de mi madre, mi abuela ______________ (*conocer*) a mi abuelo y ______________ (*casarse*[2] / ellos). No le ______________ (*decir* / ellos) a nadie que querían dejar el país. ______________ (*comprar*) los billetes para el viaje y ______________ (*hacer*) las maletas en secreto. Pero mi abuelo murió durante el viaje, ______________ (*enfermarse*[3]) pocos días antes y no ______________ (*tener*) tiempo para ir al médico. Por todo eso, cuando llegué a España 54 años después, tuve la rara sensación de que estaba volviendo a la patria de mi familia, a pesar de que nunca ______________ (*estar*) en este país antes. Lo primero que hice fue visitar a unos familiares de mi abuela que todavía vivían en la misma casa de la que ella me ______________ (*contar*) tantas veces. No nos ______________ (*ver* / nosotros) nunca en la vida y fue muy emocionante.

1 **embarazada** schwanger 2 **casarse** heiraten 3 **enfermarse** erkranken

3 PRETÉRITO PLUSCUAMPERFECTO **El blog *Planeta Joven* quiere publicar historias de momentos especiales en vuestras vidas, por eso tú les mandas una entrada sobre un día especial en tu vida. Nombra también cinco cosas que ya habías hecho o que ya habían pasado antes, usando el** pretérito pluscuamperfecto.

mi último cumpleaños | las últimas vacaciones | el día que conocí a […] | cuando recibí la noticia de […]

el año que […] | cuando fui a […] por primera vez | cuando por fin llegué a […] | el año que […] | […]

www.planetajoven.esp

Mi último cumpleaños fue muy especial. Semanas antes ya había empezado a organizar todo; había invitado a todos mis amigos y mi madre y yo habíamos comprado mucha decoración y…

Julia, 19

Shutterstock.com/Marcos Mesa Sam Wordley

Expresión oral

4 Haced el tándem. ▸ p. 150

Expresión escrita

5 **Para el *Día Internacional del Migrante* tu instituto quiere tratar el tema en vuestro periódico escolar[1]. ¿Conoces a alguien en tu familia o entre tus amigos con un origen inmigratorio? ¿Qué experiencias vivió? Escribe un artículo para el periódico escolar en tu cuaderno y cuenta su historia.**

1 el periódico escolar die Schülerzeitung

¿Cuándo se fue a otro país y por qué? | ¿Adónde fue? ¿Le gusta su nueva vida?

¿Qué echa de menos? | ¿Qué había hecho antes? | ¿A ti también te gustaría irte a vivir a otro país?

¿Visita su país de origen (a menudo)?

stock.adobe.com/Jonathan Stutz

Taller de lectura

La normalidad que viene

La vuelta a la actividad económica y laboral en la era poscovid[1] trae consigo unas medidas higiénicas y sanitarias nunca vistas hasta ahora. El objetivo es reactivar la economía cuanto antes[2] para recuperar los niveles de bienestar previos a la crisis. Banco Santander estima que la situación podría enderezarse[3] a finales de 2021

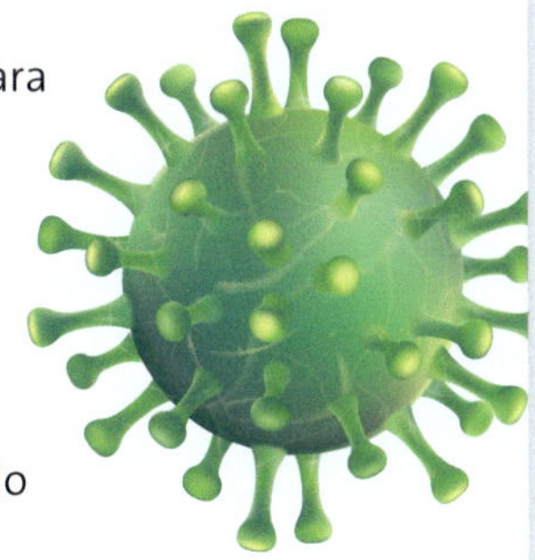

Tres meses y un virus microscópico e invisible, el SARS-CoV-2, han sido suficientes para cambiar el mundo. Este 2020 va a suponer un punto de inflexión[4] en la historia, el año en el que nuestras vidas y la forma de trabajar y comunicarnos se han transformado de manera radical. Tras la terrible crisis de salud pública y el confinamiento[5] obligado por la pandemia global de la Covid-19, decenas de países, entre ellos España, han comenzado a instaurar las bases de una nueva normalidad que aún está por llegar[6], un periodo repleto de dudas e incertidumbres[7], tanto sanitarias como económicas, marcado por el regreso al trabajo y la reactivación de la economía.

[...] En este nuevo periodo que ahora empieza, el objetivo es triple: por un lado, recuperar [...] la normalidad laboral, para retomar cuanto antes la actividad económica y ahuyentar el abismo[8] de una recesión profunda. Por otro, garantizar la salud de la población y, a la vez, evitar la propagación[9] de una enfermedad con una elevada tasa de contagio[10] y de letalidad en determinados colectivos.

[...] Mantener la pandemia bajo control es clave no solo para garantizar la salud de la población y evitar el colapso hospitalario. La posibilidad, real, de un nuevo rebrote[11] [...] podría ser fatal para la recuperación de la economía [...]. El FMI prevé que el PIB de España se hunda este año un 12,8 %, la mayor caída de este indicador desde la Guerra Civil. [...] Las previsiones colocan a España en cabeza de la debacle económica mundial provocada por la Covid-19 [...]. [...] «Cuanto más[12] tardemos en reactivar la economía, más nos costará salir», ha advertido el consejero delegado de Santander España, Rami Aboukhair. En su opinión, es urgente recuperar la actividad y el consumo para aumentar la recaudación tributaria[13], que ha caído un 29 %. Generar confianza para que España atraiga inversiones internacionales, y dar facilidades a las empresas, cuyo papel para mantener el empleo es básico. Frente a la recesión de 2008, en esta crisis los bancos forman "«parte de la solución» al ofrecer liquidez y crédito a negocios y familias.

Además, Banco Santander quiere aprovechar las lecciones aprendidas durante la pandemia para crear un modelo de organización laboral que aúne las ventajas del trabajo en remoto con las ventajas de trabajar juntos en la oficina. Porque, si algo ha demostrado el confinamiento, es que el teletrabajo se ha revelado como una alternativa eficaz[14] y productiva para el futuro que viene. [...] Todo ello acelerará la digitalización, tanto de los trabajadores de Banco Santander como de los clientes, cada vez más conectados. Pero sin renunciar a los beneficios que supone el trabajo presencial, que favorece la tarea en equipo y la posibilidad de interactuar con las personas directamente.

10

1 **poscovid** después del Coronavirus
2 **cuanto antes** so früh wie möglich
3 **enderezarse** *hier:* sich erholen
4 **el punto de inflexión** Wendepunkt
5 **el confinamiento** Ausgangssperre
6 **estar por llegar** in Zukunft noch kommen
7 **la incertidumbre** Unsicherheit
8 **ahuyentar el abismo** *etwa:* einer (großen) Gefahr entgehen
9 **la propagación** Verbreitung
10 **la tasa de contagio** Ansteckungsrate
11 **el rebrote** Ausbruch
12 **cuanto más… más** je mehr … desto
13 **la recaudación tributaria** Steuererhebung
14 **eficaz** effizient

1 **Lee el artículo y marca con una cruz el resumen adecuado.**

☐ Después de la pandemia SARS-CoV-2 la vida cotidiana ha cambiado mucho y la gente necesita recuperar la economía para que la situación no conlleve muchos más problemas. Uno de los problemas causados por este virus microscópico es el trabajo en remoto ya que no es tan productivo como el trabajo en oficina.

☐ La pandemia SARS-CoV-2 ha traído consigo muchos cambios y la gente necesita recuperar la economía para que esta situación no cause muchos más problemas. Sin embargo, este virus ha demostrado que se puede acelerar mucho la digitalización y que el trabajo en remoto en muchos sectores, como el sector bancario, puede también ser productivo.

2 a **Subraya en el texto todos los aspectos importantes sobre la nueva «normalidad que viene».**

b **¿Cómo se puede describir «la normalidad que viene» según el texto? Explica qué significa en tus propias palabras.**

3 **¿Cómo podemos aprovechar el período Covid-19? Tu instituto y vuestro instituto de intercambio español buscan ideas para un concurso digital acerca del tema: Lo que aprendimos durante el período Covid-19. Tú quieres publicar tus ideas en línea y escribes una entrada en las redes sociales. Estas ideas te pueden ayudar:**

trabajo en remoto | vida social | actitud consumista[1] | [...]

1 la actitud consumista das Konsumverhalten

www.institutolorca.esp/blog

Lo que aprendimos de Covid-19

1 CONDICIONAL **Vega piensa en el mundo ideal. Formula frases y utiliza el condicional.**

1. ni emisiones – *existir* – en la ciudad – no – de mis sueños – ni atascos

   ____

2. *recibir* – todo el mundo – un sueldo justo – por su trabajo

   ____

3. los recursos naturales – la gente – con más cuidado – *usar*

   ____

4. a los inmigrantes de todo el mundo – ayuda – *ofrecer* – todos vosotros

   ____

5. y yo – todos mis colegas – a organizaciones humanitarias – *donar* dinero

   ____

6. agua – *malgastar* – o – tanta comida – *tirar* – la gente – no

   ____

7. no *usar* – tanto plástico – (nosotros) – sino que – *reciclarlo*

   ____

2 SUBJUNTIVO **Hacer un Año Ecológico Voluntario es muy importante para Tarek, pero su novia Ana no lo entiende. Completa la carta de Tarek a Ana y utiliza el subjuntivo cuando sea necesario.**

Querida Ana:

Sabes que eres muy importante para mí y no quiero que ____________ (*estar* / tú) triste, pero este voluntariado es fundamental para mí y por eso no me gusta que no me ____________ (*entender* / tú). Mis padres temen que ____________ (*terminar* / nosotros) nuestra relación por la distancia, pero yo te quiero mucho y pienso que ____________ (*poder* / nosotros) superar[1] una relación a distancia[2]. Mira, son sólo unos meses y creo que ____________ (*ser*) una experiencia única. No me puedo imaginar que durante estos meses no nos ____________ (*poder* / nosotros) ver, pero tengo una idea: ¿Por qué no vamos a Chile juntos para que también ____________ (*hacer* / tú) un Año Ecológico Voluntario?

Podríamos vivir este sueño juntos sin que ____________ (*perder* / nosotros) lo que tenemos.

Espero que te lo ____________ (*pensar*) y que me ____________ (*hacer* / tú) aún más feliz con tu decisión. Te esperaré hasta que ____________ (*decidir* / tú) qué es lo que quieres.

Es necesario que ____________ (*hablar* / nosotros).

Un beso

Tarek

1 superar überwinden 2 la relación a distancia Fernbeziehung

3 a IMPERATIVO AFIRMATIVO Y NEGATIVO **Los alumnos de tu instituto quieren realizar una campaña contra la explotación[1] de las trabajadoras en las maquilas. Por eso diseñáis carteles con medidas para el consumo responsable. Completa las medidas con el imperativo afirmativo o negativo.**

1 la explotación Ausbeutung

1. ______________________ (*respetar*) a los trabajadores en las maquilas.
2. ______________________ (*comprar* / no) ropa extremamente barata.
3. ______________________ (*visitar*) las fábricas para conocer las condiciones de trabajo.
4. ______________________ (*cerrar* / no) los ojos, cambiar algo es imprescindible.
5. ______________________ (*tirar* / no) a la basura la ropa de la temporada pasada, la vida no es una pasarela.
6. ______________________ (*dejar* de[1] / no) pensar en el impacto de tus acciones.
7. ______________________ (*pensar*) en las costureras de las maquilas.

1 dejar de hacer algo aufhören etw. zu tun

b Pon los imperativos de a en la forma de vosotros.

Ejemplo: respeta → respetad; …

____

____

____

4 PRETÉRITO PLUSCUAMPERFECTO **Los abuelos de Tarek vinieron a España de Marruecos hace mucho. Tarek les cuenta a sus amigos cómo prepararon sus abuelos el viaje a España. Formula frases y utiliza el pretérito pluscuamperfecto.**

mis abuelos	*preparar*	con su jefe.
sus amigos	*pensar*	todo.
el hermano de mi abuela	*darles*	regalos para los niños.
mi abuela	*ayudar*	mucho hasta tomar esa decisión.
los vecinos	*hablar*	mucho con los preparativos.
mi abuelo	…	

Mis abuelos llegaron a España en 1961. Antes habían...

____

____

____

5 DOS PRONOMBRES **Marta tiene que ayudar a su madre. ¿Qué le contesta Marta a su madre? Formula sus respuestas y utiliza los pronombres como en el ejemplo.**

Ejemplo: ¿Cuándo llevas la compra a la abuela?
→ Ahora se la llevo.

ahora   mañana   el jueves   en una hora   [...]

1. ¿Cuándo le escribes el email a tu profesora?
2. ¿Cuándo le explicas los deberes a tu hermana?
3. ¿Cuándo le das la revista a la abuela?
4. ¿Cuándo le preguntas a la tía por el teléfono del médico?
5. ¿Cuándo le envías las fotos al abuelo?
6. ¿Cuándo nos traes los libros de tu amigo?
7. ¿Cuándo te van a dar tus notas finales?

6 LAS ORACIONES IRREALES **Hoy Marta no tiene tiempo para ayudar a su madre. Completa lo que le dice a su madre y utiliza el condicional y el imperfecto de subjuntivo.**

1. Si ____________ (*tener* / yo) más tiempo, te ____________ (*ayudar*) con el trabajo.
2. También ____________ (*hacer*) la compra para ti si Vega y yo no ____________ (*tener*) que estudiar para el examen.
3. Si nuestros profes no nos ____________ (*dar*) tantos deberes, ____________ (*poder* / nosotras) preparar la cena juntas.
4. ____________ (*pasar*) la tarde juntas si no ____________ (*trabajar* / nosotras) tanto.
5. Si papá y tú ____________ (*poder*) trabajar menos, ____________ (*vivir*) más momentos en familia.

Actividad de prelectura

1 **Contesta a estas preguntas. En tu opinión, ¿cuál de estos países recibe más turistas internacionales al año? Márcalo.**

☐ Estados Unidos ☐ España ☐ Italia ☐ Francia ☐ Alemania

¿Y qué comunidad autónoma tiene más turistas al año?

☐ Andalucía ☐ Madrid ☐ Baleares ☐ Cataluña ☐ Canarias

Turismo en España: el impacto del coronavirus

España es uno de los países más turísticos del mundo. En los últimos años ha recibido a más de 82 millones de turistas internacionales al año. Se sitúa así en la segunda posición mundial en llegada de turistas, después de Francia y por delante de los Estados Unidos.

En cuanto a la procedencia[1] de los visitantes, los turistas del Reino Unido[2] ocupan el primer lugar, seguidos de los alemanes y en tercer lugar de los turistas franceses.
Las tres comunidades autónomas más visitadas son Cataluña, Canarias y Baleares. Les siguen Andalucía, la Comunidad Valenciana y Madrid.

Llegada de turistas extranjeros a España

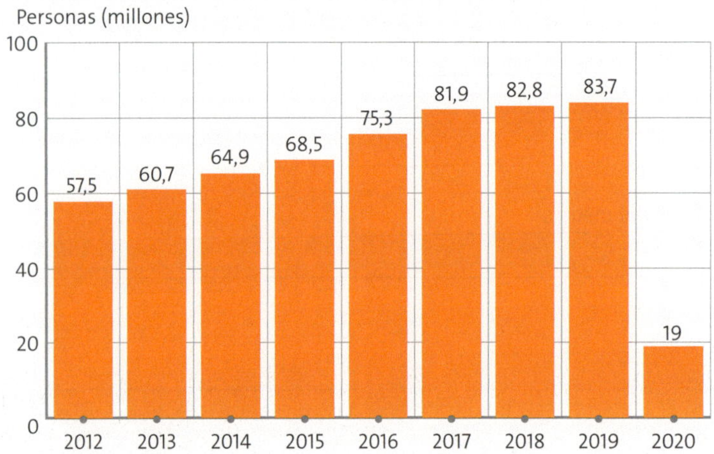

Fuente: Instituto Nacional de Estadística, 2021

La pandemia del coronavirus ha causado una enorme crisis económica en España con un impacto especialmente fuerte en el sector turístico. Como consecuencia de la crisis del coronavirus, la facturación[3] en el año 2020 de este sector estuvo muy lejos de la de otros años. España perdió más de 72.000 millones de euros hasta finales de 2020. Estas pérdidas en el sector turístico repercutieron[4] también en la economía española en general, ya que esta depende en gran medida del turismo, que representa ya el 14 % del producto interior bruto del país.

Debido a[5] los nuevos rebrotes[6] del covid-19 en los meses de verano, países como Reino Unido, Bélgica, Holanda, Alemania, Noruega o Francia impusieron restricciones al turismo en España o recomendaron[7] a sus ciudadanos no viajar a este país.
En el mes de julio de 2020, España recibió un 75 % menos de turistas extranjeros que en el mismo mes de 2019. En 2020 tan solo llegaron 2,5 millones.
Además, estos turistas gastaron casi un 80 % menos con respecto al año anterior.

En cuanto al origen de los visitantes, Francia fue el principal país de origen (y no el Reino Unido, como es habitual) con ca. 3,8 millones de turistas. De Alemania llegaron ca. 2,4 millones de turistas (un 78,4 % menos en tasa anual[8]) y los turistas británicos fueron ca. 3,2 millones (un 82 % menos).
Baleares fue la comunidad preferida, seguida de Cataluña y la Comunidad Valenciana.

La comunidad autónoma más afectada por la falta de turistas internacionales fue Cataluña.
Se calcula que perdió más de 17.600 millones de euros en ingresos en comparación con el año anterior. »

1 **la procedencia** Herkunft
2 **el Reino Unido** Vereinigtes Königreich (UK)
3 **la facturación** Umsatz
4 **repercutir en algo** sich auf etw. auswirken
5 **debido a** wegen
6 **el rebrote** Ausbruch
7 **recomendar algo** etw. empfehlen
8 **la tasa anual** Jahresrate

Barcelona, una imagen atípica

restaurante vacío en Barcelona

Ver la Rambla sin turistas, las terrazas de la Plaza Real vacías, la Sagrada Familia sin colas de gente esperando para entrar o el Parque Güell sin gente haciendo fotos fueron unas imágenes muy diferentes a las de la típica Barcelona llena de turistas y bullicio[9]. Por el coronavirus. Además de tiendas y restaurantes, los efectos se notaron claramente en hoteles y apartamentos turísticos. En el primer semestre de 2020, la ocupación hotelera no superó el 22 % y el 40 % de los apartamentos turísticos pasaron al mercado tradicional inmobiliario.

Playas sin aglomeraciones

La caída[10] del turismo no solo se percibió en la capital catalana. También afectó a los pueblos y ciudades de la costa donde el turismo de masas de sol y playa dio paso a las cancelaciones en masa.

La falta de turistas franceses afectó especialmente al sector turístico y hotelero de la Costa Brava. Allí, en lugares como Roses o Cadaqués, tradicionalmente la mitad de los veraneantes[11] son del país vecino.

playa vacía en Barcelona

En los últimos años ha habido protestas ciudadanas en Cataluña por la «invasión» del turismo de masas con pancartas[12] como «Turistas, ¡go home!».
Quizás la crisis del coronavirus sea una oportunidad para que en el futuro haya un cambio positivo en el turismo: que sea un turismo más exigente[13] y de calidad.
Confiando[14] en las palabras de la ministra de Asuntos Exteriores[15], Arancha González Laya, para después de la pandemia: «España va a liderar un plan para la recuperación[16] del sector. Tenemos que reinventar el turismo».

pacto del coronavirus

9 **el bullicio** Getöse
10 **la caída** Fall
11 **el/la veraneante** Sommerurlauber/in
12 **la pancarta** Plakat
13 **exigente** anspruchsvoll
14 **confiar en algo** auf etw. vertrauen
15 **el/la ministro/-a de Asuntos Exteriores** Außenminister/in
16 **la recuperación** Erholung

2 Lee el texto. Marca la opción correcta y corrige las informaciones falsas en tu cuaderno.

	correcto	falso
1. España recibe más turistas internacionales que Francia y Estados Unidos.	☐	☐
2. Cataluña es la comunidad de España a la que llegan más turistas.	☐	☐
3. La economía española depende mucho del sector turístico, ya que representa el 14 % de su PIB.	☐	☐
4. Las pérdidas en el turismo español por el coronavirus superaron los 100.000 millones de euros.	☐	☐
5. En los meses de verano, no hubo casos de coronavirus en España.	☐	☐
6. El mes de julio de 2020 fue un desastre para el turismo español.	☐	☐
7. Como es habitual, la mayoría de los turistas en julio fueron franceses.	☐	☐
8. Mallorca y las otras islas Baleares son los destinos turísticos más afectados por la falta de turistas.	☐	☐
9. Los hoteles y apartamentos turísticos de Barcelona cerraron por el coronavirus.	☐	☐
10. En la Costa Brava domina el turismo francés en verano.	☐	☐
11. La crisis del coronavirus puede cambiar el turismo en el futuro.	☐	☐

LA DIGITALIZACIÓN DE LA AGRICULTURA

Terrenos con tractores que se mueven sin conductor, máquinas interconectadas por vía electrónica, sistemas inteligentes para eliminar las malas hierbas[1], drones volando[2] sobre los cultivos...
Todo eso es ya una realidad en el campo español que está transformando la vida de los agricultores. «Y es que el sector de la agricultura en España ya ha empezado una transformación esencial para ser más ecológica. Es la digitalización de la agricultura» afirma Federico Montero, profesor e investigador de la Universidad de Sevilla. Ya hay muchas iniciativas de universidades trabajando en este proceso y cada vez más empresas y fabricantes ponen el foco en la transformación digital. «Por eso aumenta la demanda[3] de profesionales especializados en nuevas tecnologías», asegura Montero.

¿Y qué se consigue con las innovaciones tecnológicas en este sector?
En primer lugar, mejoran las condiciones de trabajo de los agricultores. Además, el rendimiento[4] de los cultivos es mayor. Y por otra parte, los costes se reducen.
Según Montero, también hay objetivos relacionados con el medio ambiente y la sostenibilidad, como la reducción de los herbicidas perjudiciales[5] para la tierra y los productos agrícolas y la gestión[6] inteligente del agua, recurso especialmente escaso en zonas del sur de España.

AGRICULTURA INTELIGENTE O AGRICULTURA 4.0

La *agricultura inteligente*, también llamada *agricultura 4.0* une la alta tecnología, la conectividad, la productividad y el respeto al medio ambiente.
¿Cuáles son las principales innovaciones tecnológicas que incluye la digitalización de la agricultura o agricultura 4.0?

■ Tractores y otras máquinas autoguiadas[7]

Conducir vehículos agrícolas no es una tarea fácil. Produce cansancio y esto lleva a errores. Por eso, gran parte de los agricultores optan por invertir en tractores y otras máquinas con sistemas de autoguiado. Los conductores están en el vehículo pero no conducen, el piloto automático se encarga[8] de que todo funcione bien mientras el conductor se concentra en supervisar bien el trabajo.
«Es una inversión segura y rentable», afirma Montero, «y en el futuro las máquinas serán totalmente autónomas y se podrán manejar a distancia».

■ Protocolo de conexión electrónica

La maquinaria agrícola cuenta con un protocolo único de comunicación electrónica, la norma internacional ISOBUS. Así, las máquinas se pueden conectar entre ellas.
Por ejemplo, la información que obtiene[9] un tractor se pasa a un ordenador y se puede conectar con un apero[10] para aplicar abonos[11] y herbicidas de forma más exacta. «Esto es un gran avance en el tratamiento de los cultivos», dice Montero.

Shutterstock.com/MrWhiskey

■ Equipos de control inteligente

Hoy en día encontrar métodos de control de malas hierbas sin usar productos químicos es una necesidad absolutamente prioritaria para los cultivos ecológicos. Por eso cada vez se usan más equipos inteligentes para detectar esas malas hierbas y retirarlas[12] sin dañar[13] los cultivos. «Desde el punto de vista de la contaminación del medio ambiente y de la seguridad alimentaria este método es una gran ventaja en comparación con el uso de pesticidas convencionales.»

1 las malas hierbas Unkraut
2 volar (o → ue) fliegen
3 la demanda Nachfrage
4 el rendimiento Ertrag
5 perjudical schädlich
6 la gestión Verwalten
7 autoguiado selbststeuernd
8 encargarse de algo sich um etw. kümmern
9 obtener algo etw. erhalten
10 el apero landwirtschaftliches Gerät
11 el abono Dünger
12 retirar algo etw. entfernen
13 dañar schädigen

Drones

El uso de drones en el campo representa una de las innovaciones tecnológicas con mayor potencial. Estos pueden dar información muy útil[14] para elaborar mapas de cultivo muy precisos.
Los drones también pueden llevar una cámara térmica que hace posible conocer la temperatura media de los cultivos y así controlar mejor el riego de cada parte del terreno.

stock.adobe.com/kinwun

Machine Learning

«Tanto para los agricultores como para las cooperativas[15] que gestionan y venden el producto es muy importante calcular exactamente la cosecha[16] de un cultivo» opina el profesor Montero.
Por eso, el uso de la tecnología del aprendizaje automático basada en análisis de grandes cantidades de datos puede resultar muy útil. Ya existen proyectos basados en la inteligencia artificial. «Sabemos que es necesario cambiar el modelo alimentario para frenar[17] el cambio climático. Con esta innovación tecnológica también es más sostenible la gestión de los recursos agrícolas. Antes, los agricultores se fijaban en la intuición y experiencia de padres y abuelos. Ahora, gracias a la técnica, se pueden cuantificar aspectos que antes no era posible cuantificar», afirma Montero.

14 útil nützlich 15 la cooperativa Genossenschaft 16 la cosecha Ernte 17 frenar bremsen

Ejercicios

1 **Prelectura: ¿En qué se diferencia la agricultura tradicional de la actual? Di algún ejemplo.**

2 **Lee el texto y marca la respuesta correcta. ¡Puede haber más de una respuesta correcta!**

a La agricultura en España...

☐ empezará con la transformación digital ☐ aún no es ecológica ☐ está en el proceso de digitalización

b Las innovaciones tecnológicas en la agricultura tienen varias ventajas:

☐ los cultivos no necesitan agua
☐ les hacen más fácil el trabajo a los agricultores ☐ la agricultura es más sostenible con el medio ambiente
☐ los campos producen más ☐ no se usan herbicidas ☐ los costes de producción no son tan altos

3 **Apunta a cuáles de las innovaciones tecnológicas de la agricultura 4.0 se refieren los siguientes enunciados:**

1. «Son muy útiles. Nosotros los usamos para controlar los cultivos. Con la información que nos dan detectamos si un terreno concreto necesita agua o si hay problemas o plagas.»

____

2. «Para mí, es un descanso. Es muy cómodo: pongo el piloto automático y la máquina hace todo el trabajo con mucha precisión. Sin duda, es una buena inversión.»

____

3. «Paso los datos y los mapas al ordenador y los analizo para decidir qué voy a hacer en el cultivo.»

____

4. «Con estos equipos vemos dónde hay malas hierbas y las retiramos sin productos químicos.»

____

5. «El uso del *«big data»* es muy útil para calcular las cosechas. La digitalización y el *big data* permiten saber cuándo y cómo regar un cultivo. Así se ahorra agua.»

____

América Latina: mala información, mala alimentación

Actividad de prelectura

1 **Antes de leer el texto: ¿Qué problemas de salud crees que puede causar una mala alimentación?**

En América Latina coexisten hoy en día el hambre con importantes desórdenes alimentarios[1] como son la anorexia[2], la bulimia y la obesidad[3].

Argentina: alto número de casos de anorexia y bulimia

Argentina es uno de los países con más desórdenes alimentarios del mundo. Según un estudio internacional, es el segundo país del mundo y el primero en América con más casos de anorexia y bulimia. El primero es Japón.

Estos trastornos[4] de la alimentación afectan especialmente a jóvenes adolescentes[5]. Las estadísticas reflejan que uno de cada tres adolescentes sufre un desorden alimentario y que uno de cada siete adolescentes no está satisfecho[6] con su cuerpo. Además, hay más casos de mujeres que de hombres (8 ó 9 mujeres por cada hombre). Sin embargo, en los últimos años ha aumentado el número de chicos con estos trastornos.

Los expertos dicen que en la anorexia y bulimia influyen[7] en un 40 % factores psicológicos como la influencia familiar. Hay personas que tienen predisposición[8] a estos trastornos por la genética. Pero el 60 % de la influencia es social: amigos, expectativas sociales, redes sociales etc.

stock.adobe.com/nathings

Existe una relación clara entre trastornos alimentarios y las redes sociales. Una de las principales causas de los trastornos de la alimentación es el *bullying*[9]. Es en las redes sociales donde los «gordos/-as[10]» y «flacos/-as[11]» son víctimas de numerosas burlas[12] simplemente por su figura. Lamentablemente, en Argentina aumenta la tendencia al rechazo y los términos «gordofobia» y «flacofobia» están muy presentes en las redes sociales.

Por otra parte, las personas con anorexia o bulimia a menudo buscan en las redes sociales soluciones mágicas o a personas que sufren su mismo problema. Los especialistas advierten[13] que esto puede ser un peligro si en las redes les aconsejan[14] dietas o hábitos[15] no saludables.
Y añaden que es necesario acabar con la mala información relacionada con la alimentación y conseguir hábitos de alimentación sanos.

América Latina: más «comida chatarra», más obesidad

Proporción de adultos obesos por región del mundo (2016) *fuente: Statista 2020*

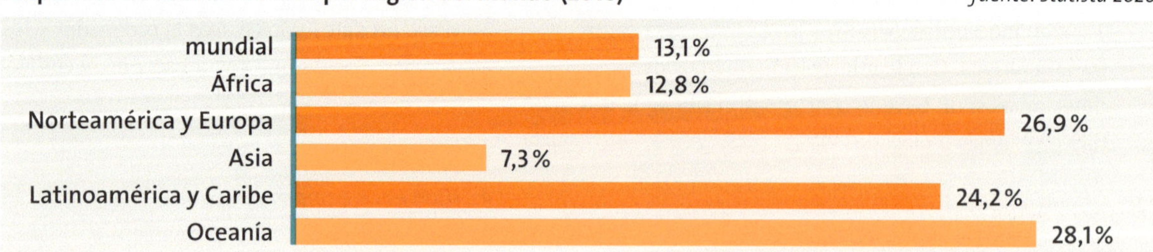

En América Latina y el Caribe ya hay más personas obesas que personas que pasan hambre. Esta es la tendencia global. En América Latina la población con obesidad supera[16] ya los 100 millones, mientras que, por otro lado, más de 42 millones de latinoamericanos padecen[17] hambre.

1 el desorden alimentario Essstörung
2 la anorexia Magersucht
3 la obesidad Fettleibigkeit
4 el trastorno de alimentación = desorden alimentario
5 el/la adolescente Jugendliche
6 satisfecho/-a = contento/-a
7 influir en alg etw. beeinflussen
8 la predisposición Veranlagung
9 el bullying Mobbing
10 gordo/-a dick
11 flaco/-a dünn, mager
12 la burla Spott
13 advertir warnen
14 aconsejar raten
15 el hábito Gewohnheit
16 superar übersteigen
17 padecer hambre Hunger leiden

¿Cómo se explica el gran aumento del sobrepeso[18] y la obesidad en la población de América Latina?

Según la Organización Panamericana de la Salud (OPS), el consumo de «comida chatarra» (*junk food*) creció en América Latina casi un 18 % en los últimos diez años. El país que más «comida chatarra» consume es México. Además, los alimentos procesados, las bebidas azucaradas[19] y la comida rápida están reemplazando a las tradicionales comidas caseras que son mucho más ricas, naturales y nutritivas[20].

salchipapas

Algunos argumentan que el cambio a la comida rápida se debe, en parte, a que la comida sana es, en general, más cara. La publicidad de la industria de la «comida chatarra» promueve la idea de que sus productos son «muy económicos[21]». Por eso, la gente más pobre opta por consumirla aunque no sea comida nutritiva. La «comida chatarra» es barata, sí: productos procesados, con ingredientes industriales y muy adictivos[22]. Y sin apenas alimentos naturales. Este tipo de comida incluye una larga lista, por ejemplo, comida industrial, refrescos, platos precocinados, hamburguesas y patatas fritas de bolsa, etc. Son productos con mucho azúcar, grasas[23] y sodio[24], mientras que el contenido de proteínas, fibras[25], minerales o vitaminas es muy bajo.

Alimentarse de «comida chatarra» puede salir caro a la larga. Es un peligro para la salud. Más de 600.000 personas mueren cada año en América Latina y el Caribe a causa de enfermedades relacionadas con la obesidad y la mala alimentación, como son, por ejemplo, la diabetes o las enfermedades cardiovasculares[26]. En México, los problemas cardiovasculares son ya la principal causa de mortalidad. Afortunadamente, países como México, Chile, Perú, Uruguay o República Dominicana ya han empezado a implementar medidas para evitar la obesidad. Entre ellas está el etiquetado frontal de los alimentos. Las etiquetas ayudan a la población a estar bien informada del contenido de los productos y, así, poder decidir mejor qué comer. Otras medidas son limitar la publicidad de productos no saludables y la creación de programas de alimentación escolar.

18 el sobrepeso Übergewicht
19 la bebida azucarada gezuckertes Getränk
20 nutritivo/-a nahrhaft
21 económico/-a günstig
22 adictivo/-a süchtig machend
23 la grasa Fett
24 el sodio Natrium
25 las fibras Ballaststoffe
26 enfermedades cardiovasculares Herz- und Gefäßkrankheiten

2 **Lee la primera parte del texto y contesta a las preguntas:**

1. ¿Qué lugar en el mundo ocupa Argentina en casos de anorexia y bulimia?
2. ¿A quiénes afectan especialmente estos desórdenes de la alimentación?
3. ¿Hay diferencias entre hombres y mujeres?
4. ¿Qué puede influir en la anorexia y bulimia? Di tres ejemplos.

3 **Analiza la relación de las redes sociales con la anorexia y la bulimia.**

4 **Lee la segunda parte y completa las frases en tu cuaderno.**

1. En América Latina hay más personas obesas que…
2. El número de personas con sobrepeso y obesidad creció mucho porque…
3. Además, ahora mucha gente consume «comida chatarra» en vez de…
4. A diferencia de la comida sana, la comida rápida es…
5. La «comida chatarra» contiene…
6. La mala alimentación está relacionada con…
7. Medidas para evitar la obesidad son…

5 **En los dos textos se habla de una solución: ¿Qué hay que hacer para mejorar la situación?**

Sanidad en España: «Los médicos dicen basta»

Tras el coronavirus miles de profesionales sanitarios[1] se han manifestado[2] por toda España. Reclaman[3] mejores condiciones laborales para que la sanidad pública[4] pueda hacer frente a crisis como la pandemia del covid-19.

Las movilizaciones han tenido lugar[5] en todo el país, en ciudades como Madrid, Barcelona, Valencia, Burgos, Soria o Málaga.

Bajo el lema «los médicos dicen basta», los sanitarios han protestado contra la precariedad laboral: muchos contratos temporales y turnos dobles[6]. Piden una mayor inversión en el sector de la sanidad, contratos dignos, que haya más tiempo para cada paciente y más descanso después de las guardias.

Las malas condiciones laborales en los hospitales repercuten también en los ciudadanos. «Es necesario que haya más camas hospitalarias[7] y que se contrate a más personal sanitario», afirma el presidente de *Médicos Unidos por sus Derechos.*

Los sanitarios han estado en primera fila contra el coronavirus, pero muchas veces se han visto desprotegidos. El número de sanitarios contagiados de covid-19 en España supera[8] ya los 54.000.
Los manifestantes han guardado también un minuto de silencio en memoria de los casi 100 sanitarios fallecidos[9] por el coronavirus.

Según un informe de la Comisión Europea de 2019, España tiene un gasto sanitario público inferior a la media[10] de la Unión Europea (un 15 % menos) y dispone[11] también de menos camas hospitalarias (tres por cada mil habitantes), situándose muy por debajo de Alemania, por ejemplo. El mismo informe indica que los españoles son los ciudadanos con mejor salud de la UE, a pesar de que el gasto sanitario por persona en España es de 2.371 euros frente a los 2.884 euros de media de la UE.

Uno de los colectivos del sector que más sufre las malas condiciones laborales es el de los Médicos Internos Residentes (MIR).
Los MIR son médicas y médicos que ya han terminado la carrera de Medicina. Después de seis años en la facultad, para tener una especialidad, primero tienen que aprobar un examen y además pasar cuatro o cinco años de formación trabajando en un hospital o centro de salud. Durante ese tiempo deben trabajar bajo la supervisión de un médico profesional.

Con la crisis del coronavirus la situación de los MIR empeoró. Ahora se quejan de que hacen jornadas interminables (de entre 70 y 80 horas semanales), sin los descansos reglamentarios, muchas veces sin supervisión y cobrando apenas 1.000 euros de sueldo. Según una encuesta[12] realizada en junio, casi el 70 % de los médicos residentes se plantea irse a trabajar fuera de España. Pero la gran mayoría de ellos dice que se quedarían si las condiciones de trabajo fueran como en otros países de la Unión Europea.

Laura L., 29, MIR en Madrid

¿Cómo es el día a día de los médicos residentes?

Hablamos con Laura L., médica residente en un hospital de Madrid.

■ ¿Cuántas horas has trabajado esta semana en total?
Esta semana he trabajado 78 horas, las horas de mi jornada ordinaria más las horas de guardia. Pero los residentes a veces llegamos a 90 horas semanales.

■ ¿Y se puede hacer bien el trabajo así?
No, claro que no, porque no descansamos lo suficiente y, en general, eso repercute en la atención al paciente.

■ Y si no hicieras horas extra, ¿podrías vivir aquí, en una ciudad como Madrid?
No, imposible. Nuestro salario base son 1.000 euros brutos. Con las horas extra complementamos nuestro salario. Si no, sería imposible vivir en una ciudad como Madrid.

1 **el/la profesional sanitario** Mitarbeiter/in aus dem Gesundheitsbereich
2 **manifestar** protestieren
3 **reclamar** fordern
4 **la sanidad pública** öffentliches Gesundheitssystem
5 **tener lugar** stattfinden
6 **el turno doble** Doppelschicht
7 **la cama hospitalaria** Krankenhausbett
8 **superar** überschreiten
9 **fallecer** versterben
10 **inferior a la media de** unterhalb des Durchschnitts von
11 **disponer de** verfügen über
12 **la encuesta** Umfrage

Los residentes tenéis un contrato de formación[13], ¿no? ¿Tenéis la supervisión adecuada cuando hacéis horas extra o guardias?

Bueno, a veces sí, pero, en general, no tenemos las supervisiones que deberíamos tener, especialmente en urgencias, ahí es donde más falta personal especialista en los hospitales de Madrid.

Tú ahora trabajas más de 70 horas semanales. ¿Cuánto tiempo has estudiado para trabajar aquí en un hospital como este?

Yo estudié seis años, más el año para el examen MIR y ahora llevo tres años aquí como médica residente de los cinco años que dura mi especialización. Así que al final serán doce años para ser médica.

Y para terminar, ¿cómo han sido estos meses de la pandemia? ¿Qué ha significado para los médicos residentes?

Hemos trabajado muchísimo, como todo el colectivo de sanitarios, y ha sido muy duro.

Tenemos el reconocimiento de la gente, sí, pero todavía no tenemos el reconocimiento de nuestros derechos laborales.

13 el contrato de formación Ausbildungsvertrag

Ejercicios

1 **¿Qué expresión del texto corresponde a cada una de las siguientes palabras alemanas?**

Unsicherheit Nachtdienst Grundlohn Slogan sich auswirken in vorderster Front
infizierte Demonstranten Schweigeminute unter der Aufsicht von Arbeitsbedingungen
Spezialisierung Anerkennung

2 **¿Cuáles de las siguientes informaciones se dicen en el texto? Márcalas:**

1. ☐ Después de la crisis del coronavirus, muchos médicos han salido a la calle para pedir mejoras en las condiciones de trabajo en los hospitales.
2. ☐ Los sanitarios de una parte del país reclaman más recursos y más camas hospitalarias.
3. ☐ Los manifestantes han recordado a sus compañeros muertos a causa del covid-19.
4. ☐ España gasta tanto en sanidad como la media de países de la Unión Europea.
5. ☐ En España, para ser médico profesional, hay que estudiar más de diez años.
6. ☐ Los médicos residentes piden mejoras en sus condiciones de trabajo.

3 **Lee la entrevista con Laura L. y resume cómo es su día a día como médica residente.**

4 **Lee las frases de las pancartas de los manifestantes y relaciónalas con la información del texto. Indica las líneas.**

Shutterstock.com/Oleksandr Khmelevskyi

1 la explotación Ausbeutung

facultativo

5 **Busca información en internet sobre estas afirmaciones. ¿Es verdad o no?**

	correcto	falso
1. La sanidad pública en España es una de las mejores del mundo.	☐	☐
2. La esperanza de vida en España es la más alta de Europa.	☐	☐
3. En España existe la sanidad universal.	☐	☐

Actividad de prelectura

1 Antes de leer el texto mira las gráficas y contesta a las preguntas:

1. ¿Desde cuándo existen los transgénicos (OGM: organismos genéticamente modificados) en el mundo?
2. ¿En cuántos países se producen?
3. ¿Qué lugar ocupa Argentina en la lista de países productores?
4. ¿Cuáles son los principales cultivos genéticamente modificados que se producen en el mundo?

Biotecnología genética
Cultivos transgénicos: beneficios y riesgos

Los **transgénicos**[1] existen ya desde hace más de 20 años en el mundo. Sin embargo, estos productos siguen generando mucha controversia en la sociedad y hay opiniones muy divididas respecto a su existencia y su consumo. Para saber más del tema y resolver[2] algunas dudas, entrevistamos hoy en nuestra revista *Viva Voz* a Néstor Fernández, experto en Biotecnología de la Universidad del Litoral (Santa Fe, Argentina).

fuente: ISAAA, 2018

Viva Voz: *Vamos a comenzar por su definición. ¿Nos puede decir qué son los transgénicos?*

N. Fernández: Los transgénicos son organismos modificados por medio de[3] ingeniería genética. Se ha introducido en ellos uno o varios genes de otras especies para que tengan alguna característica nueva o para modificar alguna característica ya existente.

Viva Voz: *¿Cuál es el objetivo de las modificaciones genéticas?*

N. Fernández: Pues el objetivo es obtener[4] beneficios, como mejorar las propiedades nutritivas[5] de los alimentos (que tengan más proteínas o vitaminas, por ejemplo), y mejorar la productividad (resistiendo a plagas, sequías, heladas, etc.)

Viva Voz: *¿Y los genes que se utilizan, de dónde vienen?*

N. Fernández: La mayoría de los transgénicos que hay en el mercado hoy en día utilizan genes de bacterias, pero también pueden proceder[6] de otras plantas o de animales, hay muchas posibilidades.

Viva Voz: *¿Cuándo y dónde se creó la primera planta transgénica?*

N. Fernández: En los años 80 la multinacional Monsanto creó la primera planta transgénica, una planta de tabaco, y en 1994 se comercializó en Estados Unidos el primer alimento transgénico del mundo: un tomate, que (en teoría) tenía mejor sabor[7] y mayor duración[8]. Después llegó la soja transgénica, el maíz, la colza[9] o el algodón[10].

Viva Voz: *¿Cuáles son los países productores de transgénicos?*

N. Fernández: Estados Unidos, Brasil y, en tercer lugar, Argentina son los mayores productores de transgénicos a nivel mundial. También países como Canadá, la India y Rusia producen transgénicos.

Proporción de la agricultura genética en ciertos países (2019)

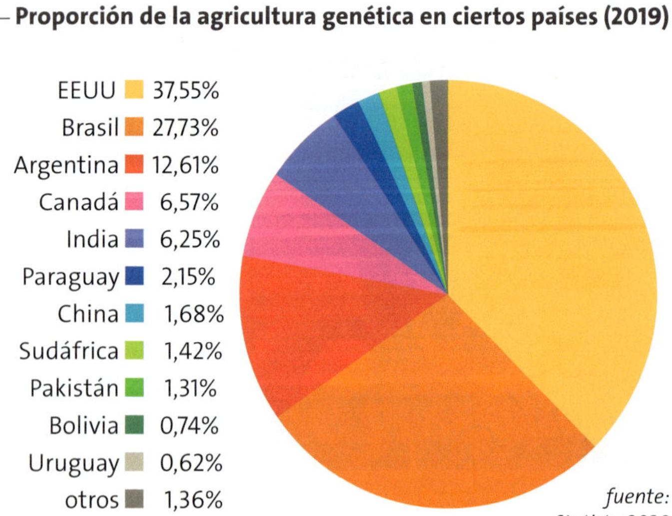

fuente: Statista 2020

1 **el transgénico** Transgen
2 **resolver algo** etw. lösen
3 **por medio de** mit Hilfe von
4 **obtener algo** etw. erhalten
5 **las propiedades nutritivas** ernährungsphysiologische Eigenschaften
6 **proceder de** stammen aus
7 **el sabor** Geschmack
8 **la duración** Haltbarkeit
9 **la colza** Raps
10 **el algodón** Baumwolle

Viva Voz: *¿Qué cultivos transgénicos se siembran[11] en Argentina?*

N. Fernández: Los cultivos genéticamente modificados que se siembran a gran escala[12] en Argentina son la soja, el maíz y el algodón. Argentina siembra ya unos 24 millones de hectáreas. En Argentina prácticamente el 100 % de la soja y el algodón y más del 97 % del maíz cultivado en nuestro país son transgénicos.

Áreas de cultivo de plantas genéticamente modificadas en el mundo (2019 / en millones de hectáreas)

Viva Voz: *Una de las principales dudas que generan los OMG es la seguridad. ¿Son seguros los alimentos transgénicos para el consumo humano?*

N. Fernández: Sí, son muy seguros porque han tenido que pasar muchos controles antes de su autorización. Pero todavía hay quien dice que no tenemos suficiente información para determinar[13] sus efectos sobre el organismo y que no hay estudios a largo plazo[14] que demuestren que son inocuos[15] para los seres humanos.

Viva Voz: *¿Qué beneficios tienen los organismos modificados genéticamente?*

N. Fernández: Muchos, uno de los beneficios más importantes es que abre posibilidades ilimitadas de mejorar las cosechas[16] con una rapidez muy superior a la que se consiguen con métodos clásicos.
El aumento de la productividad significa también que podemos producir más en menos tierra.

Viva Voz: *¿Y qué me dice de los riesgos? ¿Son dañinos[17] para el medio ambiente?*

N. Fernández: En mi opinión, no lo son. Los cultivos transgénicos son tan seguros para el medio ambiente como los otros. Es más, con los transgénicos disminuye[18] el uso de insecticidas y se usan herbicidas de menor toxicidad. Además, con su uso hay una menor erosión del suelo[19] y un uso más eficiente del agua.

Viva Voz: *El trigo[20] es un alimento básico en todo el mundo. Y Argentina se podría haber convertido[21] en el primer país del mundo con trigo transgénico, ¿no es cierto?*

N. Fernández: En Argentina se ha estado investigando con el trigo transgénico. En la Universidad del Litoral se desarrolló[22] en 2019 una semilla de trigo transgénico. Para ello se utilizó un gen de girasol[23] (el HB4) que hace que el trigo sea resistente al calor y la sequía. Además resiste a herbicidas...

Viva Voz: *Sin embargo, hasta ahora, Argentina no ha autorizado la comercialización de granos[24] de trigo genéticamente modificados. ¿Por qué? ¿Cuál es su opinión al respecto?*

N. Fernández: Así es. El trigo HB4 ha pasado las pruebas[25] que garantizan que no hay riesgos para la salud y el medio ambiente. Pero la autorización comercial sigue sin llegar[26] por muchos motivos.
También en otros países como Canadá o Australia, algunas multinacionales renunciaron[27] a comercializar el trigo transgénico porque los consumidores lo rechazan.
El trigo es un alimento muy común del consumo humano, no es como la soja, que se destina más a pienso animal. El pan, las pastas y las pizzas son solo algunos ejemplos de productos que se elaboran con harina de trigo[28]. Los transgénicos aún tienen mala fama[29], y por eso es una especie de tabú que un alimento tan común como la harina se haga con un trigo transgénico.

Viva Voz: *¿Y qué dicen los agricultores? ¿Cómo afecta a la economía?*

N. Fernández: Hay muchos productores de trigo que están en contra del trigo transgénico. Piensan que el trigo transgénico podría cerrarles mercados, que si Argentina comienza a cultivar trigo transgénico, todo el cereal del país tendría una categoría de menor precio y perdería clientes.

11 sembrar säen
12 a gran escala im großen Stil
13 determinar bestimmen
14 el estudio a largo plazo Langzeitstudie
15 inocuo/-a unschädlich
16 la cosecha Ernte
17 dañino/-a schädlich
18 disminuir verringern
19 la erosión de suelo Bodenerosion
20 el trigo Weizen
21 se podría haber convertido hätte (...) werden können
22 desarrollar entwickeln
23 el girasol Sonnenblume
24 el grano Korn
25 pasar las pruebas Tests bestehen
26 seguir sin llegar immer noch nicht gekommen sein
27 renunciar a verzichten auf
28 la harina de trigo Weizenmehl
29 la fama Ruf

Ejercicios

2 **Lee el texto y comprueba las respuestas de 1.**

3 **Lee de nuevo el texto y termina las frases con la información adecuada.**

1. Gracias a la ingeniería genética ____________________
2. Un beneficio de los alimentos de la modificación genética es ____________________
3. Los genes pueden proceder tanto de ____________ como de ____________
4. Argentina es uno de los ____________________
5. En Argentina, casi la totalidad de los cultivos de soja, ____________ y ____________ están genéticamente modificados.
6. Un riesgo de los OMG es ____________________
7. Un efecto positivo de los transgénicos en el medio ambiente es ____________________
8. En Argentina han desarrollado una semilla de trigo transgénico, pero ____________________
9. Muchos consumidores están en contra del trigo transgénico porque ____________________
10. Con el trigo transgénico, los productores podrían ____________________

facultativo **4** **Discutid en clase las ventajas y desventajas de los cultivos transgénicos. Después escribe una breve entrada de blog en una página sobre agricultura y formula tu opinión acerca del tema.**

www.biotecnologiaeco.esp/blog

Eli, 22

¡Hola a tod@s!
En mi opinión los cultivos transgénicos…

____

Die folgende Handlungssituation kann begleitend zur Unidad 5 bearbeitet werden. Für manche Aufgaben werden bestimmte grammatische Inhalte der Unidad 5 vorausgesetzt. Bei diesen Aufgaben erfolgt ein entsprechender Hinweis.

Situación

Vas a hacer unas prácticas en la empresa *Servatecni S.L.* en Madrid. Tus prácticas empiezan en septiembre. En verano viajas a Madrid porque tienes que organizar tu estancia. Este es el correo electrónico que has recibido de la empresa:

S.L.	*Sociedad de Responsabilidad Limitada*	GmbH
S.A.	*Sociedad Anónima*	AG

1 el proceso electrónico de datos Datenverarbeitung

ServaTecni S.L.

Calle de Francos Rodríguez 526
28039 Madrid

Teléfono: +34 918 079 25
Correo electrónico: marketing@servatecni.esp
Número de empleados: 26
Tarea principal: planeamos, extendemos y operamos el proceso electrónico de datos[1] de empresas

es_mail | enviar | insertar | ortografía | opciones | cancelar

De: Pedro García Martínez
Enviado: miércoles, 14 de junio de 2021 16:43
Para: Paul_Mueller@twaii.deu
Asunto: Prácticas en Servatecni S.L.

Buenos días:
Gracias por su solicitud. Nos alegra informarle de que puede hacer sus prácticas en nuestra empresa.
Las prácticas, como ya sabe, empiezan el 1 de septiembre y terminan el 30 de septiembre.
Nuestro empleado Miguel López va a ser su contacto y le va a ayudar en todo.
Su correo es mlopez@servatecni.esp.
Madrid es una ciudad muy bonita e interesante y hay muchísimo para ver. Le va a gustar.
Esperamos su llegada.
Atentamente
Pedro García
Jefe de personal

ServaTecni S.L.

Ejercicios

1 a ¿Qué informaciones/aspectos necesitas antes de empezar las prácticas? ¿Qué vas a hacer durante las prácticas?
▶ Piensa, Discute, Comparte S. 287

____

____

____

b Para poder realizar estas situaciones, ¿qué recursos necesitamos?

____

____

____

c En clase haced un «*advanced organizer*».

es_mail | enviar | insertar | ortografía | opciones | cancelar

De: Miguel López Ramón
Enviado: viernes, 16 de junio de 2021 09:13
Para: Paul_Mueller@twai.deu
Asunto: Prácticas en Servitecno S.L.

Hola:
¿Qué tal? Soy Miguel. Voy a ser tu contacto de la empresa para todo lo necesario. Como vas a venir dentro de poco, para ayudarte a encontrar un piso adecuado, te mando ya dos anuncios de pisos que me parecen bastante interesantes. Los dos pisos están reservados. Cuando vengas[1] puedes poner una cita para verlos.

360 € / mes	1 hab.	1 baño	42 m²	5ª Planta

APARTAMENTO Calle de San Narciso, Barrio Hortaliza
CENTRO INMO ALQUILA apartamento moderno y bonito de 42 m², completamente amueblado.
Consta de 1 dormitorio[2] (12 m² interior, cama de matrimonio[3]), cocina[4] amueblada y equipada con todos los electrodomésticos[5] (frigorífico[6], lavadora[7], horno[8]), 1 baño exterior, salón-comedor[9] (con sofá cama).
Zona muy tranquila y cerca del supermercado Rosa
A 10 min del Metro Torre Arias.
GASTOS DE COMUNIDAD[10] INCLUIDOS

400 € / mes	1 hab.	1 baño	78 m²	1ª Planta

PISO COMPARTIDO Calle Domingo de Zaizita, Barrio Puerta del Ángel
alquilamos HABITACIÓN para CHIC@S CON GASTOS INCLUIDOS en piso nuevo de 77m², a 5 min del Metro Alto de Extremadura. La habitación libre mide 15 m², da al exterior y está totalmente amueblada.
Consta de cocina amueblada y equipada, ascensor[11], aire acondicionado e incluye los gastos de luz, agua e internet en el precio.

Bueno, son dos tipos de alojamiento diferentes. Puedes vivir solo o vivir con otra persona. También ves que el apartamento es más barato que el piso compartido pero el piso compartido es, en total, más grande que el apartamento.
¿Cuál te gusta más?

Ponte en contacto conmigo.
Te doy también mi número del móvil: 61766845
Saludos y hasta pronto
Miguel

1 cuando vengas sobald du da bist
2 el dormitorio Schlafzimmer
3 la cama matrimonio Ehebett
4 la cocina Küche
5 el electrodoméstico Haushaltsgerät
6 el frigorífico Kühlschrank
7 la lavadora Waschmaschine
8 el horno Ofen
9 el salón-comedor Wohn- und Esszimmer
10 gastos de comunidad Gemeinschaftskosten
11 el ascensor Aufzug

2 a **Para tener una idea de dónde están los alojamientos en Madrid, busca en un mapa de Madrid (en internet) las calles de los apartamentos.**

b Busca en los anuncios las palabras nuevas relacionadas con el tema «piso» y completa el mapa mental:

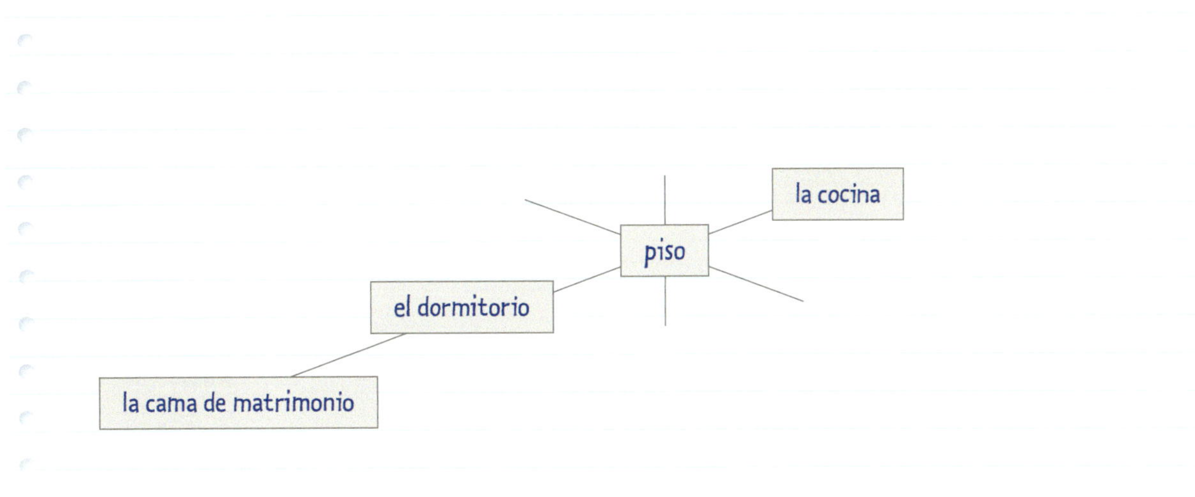

3

a Describe la cocina del piso y utiliza las preposiciones de abajo. Escribe en tu cuaderno.

delante de – detrás de – enfrente de – encima de – debajo de
al lado de – a la izquierda de – a la derecha de – entre

> Zur Bearbeitung der Übung 3a müssen die Ortspräpositionen bekannt sein.

1 el fregadero *Spüle* – **2** el cubo de basura *Mülleimer* – **3** la cocina *Herd* – **4** el horno *Ofen* – **5** la sartén *Pfanne* – **6** la lavavajillas *Spülmaschine* – **7** los cubiertos *Besteck* – **8** el jamonero *Schinkenhalter* – **9** la estantería *Regal* – **10** la vajilla *Geschirr* – **11** la cortina *Gardine* – **12** la planta *Pflanze* – **13** el frutero *Obstschale* – **14** el armario *Schrank* – **15** el mantel *Tischdecke* – **16** las flores *Blumen* – **17** el vaso *Glas* – **18** la taza de café *Kaffeetasse* – **19** la toalla *das Handtuch*

b ¿Qué muebles hay en tu habitación? Utiliza el diccionario y completa el mapa mental de 2b con tus muebles.

4

Compara los dos pisos del email y utiliza los adjetivos de abajo. Escribe en tu cuaderno.

Ejemplo: El piso uno es más luminoso que el piso dos.

pequeño/-a – barato/-a – moderno/-a – central – luminoso/-a
tranquilo/-a – cerca de la estación del metro

> Zur Bearbeitung der Übung 4 muss der Komparativ bekannt sein.

5

Escríbele un correo electrónico a Miguel. Dile cuál de los dos pisos quieres alquilar y por qué te gusta más.

Situación

Acabas de llegar al aeropuerto de Barajas (Madrid). Hace mucho calor – claro, en el mes de julio es muy normal. Tú vas a pasar unos días en Madrid porque tienes citas para ver los dos pisos. Vas a dormir en el *Albergue Sol* (un consejo de Miguel), un albergue juvenil que está en el centro de Madrid.

Shutterstock.com/mimagephotography

6 a **Escucha la llamada y contesta las siguientes preguntas:**

1. ¿Qué están haciendo Miguel y Paul? ____________________

____

____

2. ¿Adónde quiere ir Paul? ____________________

____

3. ¿Qué van a hacer a las dos y media? ____________________

____

4. ¿Qué quieren hacer Miguel y Paul antes de verse? ____________________

____

b **Cuando Miguel y Paul se ven en la puerta del albergue deciden entrar en un bar que está cerca. Escribe en tu cuaderno el diálogo entre los dos.**

7 **Elige tres de los lugares de la caja. Busca información en la red sobre estos lugares de Madrid y escribe qué puedes hacer allí.**

Zur Bearbeitung der Übung 8 muss der reale Bedingungssatz bekannt sein.

el Museo de Cera — el Barrio La Latina — el Parque de atracciones Warner — el Teatro Lope de Vega — el Barrio Malasaña — el Palacio Real — La Tabacalera — el Prado — la Casa de Campo — […]

Empfehlungen geben

Si	quieres te interesa tienes ganas de te gusta/n	[…],	tienes que puedes ir al / a la te va a gustar haz visita	[…].

8 **Haz una pequeña guía digital con fotos de lugares o monumentos que te gustaría conocer cuando estés en Madrid. Presenta tu guía personal.**

Situación

Acabas de ver la habitación en el piso compartido. Te gusta mucho y vas a pasar allí el mes de septiembre. Estás en la puerta del piso con la señora Vidal, la dueña[1] del piso.

1 el/la dueño/-a der/die Eigentümer/in

Comprensión auditiva

9 a Antes de escuchar la conversación mira los símbolos con las expresiones. Intenta memorizar estas expresiones en dos minutos.

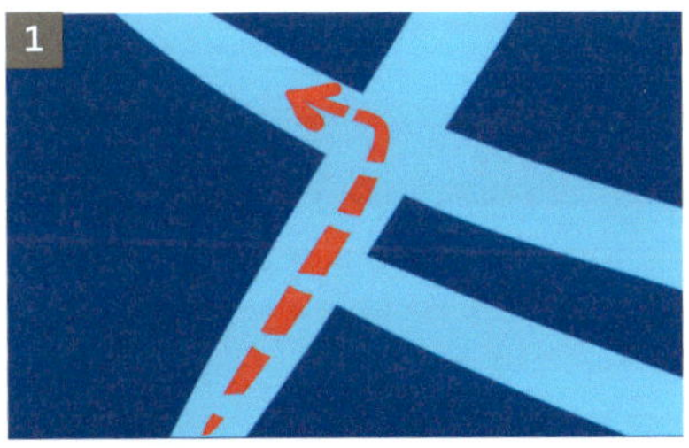

girar a la izquierda

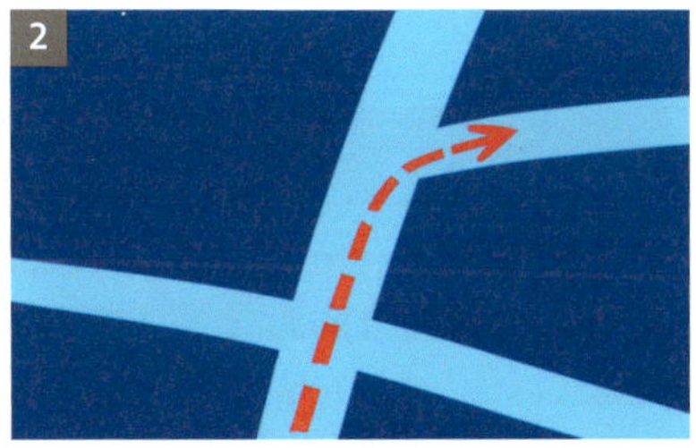

girar a la derecha

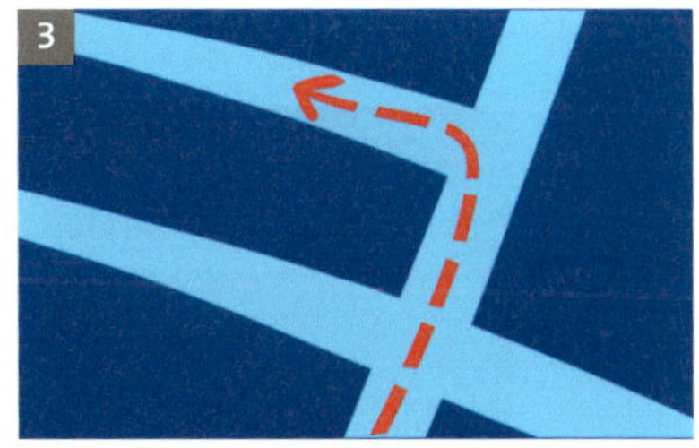

tomar la segunda calle a la izquierda

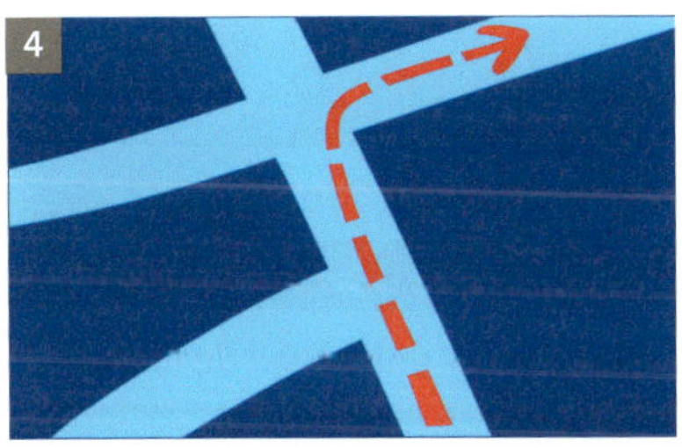

tomar la primera calle a la derecha

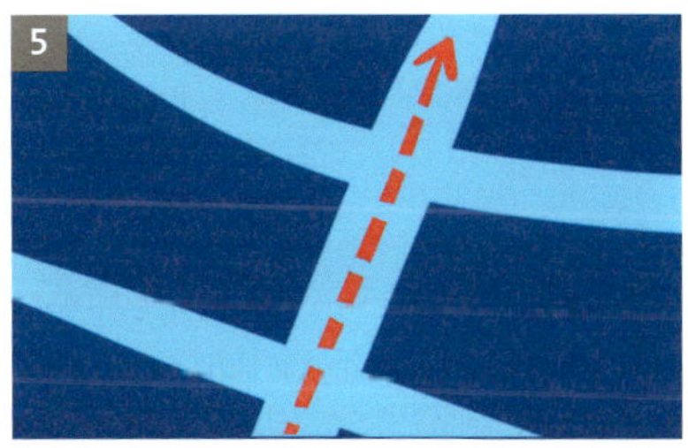

seguir todo recto

cruzar la plaza

b Ahora escucha la primera parte de la conversación y contesta estas preguntas:

1. ¿Qué planes tiene Paul después de la visita?

   ☐ ir al cine ☐ ninguno[1] ☐ quedar con un compañero

2. ¿Qué consejo le da la señora Vidal?

   ☐ ir al teatro ☐ ir al cine ☐ ir al Prado

3. ¿Por qué lo aconseja[2]? Hay dos opciones correctas.

   ☐ es gratis ☐ a ella le encanta ☐ no está lejos ☐ es muy famoso

1 ninguno/-a kein/e 2 aconsejar algo etw. raten

c Escucha la segunda parte de la conversación y repasa con un lápiz el camino en el mapa de Madrid (libro, p. 373).

d Quieres pasar por la Plaza de Santa Ana antes de ir al Prado. Describe el camino en tu cuaderno. También puedes utilizar un mapa online de Madrid. Después explícale el camino a tu compañero/-a. Él/Ella lo repasa con un lápiz en el mapa online.

Si quieres, graba tu descripción con tu móvil y preséntaselo a tu compañero/-a.

El Prado

Shutterstock.com/Catarina Belova

Situación

Otro día visitas el Mercado de Tirso de Molina, uno de los dos mercados más antiguos de Madrid con su diseño original de 1932. El Mercado Tirso de Molina es mitad mercado y mitad gastro-mercado.

Shutterstock.com/Kert

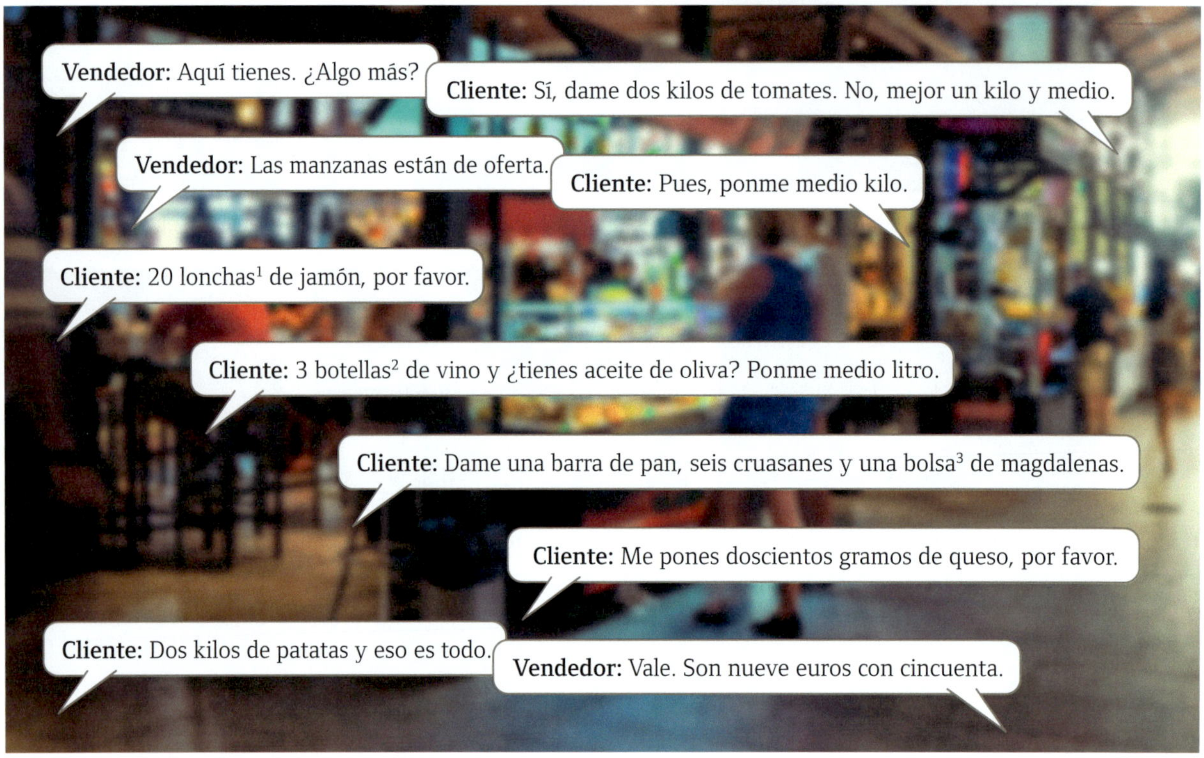

Shutterstock.com/Madrugada Verde

1 la loncha Scheibe 2 la botella Flasche 3 la bolsa Tüte

10 a **Busca en los diálogos de arriba las expresiones de cantidad[1] y apúntalos.**

____

____

1 la expresión de cantidad Mengenangabe

b **Completa la tabla con las cantidades correctas.**

2 kg ________________ manzanas

½ kg ! ________________ tomates

4 kg ________________ patatas

½ l ! ________________ aceite de oliva

von oben nach unten: stock.adobe.com/Iurii Kachkovskyi; Shutterstock.com/Rolandas Grigaitis; Shutterstock.com/mahirart; Shutterstock.com/Africa Studio

1,5 l ________________ agua

2 Flaschen ________________ vino

100 g ________________ queso

10 Scheiben ________________ jamón

eine Tüte ________________ magdalenas

11 a **Ordena el diálogo en la frutería y compara con tu compañero/-a.**

- ☐ Hola. ¿Qué querías?
- ☐ Pues, sí, claro. ¿Quieres una botella?
- ☐ Aquí tienes. ¿Algo más?
- ☐ Vamos a ver. Son once euros con treinta.
- ☐ ¿Te pongo algo más?
- ☐ Adiós.
- ☐ Sí, una botella.
- ☐ Aquí tienes. ¡Hasta luego!
- ☐ No, gracias, es todo. ¿Cuánto es?
- ☐ Hola. Dame tres kilos de patatas y un kilo de naranjas.
- ☐ ¿Tienes aceite de oliva?

b **En parejas: Practicad el diálogo varias veces y cambiad también los roles. Después variad el diálogo y comprad también otros productos.**

12 **Ahora tienes hambre y ves esta pizarra de un bar donde se anuncian algunas bebidas y tapas. El bar te gusta y por eso decides pedir algo de comer y beber.**

En algunos bares españoles, te dan una tapa gratis cuando pides una bebida.

a ¿Cómo se llaman estas tapas? Busca los nombres correctos de la pizarra (p. 139) y apúntalos debajo de las fotos.

Shutterstock.com/Aitor Gil

Shutterstock.com/HandmadePictures

Shutterstock.com/Kankitti Chupayoong

stock.adobe.com/Alex Manzanares

stock.adobe.com/annapustynnikova

stock.adobe.com/lleandralacuerva

stock.adobe.com/jeny_lk

stock.adobe.com/Iakov Filimonov/JackF

stock.adobe.com/mariontxa

Shutterstock.com/VasiliyBudarin

Shutterstock.com/gonzagon

Shutterstock.com/vasanty

b Vas a pedir una bebida y unas tapas. Preparad el diálogo entre tú y el/la camarero/-a y presentadlo en clase.

facultativo

c ¿Conoces más tapas? ¿De qué región de España son? Busca información en internet.

Shutterstock.com/Losangela

Tándem Unidad 1

Estás de intercambio en Madrid. En la biblioteca del instituto, conoces a Laura y charlas con ella. | Du bist auf einem Schüleraustausch in Madrid. In der Schulbibliothek lernst du Laura kennen und unterhältst dich mit ihr.

Laura	tú
Du begrüßt dein Gegenüber.	Hola. / Buenos días.
Hola. / Buenos días. ¿Cómo te llamas? / ¿Quién eres?	Du erwiderst den Gruß und fragst nach dem Namen.
Du sagst, dass du Laura heißt und fragst ebenfalls nach dem Namen.	Soy / Me llamo Laura. ¿Y tú, cómo te llamas / quién eres?
(Yo) me llamo / soy [...].	Du nennst deinen Namen.
Sehr erfreut! Du fragst dein Gegenüber, wie es ihm/ihr geht.	Mucho gusto. / Encantada. ¿Qué tal? / ¿Cómo estás?
Bien, gracias. ¿Y tú? ¿Qué tal? / ¿Cómo estás?	Du sagst, es gehe dir gut und bedankst dich. Dann fragst du Laura, wie es ihr geht.
Du sagst, es gehe dir auch gut, danke.	Bien también, gracias.
¿De dónde eres?	Du fragst Laura, woher sie komme.
Du sagst, du seist von hier, aus Madrid. Du gehst auch hier in Madrid zur Schule. Dann fragst du dein Gegenüber, woher er/sie sei.	Soy de aquí, de Madrid. También estudio aquí (en Madrid). ¿Y tú, de dónde eres?
Soy de Alemania. Vivo en [...].	Du sagst, du seist aus Deutschland und wohnst in [...].
Du fragst, ob er/sie noch zur Schule gehe.	¿Estudias todavía (en el instituto)?
Sí, estudio todavía (en el instituto).	Du sagst ja, du gehst noch zur Schule.
Du fragst dein Gegenüber, ob er/sie Spanisch in der Schule lernt.	¿Estudias/Aprendes español en el instituto?
Sí, estudio/aprendo español en el instituto. Oye, Laura, ¿por qué no quedamos mañana y tomamos un café?	Du antwortest ja, du lernst Spanisch in der Schule. Dann schlägst du Laura vor (*Oye, Laura, ¿por qué no...?*), dass ihr euch morgen trefft und einen Kaffee trinkt.
Du findest, das sei eine gute Idee.	¡Buena idea!
¿Cuál es tu número de teléfono?	Du fragst Laura nach ihrer Handynummer
Du nennst deine Handynummer. 6-0-2-7 5 5 3-9-0.	(Mi número / Mi teléfono / Mi móvil) es el seis – cero – dos – siete – cinco – cinco – tres – nueve – cero.
Perfecto. ¡Hasta mañana!	Perfekt! Bis morgen!
Bis morgen!	¡Hasta mañana!

Tándem Unidad 2

Estás en Vista Alegre y tu amigo/-a español/a te llama por móvil. |
Du bist in Vista Alegre und dein/e Freund/in ruft dich auf dem Handy an.

Mit diesem Tandem übt ihr die Adjektive und das Verb *estar*.

A = tu amigo/-a español/a	B = tú
Du begrüßt deine/n Freund/in und fragst, wo er gerade ist.	¡Hola! ¿Dónde **estás**?
Estoy en el parque.	Du sagst, dass du gerade im Park bist.
Du willst wissen, was er/sie im Park macht.	¿Qué haces en el parque?
Aquí (en el parque) hay un taller de slackline.	Du sagst, dass hier im Park ein Slackline Workshop stattfindet.
Du willst wissen, ob der Workshop interessant ist.	¿Es interesante?
Sí, (bastante). ¿Y tú? ¿Qué haces? / ¿Dónde **estás**?	Du bejahst und willst auch wissen, was er/sie gerade macht bzw. wo er/sie sich gerade befindet.
Du sagst, dass Du gerade in der Bibliothek bist und es dort eine Buchvorstellung gibt, die aber sehr langweilig ist.	**Estoy** en la biblioteca. Hay una presentación de libro pero es muy **aburrida**.
¿Por qué no quedamos?	Du schlägst vor, dass ihr euch verabreden könnt.
Du drückst Begeisterung aus und schlägst die neue Eisdiele vor. Du fügst hinzu, dass ein Eis heute nur einen Euro kostet.	¡Buena idea! / ¡Genial! / ¡Muy bien! ¿Qué tal la heladería **nueva**? / ¿Por qué no quedamos en la heladería nueva? (Hoy) un helado solo cuesta un euro.
¿Pero dónde **está**?	Du fragst, wo sich die Eisdiele befindet.
Du erklärst, dass sie sich in der Nähe des Sportzentrums und neben dem Platz Eugenia befindet.	**Está** cerca del polideportivo y al lado de la plaza Eugenia.
(Entonces) quedamos en la heladería ahora, ¿vale?	Du schlägst vor, dass ihr euch folglich in der Eisdiele trefft und fragst, ob sie/er damit einverstanden ist.
Du zeigst dich einverstanden und schlägst vor, dass ihr danach zum Sportzentrum gehen könntet, um die neue Kletterhalle auszuprobieren. Du fügst hinzu, dass Teresa und Manolo auch im Sportzentrum sind.	(Sí), de acuerdo. Y después podemos ir al polideportivo para probar el rocódromo **nuevo**. Teresa y Manolo **están** en el polideportivo también.
¿Quién es Teresa? ¿Es la novia de Manolo?	Du willst wissen, wer Teresa ist und ob sie die Freundin von Manolo ist.
Du verneinst und erklärst, dass sie seine Cousine aus Salamanca ist.	No, es su prima de Salamanca.
¿Cuántos años tiene?	Du willst wissen, wie alt sie ist.
Du glaubst, dass sie 19 (Jahre alt) ist.	Creo que tiene 19 (años).
Bueno, entonces probamos el rocódromo **nuevo** juntos. Hoy es gratis. ¿Vale?	Du fasst zusammen, dass ihr also die neue Kletterhalle zusammen ausprobiert und fügst hinzu, dass sie heute umsonst ist.
Du drückst Begeisterung aus und verabschiedest dich.	¡Genial! / ¡Muy bien! ¡Hasta luego! / ¡Hasta ahora!
¡Sí! / Vale. ¡Hasta luego! / ¡Hasta ahora!	Du stimmst zu und verabschiedest dich auch.

Tándem Unidad 3

1 **Mit diesem Tandembogen übst du das Verb gustar und die indirekten Objektpronomen. ¿Qué te gusta hacer? Formula frases utilizando el verbo gustar. Tu compañero/-a te escucha y te corrige.**

Alumno/-a A	Alumno/-a B
a mí / mucho / hacer deporte	A mí **me** gusta mucho hacer deporte.
¿A ti **te** gusta ir al cine?	**¿a ti / ir al cine?**
a Laura / los conciertos de rap.	A Laura **le** gustan los conciertos de rap.
¿A ti **te** gusta bailar y escuchar música?	**¿a ti / bailar y escuchar música?**
¿a vosotros / ir al teatro?	¿A vosotros **os** gusta ir al teatro?
A mis padres no les gusta nada ver la tele.	**a mis padres / nada / ver la tele**
a Mateo / no / las películas españolas	A Mateo no **le** gustan las películas españolas.
A nosotros **nos** gustan las clases de español.	**a nosotros / las clases de español**
a mí / nada / los exámenes	A mí no **me** gustan nada los exámenes.
A mis hermanos **les** gusta mucho leer.	**a mis hermanos / mucho / leer**
¿a ti / el instituto?	¿A ti **te** gusta el instituto?
A Alejandro no **le** gusta nada el deporte.	**a Alejandro / nada / el deporte.**
a nosotros / mucho / las fiestas	A nosotros **nos** gustan mucho las fiestas.

2 **Tu amiga española Vega te llama porque quiere ir al cine. Pero tú tienes que estudiar.** | Deine spanische Freundin Vega ruft dich an, weil sie ins Kino gehen möchte. Aber du musst lernen.

Vega	tú
Du fragst dein Gegenüber (*Oye, …*), was er/sie gerade tut.	Oye, ¿qué estás haciendo?
Estoy estudiando para el examen de Inglés.	Du antwortest, dass du gerade für die Englischklausur lernst.
Du sagst, es gebe heute einen tollen Film im Kino und fragst dein Gegenüber, ob ihr nicht hingehen wollt.	Hoy hay una película superguay/genial en el cine. ¿Vamos? / ¿Por qué no vamos?
No puedo. El examen ya es mañana. Por eso estoy bastante nervioso/-a.	Du sagst, du könnest nicht. Die Klausur sei schon morgen. Du seist deswegen ziemlich nervös.
Du schlägst vor, dass ihr zusammen übt. Du sprichst gut Englisch.	¿Por qué no estudiamos/aprendemos/practicamos juntos? Yo hablo bien inglés.
¡Buena idea! ¿Quedamos/Podemos quedar en una hora en la biblioteca?	Tolle Idee! Du fragst, ob ihr euch in einer Stunde in der Bibliothek treffen könnt.
Du bist einverstanden. Dann könnt ihr ja doch ins Kino gehen!	Vale. / De Acuerdo. ¡Entonces sí podemos ir al cine!
Sí, genial/perfecto. ¡Hasta luego en la biblioteca!	Ja, toll! Bis gleich in der Bibliothek.
Bis gleich!	¡Hasta luego!

Tándem Unidad 4

Cintia y una amiga quieren quedar para estudiar juntas. Haced el tándem.

Lest euch erst den Dialog gegenseitig auf Spanisch vor, dann ist der Tandembogen danach einfacher.

Amiga	Cintia
Du bekommst immer gute Noten in Mathe. Vielleicht können wir ja nach der Schule zusammen lernen.	Siempre sacas buenas notas en Matemáticas. Quizás podemos estudiar juntas después del instituto.
Buena idea. Pero es un poco difícil. Primero tengo que preguntar en casa si puedo.	Gute Idee, aber das ist ein bisschen schwierig. Ich muss erst zu Hause fragen, ob ich darf.
Na klar. Du kannst auch fragen, ob du bei mir bleiben und auch schlafen kannst. Dann brauchst du den Bus morgens nicht zu nehmen und wir können zu Fuß zur Schule gehen.	Claro. También puedes preguntar si te puedes quedar en mi casa y pasar la noche también. Entones no tienes que tomar el autobús por la mañana y podemos ir a pie al instituto.
Sí, pero mi madre me necesita en casa. Tengo que ayudar mucho en casa porque soy la mayor.	Ja, aber meine Mutter braucht mich zu Hause. Ich muss viel zu Hause helfen, weil ich die Älteste bin.
Verstehe. Du willst gar nicht mit mir lernen.	Entiendo. No quieres estudiar conmigo[1].
No es verdad. La idea me gusta mucho pero, por ejemplo, por la tarde siempre recojo a mis hermanitos/hermanos de la escuela.	Das stimmt nicht. Die Idee gefällt mir sehr, aber zum Beispiel hole ich nachmittags immer meine Geschwister von der Schule ab.
Dann frag doch deine Mutter, ob sie deine Geschwister abholen kann.	Entonces pregunta a tu madre si ella puede recoger a tus hermanos/hermanitos.
Sí, pero mi madre trabaja todo el día y después de la escuela tenemos que ayudar todos en el campo.	Ja, aber meine Mutter arbeitet den ganzen Tag und nach der Schule müssen wir alle auf dem Feld helfen.
Und dein Vater? Warum hilft er deiner Mutter nicht?	¿Y tu padre? ¿Por qué no ayuda a tu madre?
Trabaja en Lima. Por eso veo muy poco/poquito a mi papá.	Er arbeitet in Lima. Deshalb sehe ich meinen Vater sehr wenig.
Na so was. Dann ist es schwierig, aber du kannst ja fragen.	¡Vaya! Entonces es difícil pero puedes preguntar.
Sí, le voy a preguntar porque tengo muchas ganas de pasar la noche en tu casa. A veces ya no aguanto a todos mis hermanitos/hermanos, ¿sabes?	Ja, ich werde sie fragen, weil ich große Lust habe, bei dir zu übernachten. Manchmal ertrage ich meine ganzen Geschwister nicht mehr, weißt du?
Ich auch nicht – aber ich habe nur zwei und nicht sechs wie du.	Yo tampoco – pero solo tengo dos y no seis como tú.
Vale, voy a preguntar y mañana voy a saber más.	OK, ich werde fragen und morgen weiß ich mehr.
Perfekt. / Super.	Perfecto.

1 conmigo mit mir

Tándem Unidad 5

1 **Vas a pasar tres semanas en casa de una familia española. El padre / La madre de la familia te muestra tu habitación. Haz el tándem.**

el padre / la madre	tú
Du zeigst deiner Gastschülerin / deinem Gastschüler das Zimmer (*Mira, esta es…*) und fragst, ob es ihr/ihm gefällt.	Mira, esta es tu habitación. ¿Te gusta?
[La habitación] me gusta mucho / me encanta. Es tan bonita como mi habitación en Alemania. ¡Y más grande!	Das Zimmer gefällt dir sehr. Du sagst, es ist genauso schön wie dein Zimmer in Deutschland. Und größer!
Du erklärst, dass das Zimmer außerdem (*además*) sehr hell ist, da es zwei ziemlich große Fenster hat.	Además [la habitación] es muy luminosa/clara, porque tiene dos ventanas bastante grandes.
Sí, es verdad. Mi habitación en Alemania no es tan luminosa/clara como esta.	Du stimmst dem zu. Dein Zimmer in Deutschland ist nicht so hell wie dieses.
Du erklärst, dass es zwar viel Verkehr (*tráfico*) auf der Straße gibt, aber das Zimmer ziemlich ruhig ist.	Hay mucho tráfico en la calle, pero la habitación es bastante tranquila.
¿Dónde puedo poner / Dónde pongo mis cosas?	Du fragst, wo du deine Sachen hinstellen kannst.
Du verweist auf das Regal und den großen Schrank.	Mira, aquí hay / tienes una estantería y un armario grande.
¡Esta / La habitación es genial/perfecta/fantástica!	Du findest das Zimmer einfach toll!

2 **Du bist in Spanien und fragst einen Passanten (deine/n Mitschüler/in) nach dem Weg. Er/Sie schaut sich den Stadtplan an und erklärt ihn dir. Danach tauscht ihr die Rollen.**

Por favor, ¿para ir al restaurante *Mar y Sol*?

Disculpa, ¿hay un banco por aquí cerca?

Perdona, ¿dónde está la Plaza Antigua?

Perdona, busco una farmacia.

¿Me puede decir dónde hay un supermercado por aquí cerca?

seguir todo recto — coger la primera/segunda/tercera calle a la izquierda / a la derecha — girar a la izquierda / a la derecha — cruzar la calle

Tándem Unidad 6

Después de las vacaciones te encuentras con una amiga y os ponéis al día. Haced el tándem y practicad el pretérito indefinido de los verbos.

Ejemplo:
–¿Cuándo saliste a bailar por última vez?
–Salí a bailar por última vez… [31 → p. e. el fin de semana pasado].

31 ayer el fin de semana pasado la semana pasada hace X días/semanas/meses/años el otro día (= neulich)	31 ayer el fin de semana pasado la semana pasada hace X días/semanas/meses/años el otro día (= neulich)
¿Cuándo (*viajar*, tú) a otro país por última vez?	¿Cuándo viajaste a otro país por última vez?
Viajé a otro país por última vez…	(*Viajar*, yo) a otro país por última vez 31
¿Cuándo (*ir*) a un mercado por última vez?	¿Cuándo fuiste a un mercado por última vez?
Fui a un mercado por última vez…	(*Ir*) a un mercado por última vez 31
¿Cuándo (*salir*) a bailar por última vez?	¿Cuándo saliste a bailar por última vez?
Salí a bailar por última vez…	(*Salir*) a a bailar por última vez 31
¿Cuándo (*comer*) patatas por última vez?	¿Cuándo comiste patatas por última vez?
Comí patatas por última vez…	(*Comer*) patatas por última vez 31
¿Cuándo (*visitar*) un museo por última vez?	¿Cuándo visitaste un museo por última vez?
Visité un museo por última vez…	(*Visitar*) un museo por última vez 31
¿Y tú? ¿Cuándo viajaste a otro país por última vez?	¿Y tú? ¿Cuándo (*viajar*) a otro país por última vez?
(*Viajar*) a otro país por última vez 31	Viajé a otro país por última vez…
¿Cuándo fuiste a la playa por última vez?	¿Cuándo (*ir*) a la playa por última vez?
(*Ir*) a la playa por última vez 31	Fui a la playa por última vez…
¿Cuándo subiste una montaña[1] por última vez?	¿Cuándo (*subir*) una montaña por última vez?
(*Subir*) una montaña por última vez 31	Subí una montaña por última vez…
¿Cuándo comiste en un restaurante por última vez?	¿Cuándo (*comer*) en un restaurante por última vez?
(*Comer*) en un restaurante por última vez 31	Comí en un restaurante por última vez…
¿Cuándo fuiste en metro por última vez?	¿Cuándo (*ir*) en metro por última vez?
(*Ir*) en metro por última vez 31	Fui en metro por última vez…

1 la montaña der Berg

Tándem Unidad 7

1 a Prepárate para una entrevista de orientación. Apunta
- qué te gustaría ser o hacer y por qué te gusta o interesa esta profesión
- tus puntos fuertes
- tus puntos débiles

Puedes usar las expresiones de la tarea 9 del libro de textos (p. 121).

Spielt den Tandembogen zunächst mit den weiß unterlegten Lösungskästchen durch. Wechselt erst danach zu den farblich unterlegten Kästchen.

b Es el momento de la entrevista de orientación. Haced el tándem dos veces: primero A es el/la orientador/a, luego B.

el/la orientador/a laboral	tú
[Du eröffnest das Gespräch.] Dann fragst du dein Gegenüber nach seinen / ihren Berufsvorstellungen.	[Hola. / ¿Qué tal? / Bienvenido/-a a la entrevista. / ¿Podemos empezar? Etc.] ¿Qué te gustaría ser / Qué quieres hacer?
Me gustaría… Quiero… Mi sueño es…	Du nennst deine Berufsvorstellungen.
Du möchtest gerne wissen, warum deinem Gegenüber dieser Beruf gefällt oder ihn/sie interessiert.	¿Por qué te gusta / te interesa esta profesión?
Me gusta/interesa porque …	Du nennst einen Grund.
Du fragst dein Gegenüber nach seinen/ihren Stärken.	Qué piensas, ¿cuáles son tus puntos fuertes?
Mi punto fuerte es… Tengo facilidad para… Me resulta fácil… Soy bueno/-a en…	Du nennst deine Stärken.
Nun fragst du nach den Schwächen.	¿Y cuáles son tus puntos débiles?
Mi punto debil es… Me cuesta… Me resulta difícil… No soy bueno/-a en…	Du nennst deine Schwächen.
Du gibst eine grobe Einschätzung ab, ob die genannten Stärken und Schwächen den Berufsvorstellungen entsprechen.	Empezar/Hacer la carrera de… (no) me parece una buena idea porque… / (no) es una buena opción porque…
Gracias por la entrevista y su ayuda. ¡Adiós!	Du bedankst dich für das Gespräch und die Hilfe und verabschiedest dich.
Du verabschiedest dich auch.	¡Adiós!

Tándem Unidad 8

Estás de vacaciones en Cádiz. Vas a un hotel y hablas con el / la recepcionista. Haced el diálogo:

tú	el/la recepcionista
Du grüßt und möchtest wissen, ob es noch ein freies Zimmer für das Wochenende gibt.	Hola. / Buenos días. ¿Todavía tiene una habitación libre para este fin de semana?
Buenos días. ¿Para cuántas personas necesitas una habitación?	Du grüßt zurück und möchtest wissen, für wie viele Personen ein Zimmer benötigt wird.
Du bist allein …	Solo para mí / una persona.
A ver, sí, tenemos/hay dos habitaciones libres, una habitación es con / tiene balcón.	Du überlegst und siehst nach und sagst, dass es noch zwei freie Zimmer gibt, eins davon mit Balkon.
Du fragst, ob sie denselben Preis haben / ob sie gleich viel kosten.	¿Tienen el mismo precio?
No, la habitación con balcón da al patio y es más tranquila y por eso cuesta 20 euros más.	Du verneinst und sagst, dass das Balkonzimmer zum Hof liegt und ruhiger ist, deshalb kostet es 20 Euro mehr.
Du möchtest wissen, wieviel die Zimmer pro Nacht kosten.	¿Cuánto cuestan (las habitaciones) por (una) noche?
Pues, la habitación que da a la calle cuesta sesenta y ocho euros la noche y la habitación con balcón cuesta ochenta y ocho (euros).	Das Zimmer zur Straße kostet 68 Euro pro Nacht und das Zimmer mit Balkon kostet 88 Euro.
Du überlegst und sagst, dass 88 Euro viel Geld ist und fragst, ob es sich lohnt, 20 Euro mehr zu zahlen.	A ver, ochenta y ocho euros es mucho (dinero). ¿Vale la pena pagar veinte euros más?
El hotel está en el centro, aquí la gente sale tarde y ahora en agosto hace tanto calor que es mejor no cerrar la ventana.	Du erklärst, dass das Hotel im Zentrum liegt, die Leute gehen hier spät aus und jetzt im August ist es so heiß, dass es besser ist, das Fenster nicht zu schließen.
Du fasst zusammen, dass sich das Balkonzimmer also lohnt und fragst, ob das Frühstück im Preis inbegriffen ist.	Entonces la habitación interior vale la pena. ¿El desayuno está incluido (en el precio, verdad)?
Sí, está incluido (en el precio). Y también hay acceso gratis a internet.	Du bejahst das und fügst hinzu, dass der Zugang zum Internet gratis sei/ist.
Du möchtest wissen, ob es eine Klimaanlage gibt.	¿Tiene/n / Hay aire acondicionado?
El restaurante tiene aire acondicionado pero no hay aire acondicionado en las habitaciones / las habitaciones no tienen aire acondicionado.	Du sagst, dass das Restaurant klimatisiert ist, aber die Zimmer nicht.
Du beschließt, noch im Hotel nebenan zu fragen und sagst, dass du dich dann entscheiden wirst. Du fragst, ob das in Ordnung ist.	Bueno, voy a preguntar en el hotel que está al lado y después voy a decidir. ¿Vale?
Por supuesto. No hay problema. Voy a estar en la recepción hasta las once / veintitrés horas.	Natürlich – gar kein Problem. Du sagst, dass du noch bis 23 Uhr an der Rezeption bist.

Tándem Unidad 9

Marta está pensando en hacer un Año Ecológico Voluntario antes de empezar a estudiar en la universidad. Habla del tema con su amigo Tarek. Haced el diálogo y usad el subjuntivo de presente cuando sea necesario.

A (Marta)	B (Tarek)
Du begrüßt Tarek und zeigst ihm die Website, auf der es Informationen zum Freiwilligen Ökologischen Jahr gibt.	Hola, Tarek, mira, aquí está la página web con la información sobre el Año Ecológico Voluntario.
Hola, Marta, ¿qué países ofrece la organización para este Año Ecológico Voluntario?	Du begrüßt Marta und fragst, welche Länder von der Organisation für das Jahr angeboten werden.
Du sagst, dass man überall hingehen kann und es dir nicht gefällt, dass viele Leute einfach studieren, ohne etwas von der Welt zu sehen.	Es posible ir a todos los países. A mí no me gusta que la gente estudie sin ver algo del mundo.
A mí también me molesta que mucha gente solo piense en sí misma. Espero que haya más jóvenes como tú.	Du sagst, dass es dich auch stört, dass viele Leute nur an sich selbst denken und dass du hoffst, dass es mehr Jugendliche wie dich gibt.
Du sagst, dass er auch mitmachen kann, damit mehr Jugendliche eine Veränderung auf den Weg bringen.	Tú también puedes participar, para que más jóvenes pongan en marcha un cambio.
No creo que a mis padres les guste la idea de un Año Ecológico Voluntario porque quieren que estudie en Madrid directamente después del bachillerato.	Du sagst, dass du nicht glaubst, dass deinen Eltern die Idee eines Freiwilligen Ökologischen Jahrs gefällt, weil sie möchten, dass du direkt nach dem Abitur in Madrid studierst.
Du sagst, er kann trotzdem etwas tun, um die Umwelt zu schützen, ohne dass seine Eltern nicht mit ihm sprechen.	Sin embargo, puedes hacer algo para proteger el medio ambiente sin que tus padres no hablen contigo.
Tienes razón. Es importante que cada uno haga algo y que todos piensen en el medio ambiente.	Du gibst ihr Recht und sagst, dass es wichtig ist, dass jeder etwas tut und dass man an die Umwelt denkt.
Du fragst, ob du nochmal mit seinen Eltern sprechen sollst.	¿Quieres que hable con tus padres?
Muchas gracias, pero mis padres no quieren hablar de temas privados con mis amigos. Pero, ¿vamos al concierto al aire libre hoy por la noche?	Du bedankst dich und sagst, dass deine Eltern nicht mit deinen Freunden über private Themen sprechen möchten. Du fragst, ob ihr aber heute Abend zusammen zum Open-Air-Konzert geht.
Du bejahst und sagst, dass du dich freust, dass er nicht lernen muss und endlich wieder Zeit hat, um sich zu verabreden.	¡Sí! Y me alegra que ya no tengas que estudiar y que, por fin, tengas tiempo otra vez para quedar.
¡Yo también me alegro, hasta luego!	Du sagst, dass du dich auch freust und verabschiedest dich.
Du verabschiedest dich auch.	¡Hasta luego!

Tándem Unidad 10

Carolina se ha ido a vivir a Berlín. Para una revista estás entrevistando a Carolina. Haced el diálogo.

Du begrüßt Carolina und bedankst dich für ihre Teilnahme am Interview.	Hola, Carolina, y muchísimas gracias por estar aquí con nosotros hoy.
Hola y muchas gracias por invitarme.	Du begrüßt den Interviewer und bedankst dich für die Einladung.
Du fragst sie, warum sie nach Berlin gezogen ist.	¿Por qué te fuiste a vivir a Berlín?
La respuesta es muy fácil, dos años antes de irme a Berlín me enamoré de un chico alemán. Él ya había encontrado un trabajo muy bueno en el centro de Berlín.	Du sagst, dass die Antwort sehr einfach sei. Du hast dich, zwei Jahre bevor du nach Berlin gezogen bist, in einen jungen deutschen Mann verliebt (*enamorarse de alg.*). Er hatte bereits einen sehr guten Job im Zentrum Berlins gefunden.
Du fragst sie, ob sie eine andere Stadt auswählen würde, wenn sie die Wahl hätte	¿Elegirías otra ciudad si tuvieras la posibilidad?
Bueno, a mí me gustaría vivir en muchos lugares, como Francia o Italia, pero Berlín me gusta mucho también.	Du sagst, dass dir viele Orte zum Leben gefallen würden, z. B. Italien oder Frankreich, aber dass du Berlin auch sehr magst.
Du fragst, was sie alles organisiert hat, ehe sie 2019 nach Berlin ziehen konnte.	Te fuiste a vivir a Berlín en el año 2019. ¿Qué habías organizado antes de mudarte a Berlín?
Había buscado trabajo y había enviado muchas solicitudes a empresas en toda la región alrededor de Berlín, pero no tuve suerte. Antes de venir a Alemania había aprendido un poco de alemán, pero en mi opinión es un idioma bastante difícil.	Du sagst, dass du Arbeit gesucht und viele Bewerbungen an Firmen in der ganzen Region um Berlin geschickt hattest, aber kein Glück hattest. Bevor du nach Deutschland gekommen bist, hattest du etwas Deutsch gelernt, aber deiner Meinung nach ist es eine ziemlich schwere Sprache.
Du fragst, ob sie vor ihrer Abreise aus Spanien mit vielen Freunden über ihre Pläne gesprochen hat.	¿Habías hablado con muchos amigos sobre tus planes antes de irte de España?
Sólo se lo había contado a mis mejores amigos, porque estaba muy triste.	Du sagst, dass du nur deinen besten Freunden davon erzählt hattest, weil du sehr traurig warst.
Du fragst, ob sie auch heute nochmal auswandern würde, wenn sie die Option hätte.	Y hoy, ¿te irías a vivir a otro lugar otra vez si tuvieras la opción?
Sí, me mudaría a otro país otra vez. Pero por ahora estoy muy contenta en Alemania.	Du bejahst die Frage und sagst, dass du wieder in ein anderes Land ziehen würdest. Du fühlst dich gerade aber auch in Deutschland sehr wohl.
Du sagst, dass du das sehr gut verstehst, bedankst dich für das Interview und verabschiedest dich.	Lo entiendo muy bien. Muchas gracias por la entrevista y hasta luego.
Muchas gracias. ¡Adiós!	Du bedankst dich auch und verabschiedest dich.

a_tope.com

Berufliche Schulen

Cuaderno de ejercicios

Lösungen

Cornelsen

Hablamos español

S. 3/1
Manuel • Alejandro • Mateo • María Ángeles • Lucía.

S. 3/2
mögliche Lösung: Hola, me llamo Lisa. Soy de Düsseldorf. Hablo alemán, inglés y un poco de francés.

S. 3/3
1. ¿De Toledo? ¡No! Soy de Madrid, la capital de España. • 2. Sí, también hablo inglés. • 3. Me llamo Mateo. ¿Y tú? ¿Cómo te llamas? • 4. Soy de Perú, de la capital. Lima. • 5. Hablo español, inglés y un poco de alemán. ¿Y tú? • 6. ¿Laura? No. Yo soy María Ángeles.

S. 3/4b
1. Logroño • 2. Mallorca • 3. Chile

Unidad 1 Hola

¡Vamos!

S. 4/1
1E • 2S • 3P • 4A • 5Ñ • 6A • ESPAÑA

S. 4/2
1. Qué tal / Cómo estás • 2. Cómo te llamas • 3. De dónde eres • 4. Quién es él • 5. Qué lenguas hablas

S. 4/3
Supermarkt un supermercado • *Telefon* un teléfono • *Museum* un museo • *Bus* un autobús • *Familie* una familia • *Kathedrale* una catedral • *Fahrrad* una bicicleta • *Fernseher* una televisión

A ¿Estudias o trabajas?

S. 5/1
Sevilla • instituto • compañera • alemán • padre • Múnich • madre • casa • español • instituto

S. 5/2
soy • somos • sois • soy • es • eres • Soy • es • Somos

S. 5/3
1. Gonzalo trabaja en un supermercado, y tú, ¿trabajas también? • 2. Alejandro queda en casa con un amigo. • 3. Marta y Lucía practican alemán. • 4. Mis amigos y yo charlamos en la plaza. • 5. Marta habla alemán y español, y vosotros, ¿qué lenguas habláis? • 6. Los compañeros de clase quedan en la cafetería.

S. 6/4
1. ¿Hablas gallego? –No, no hablo gallego. Hablo alemán. • 2. ¿Eres Rosa? –No, no soy Rosa. Soy Laura. • 3. ¿Estudias en el instituto? –No, no estudio en el instituto. Estudio en la universidad. • 4. ¿Eres de Salamanca? –No, no soy de Salamanca. Soy de Ronda. • 5. ¿Trabajas en un restaurante? –No, no trabajo en un restaurante. Trabajo en una empresa.

S. 6/5
1. Él es Pablo. Es de La Coruña. Habla español y gallego. Trabaja en la universidad.
2. Ella es Cristina. Es de Madrid. Habla español y un poco de inglés. Estudia en el instituto Parque Aluche.

S. 6/6
mögliche Lösung: Hola: Soy Leon. Soy de Dortmund. Hablo alemán, inglés y un poco de español. Todavía no trabajo, estudio en el instituto XX en Dortmund. Leon

B ¿Preparamos el examen?

S. 7/1
1. correcto • 2. correcto • 3. falso / Lee mucho en inglés. • 4. falso / Alejandro recibe un mensaje. • 5. falso / Alejandro vive cerca de la biblioteca. • 6. falso / Preparan los textos en la biblioteca.

S. 7/2 a/b

singular ♂	plural ♂	singular ♀	plural ♀
el texto	los textos	la biblioteca	las bibliotecas
el instituto	los institutos	la pregunta	las preguntas
el examen	los exámenes	la clase	las clases
el mensaje	los mensajes	la capital	las capitales
el móvil	los móviles	la universidad	las universidades
el amigo	los amigos	la plaza	las plazas
el ejemplo	los ejemplos	la letra	las letras
el señor	los señores	la compañera	las compañeras
el restaurante	los restaurantes	la película	las películas

S. 7/3
1. comprendes • 2. escribo • 3. aprendemos • 4. comprende • 5. viven • 6. Vivís

S. 8/4
1. hablas/habláis • 2. hablamos, hablo, es • 3. estudias • 4. es, Leo, escribo, aprendo • 5. comprendes • 6. practicamos, Es

S. 8/5
1. Quién comprende los ejercicios • 2. Cuándo es el examen de Inglés • 3. De dónde eres • 4. Quién es ella • 5. Qué lenguas hablas • 6. Cómo aprendes/estudias inglés • 7. Cómo te llamas

S. 8/6
Sí, estudio inglés.
¿Por qué no estudiamos/preparamos los ejercicios juntos?
No, en casa solo charlamos. ¿Por qué no quedamos en la biblioteca mañana?
Vale. ¡Hasta luego!

C ¿Cuál es tu número de teléfono?

S. 9/1
1. Tarek • 2. Tarek • 3. Marta • 4. Marta • 5. Marta • 6. los dos • 7. Tarek

S. 9/2
1. Cecilia, 61874571. • 2. Angelines, 60042577. • 3. Iván, 60529954. • 4. Toño, 61129346.

S. 9/3
1. . • 2. ¿? • 3. ¿? • 4. . • 5. ¿? • 6. ,

S. 9/4
1. g • 2. J • 3. ll • 4. l • 5. ñ • 6. y • 7. C • 8. rr • 9. H • 10. Z • 11. n • 12. r

S. 9/5
6 charlan • 3 vive • 5 aprendéis • 2 comes • 1 estudio • 4 practicamos

S. 10/6
1. –; Yo; ella. • 2. él; él. • 3. –; – • 4. tú; yo

S. 10/7
s. Tandembogen S. 141

S. 10/8

Tarek99: ¡Hola Marta!
Marta01: ¡Hola Tarek!
Tarek99: Oye Marta, ¿de dónde eres?
Marta01: Yo soy de Alemania, de Múnich, y soy nueva en Madrid. ¿Y tú? ¿Eres de Madrid?
Tarek99: No, no soy de Madrid. Soy de Casablanca, Marruecos.
Marta01: ¡Qué interesante! ¿Vives solo en Madrid?
Tarek99: No, vivo con mis padres. ¿Y tú?
Marta01: Yo también vivo con mis padres. ¿Y qué lenguas hablas, Tarek?
Tarek99: Pues, yo hablo español, francés y árabe. En casa hablamos árabe. ¿Y tú? ¿Hablas alemán en casa?
Marta01: Sí, en casa hablo alemán con mi padre. Él es de Múnich. Mi madre es de Salamanca y con ella hablo español.
Tarek99: ¡Qué guay! Yo aprendo alemán y es muy difícil. ¿Podemos quedar mañana en la cafetería y practicamos?
Marta01: ¡Claro! ¡Buena idea! Quedamos mañana en la cafetería y practicamos alemán. Después descansamos en la plaza con Manuel. Es mi vecino y es de Perú.
Tarek99: ¡Genial! Manuel también es mi amigo. Quedamos en la cafetería, entonces.
Marta01: ¡Vale! Entonces hasta mañana.
Tarek99: Sí, hasta mañana.

Taller de Lectura

S. 11/1

Die vierte Aussage ist falsch. Katalanisch ist nach Spanisch die meistgesprochene Sprache Spaniens.

S. 11/2

Katalanisch: *Bon dia!* • Galicisch: *Ola!* • Baskisch: *Kaixo!*

Unidad 2 Mi gente y mi barrio

¡Vamos!

S. 12/1a

1. falso • 2. correcto • 3. falso • 4. correcto • 5. falso • 6. falso • 7. correcto • 8. falso

S. 12/1b

1. Los padres de Manuel viven en Madrid. • 3. El hermano de Lucía se llama Salvador. • 5. Marta estudia Informática y Programación en una escuela de formación profesional. • 6. Nico, el hermano de Marta, tiene 13 años. • 8. Los apellidos de Manuel son Rojas García.

S. 12/2

familia • barrio • alumno • Tengo • años • hermano • inteligente • cuántos • años • dónde • quién • años • padres • pequeño • hermana • calle • vecinos • hermana • alumnos • escuela de FP

S. 12/3a

1. 97125447 • 2. 91148367 • 3. 067865511 • 4. 751312214

S. 12/3b

1. 34, 1610 • 2. 78, 08029 • 3. 54, 28025 • 4. 97, 10181

A Fotos de mi familia

S. 13/1

1. Quiénes son; Son Tarek y Marta • 2. Quién es; Es Tarek / Es la familia de Tarek • 3. Quién es; Es Anisa / Es la hermana de Tarek • 4. Quiénes son; Son los padres de Tarek • 5. Quién es; Es Anisa / Es la hermana de Tarek • 6. Quién es; Es la madre de Marta • 7. Quién es; Es Farid / Es el hermano de Tarek • 8. Quiénes son; Son los abuelos de Tarek, Farid y Anisa • 9. Quién es; Es Farid / Es el hermano de Tarek • 10. Quién es; Es Marta

S. 13/2a

fantástica • tranquila • pequeña • genial • interesante • simpáticos • majo • divertido • tímido • inteligente • vaga • guapo • aburrido • nuevos • inteligentes • difíciles • estricto

S. 14/2b

palabra	por el contexto	otras lenguas	en alemán
fantástica (l. 1)	–	fantastic (engl.), fantastique (frz.)	fantastisch
hijo (l. 5)	x	–	der Sohn / das Kind
conmigo (l. 8)	x	–	mit mir (con + mi)
súper (l. 9)	–	super (engl.)	super
aunque (l. 9)	x	–	obwohl
ves (l. 10)	x	–	siehst
a ver (l. 11)	x	–	mal sehen
si (l. 11)	–	si (frz.)	ob…
diferente (l. 11)	–	different (engl.), différent/e (frz.)	unterschiedlich
profesor (l. 12)	–	professor (engl.), professeur (frz.)	der Lehrer / der Professor
Matemáticas (l. 12)	–	mathematics (engl.), mathématiques (frz.)	Mathematik
explica (l. 13)	–	(to) explain (engl.), expliquer (frz.)	erklären
todo (l. 13)	–	tout/toute (frz.)	alles
tu vida (l. 13)	x	la vie (frz.)	das Leben
saludo (l. 14)	x	–	Abschiedsfloskel

S. 14/3

1. son siempre tranquilos • 2. son bastante estrictos • 3. son muy aburridos • 4. son bastante difíciles • 5. es muy simpático/-a • 6. son siempre fenomenales • 7. es muy pequeña • 8. son siempre muy buenos • 9. son a veces interesantes • 10. es siempre genial

S. 15/4

1. tiene; tiene • 2. tengo, quiero • 3. quiere • 4. queremos; tenemos • 5. Tienes; tengo; tiene • 6. quiero; Queréis • 7. quieres • 8. tiene • 9. tienen • 10. tenéis, tenéis

S. 15/5

1. Ella es mi madre. Ella es artista y es muy creativa. También es muy divertida. • 2. Él es mi padre. Es profesor en el instituto. Es muy inteligente, pero también estricto. • 3. Ella es mi hermana. Es divertida y alegre. Vive en París y estudia en la universidad. • 4. Él es mi hermano. Es alumno de bachillerato. Es un poco aburrido: solo estudia.

S. 15/6

¿Cómo se llama?	¿Cuántos años tiene?	¿Cómo es?	¿Algo más?
Natalia	14	guapa, tímida y creativa	Tiene muchas ideas.
Marina	15	guapa, seria y tranquila	Es igual que Natalia.
Lucía	17	divertida	Se lleva bien con Salvador.
Salvador	20	majo e inteligente	–
el padre	–	alegre y simpático	Se llama Salvador. Es Profesor de Inglés.
la madre	47	divertida (no siempre) y estricta	Se llama María.

B Vista Alegre, mi barrio

S. 16/1
1. ruidosas con mucha vida. • 2. tranquilas con poca gente. • 3. viejos. • 4. moderna. • 5. grande. • 6. No está lejos de la plaza Eugenia. • 7. Hay parques, tiendas pequeñas, restaurantes, cafeterías, supermercados, panaderías y kioscos. • 8. Marta busca amigos nuevos y quiere tomar un café. Paula y sus amigas están en una heladería. / toman un helado.

S. 16/2
¿Qué hay en el barrio?
edificios antiguos • mucho tráfico • muchas tiendas diferentes • tiendas de ropa • tiendas de comida • tiendas de cosas tradicionales • muchos turistas • panadería • un parque pequeño y tranquilo • casi no hay zonas verdes • mucha vida • muchos restaurantes • muchas cafeterías • un centro comercial moderno • más de cinco supermercados.

¿Cómo es el barrio?
antiguo
bastante grande
bastante ruidoso
Perfecto para artistas como Farid

S. 17/3
1. Cuántos; xx alumnos • 2. Cuánta; xx • 3. Cuántas; 10 unidades / 376 páginas • 4. Cuántas; Lucía tiene 2 hermanas • 5. Cuánto; En mi barrio/calle hay mucho/poco tráfico • 6. Cuántos; En mi barrio hay xx (muchos/pocos) supermercados • 7. Cuántos; Marta tiene 1 hermano / 2 hermanos • 8. Cuántos; En mi ciudad hay xx (muchos/pocos) parques • 9. Cuántas; En mi barrio hay xx (muchas/pocas) panaderías • 10. Cuántas; En mi ciudad hay xx (muchas/pocas) piscinas

S. 17/4
mi • mis • mi • mi • Mi • mi • mis • mi • mi • Mi • sus • nuestro • Nuestro • su • vuestra • vuestras • vuestra • vuestro

S. 17/5
1. centro comercial / instituto / hotel Marysol / supermercado /restaurante / centro / polideportivo / kiosco / gimnasio.
2. heladería / cafetería / plaza / calle Goya / universidad / biblioteca / panadería.

S. 18/6
1. Nico es el hermano de Marta. Es alumno en el instituto Calderón de la Barca. ¡Mira!, aquí está en el polideportivo (de su barrio). • 2. Mariana y Natalia son las hermanas de Lucía. Aquí están en una biblioteca. • 3. Javi es el hermano de Alejandro. Es alumno del instituto en la calle Cervantes. Aquí está en el instituto. • 4. Paula es una amiga de Marta. Es española. Aquí está en su casa. Su casa está en el barrio de Vista Alegre. • 5. Tarek es divertido. Es el hermano de Farid y es amigo de Manuel. Es de Marruecos y aquí está en un centro comercial.

S. 18/7
1. es • 2. Está • 3. está • 4. hay • 5. hay • 6. hay • 7. hay • 8. hay • 9. es.

C ¿Adónde vamos?

S. 19/1
1. puedes hacer un taller de slackline • 2. hay un rocódromo nuevo • 3. prueban el rocódromo nuevo • 4. puedes tomar un café gratis hoy • 5. es en el centro cultural • 6. quedan en una cafetería después • 7. van al taller de slackline

S. 19/2
querer: quiero • quieres • quiere • queremos • queréis • quieren
poder: puedo • puedes • puede • podemos • podéis • pueden

S. 19/3
1. probamos; probáis • 2. puedes • 3. prueba; puedo; pruebo; cuesta • 4. podemos; cuestan • 5. pruebas; puedo • 6. pueden; podemos

S. 20/4
1. Mi familia a veces va al restaurante nuevo de mi barrio. • 2. (Yo) casi siempre voy al polideportivo para hacer deporte. • 3. Juan y su novia a veces van a la heladería nueva. • 4. ¿Por qué (vosotros) nunca vais al teatro con

nosotros? • 5. ¿Con quién vas siempre al parque? • 6. Lucía y Marta a veces van a la piscina. • 7. Mis amigos y yo casi nunca vamos al centro cultural. • 8. Lena normalmente va al cine con su novio.

S. 20/5

vamos • Tienes • puedes • quiero • puedo • Tengo que • Es • haces • estudias • hago • voy • puedes • Podemos • puedo • probamos • Podemos • pagan • Quedamos • voy • puedes • haces • Estudias • voy

S. 21/6

1. Yo quiero quedar con mi novia mañana. • 2. Hoy no podemos tomar un café juntos en la heladería. • 3. Mi novio no puede quedar hoy, porque todavía tiene que hacer muchas cosas. • 4. ¿Quieres ir a la piscina con mi familia mañana? • 5. Mañana tienes que estudiar todavía para el examen de Inglés. • 6. En mi barrio siempre puedo hacer cosas divertidas con mis amigos.

S. 21/7

1. Marta está en el parque y Alejandro está en el polideportivo. • 2. Marta y Alejandro quedan en el centro cultural. • 3. Marta y Alejandro quieren ir a la cafetería.

S. 21/8

s. Tandembogen S. 142

Taller de Lectura

S. 22/1

Das Hostal Antoní ist besser geeignet.

S. 22/2

Welches Hotel ist besser geeignet, wenn du …

Hostal Bama
- gerne im Meer schwimmen gehst (*a solo 500 metros de la playa*)
- viel mit dem Fahrrad erkunden möchtest (… *puedes alquilar una bici*)
- gerne in einem ruhigen Viertel wohnen möchtest (*tranquilo y hay poco tráfico*)

Hostal Antoní
- nah am Zentrum wohnen möchtest (*muy central*)
- gerne auf Märkten einkaufen gehst (*el mercado Antoní*)
- gerne tanzen gehst (*lugares para salir, bares, clubs*)

Unidad 3 ¡Me gusta!

¡Vamos!

S. 25/1

Tarek: 5 • Alejando: 1, 3 • Lucía: 2,6 • Manuel: 4

S. 25/2

1. GUITARRA • 2. CONCIERTOS • 3. ORDENADOR • 4. TOMAR • 5. DEPORTE • 6. RADIO • 7. BAILAR • 8. SALIR • 9. LIBROS • 10. VIAJAR • 11. TELEVISIÓN • Solución: tiempo libre

S. 25/3

1. No me gusta nada ver la televisión. • 2. No me gusta nada jugar al fútbol. • 3. Me gusta mucho leer libros. • 4. Me gusta bastante tocar la guitarra.

S. 25/4

1. A mí sí. / A mí no. • 2. A mí sí. / A mí no. • 3. A mí sí. / A mí tampoco. • 4. A mí también. / A mí no. • 5. A mí sí. / A mí no. • 6. A mí también. / A mí no.

A ¿Qué estáis haciendo?

S. 26/1
1. … están haciendo planes para salir. • 2. … les gusta mucho el rap. • 3. … está estudiando para un examen. • 4. … estudiar/practicar alemán. • 5. … sí puede ir al concierto. • 6. … en una hora en el palacio Vistalegre.

S. 26/2
1. Estoy buscando mi móvil. • 2. Estás jugando al fútbol. • 3. Está leyendo un libro. • 4. Estamos viendo la tele. • 5. Estáis tocando la guitarra. • 6. Están haciendo un examen.

S. 26/3
nos • Os • Me • me • Le • le • Me • te

S. 26/4
s. Tandembogen S. 143

S. 27/5
s. Tandembogen S. 143

S. 27/6a
¿Qué pasa? • ¿Me estás tomando el pelo? • ¡Venga! • ¡Buena idea!

S. 27/6b
mögliche Lösung: (Alternative 1)
Alejandro: Noooo. El teatro es muy aburrido. En el teatro no podemos charlar.
Marta: ¡Pero es una comedia! Es muy divertida.
Lucía: Pero podemos quedar antes para tomar algo. ¿Vale?
Marta: ¡Genial! ¡Buena idea! Quedamos en la cafetería, y después vamos al teatro.
Alejandro: Bueno, vale.

S. 27/7
1. nerviosa porque mañana es el examen de Alemán. • 2. feliz porque puede ir al concierto. • 3. cansado porque está haciendo cola. • 4. contento porque hoy no tiene clases y no tiene que estudiar. • 5. cansada porque tiene que leer un libro muy aburrido.

B Ropa para una entrevista

S. 28/1
¿Qué?	¿A quién?	¿Por qué?
La camisa rosa	le gusta mucho a Lucía.	Es chula.
	no le gusta a Alejandro.	Es cara y el color no le gusta.
El pantalón gris	les gusta a Marta y Tarek.	Es elegante, barato y parece cómodo.
Los zapatos negros	le encantan a Alejandro.	Son cómodos, prácticos y de buena calidad.
	no le gustan a Tarek.	No son de cuero ecológico.
El cinturón	no le gusta a Alejandro.	No va bien con el pantalón.

S. 28/2
1. Cuál; Mi color favorito es el (blanco). • 2. Qué; El color (rojo) no me gusta nada. • 3. Cuáles; Prefiero los (elegantes). • 4. Cuál; Compro la (negra).

S. 28/3
1. Este; ese. • 2. Estos; esos. • 3. Estas; esas. • 4. Estos; esos.

S. 29/4
les gusta • te gusta • me gusta • Me encantan • me gusta mucho • te gusta • me encanta • me gusta • no me gustan • os gusta • no me gusta nada • no me gusta • os gusta • le gusta

S. 29/5a
1 • 4 • 5 • 6

S. 29/5b

	¿Qué prenda le gusta?	¿Por qué?
1.	Pablo: la chaqueta blanca	Le gusta el blanco.
2.	Tono: la camisa de manga larga	Le va (queda) bien y no es cara.
3.	Sara: los zapatos de cuero	Son muy elegantes (y perfectos para una boda).
4.	Rosa: el jersey rojo	Es de buena calidad y está de oferta.

C ¡Así soy yo!

S. 30/1a
1 • 3

El chico número uno es delgado y tiene el pelo largo y castaño. • La chica número tres es baja, no muy delgada y rubia.

S. 30/1b
busco: compañeros para tándem, para aprender alemán
lenguas: francés y árabe
aficiones: tocar la guitarra, charlar con amigos, ir al cine, nadar
aspecto físico: bastante alto, no muy delgado, gafas, pelo rizado

S. 30/2a
bajo/-a • castaño/-a • delgado/-a • el pelo liso • el pelo largo • los ojos claros

S. 30/2b
1. Pepa es alta y delgada. Tiene el pelo castaño, largo y rizado. Sus ojos son marrones.
2. Javier es bajo y no muy delgado. Tiene el pelo rubio y corto. Sus ojos son claros.

S. 31/3
1. Lucía busca a Marta. • 2. Marta usa el ordenador. • 3. Alejandro lee una revista. • 4. Manuel ve a su amigo. • 5. Lucía toca la guitarra. • 6. Tarek describe a su familia en una entrevista.

S. 31/4a
Daniel es alto, tiene el pelo castaño y los ojos marrones, no es muy delgado. Lleva gafas y tiene un piercing. Es alegre y divertido. Susana es baja y guapa. Es rubia y tiene el pelo largo y liso. Es tranquila y seria.

S. 31/4b
Daniel siempre es divertido. Le gusta mucho pasar tiempo con sus amigos
Susana no es muy alegre, pero se lleva bien con su hermana. A Susana le gusta mucho leer.

S. 31/5
Hola, Miguel: Soy Sabrina y soy tu intercambio de Düsseldorf. Tengo 17 años y estudio en el instituto «Hildegard von Bingen». Soy alta, tengo el pelo corto y llevo gafas. Tengo una hermana. Ella estudia en la universidad, en Colonia. ¡A mí también me gusta mucho ir al cine! ¡Podemos ver muchas películas juntos! Saludos, Sabrina

Taller de lectura

S. 32/1
Es geht um Rabattaktionen für Kleidung.

S. 32/2
1. Wenn man zwei Artikel erwirbt, kostet der günstigere nur die Hälfte. • 2. Das Angebot gilt nicht für das komplette Sortiment. • 3. Wenn man drei Artikel kauft, ist der dritte kostenlos. • 4. Das Angebot gilt in allen Läden spanienweit. • 5. Die Anzeige soll besonders Leute ansprechen, die noch nach Geschenken suchen.

S. 32/3
individuelle Antwort

Módulo Mi fin de semana en Barcelona

S. 33/1
1. arquitecto Antoní • 2. Parque Güell • 3. Playa de la Barceloneta • 4. las Ramblas • 5. Mercat de la Boqueria

S. 33/2a
Jorge: 1/3/5 • Andrés: 2/5 • Julia: 4/5

S. 33/2b
Pueden ir juntos a la playa.

S. 33/3
waagerecht: 4. quedaron • 6. usamos • 7. viviste
senkrecht: 1. recibisteis • 2. salió • 3. tomé • 5. comiste

S. 34/4a
bailaste • comí • hablasteis • vivimos • escucharon • compré • invitamos • saliste • abristeis • comprendieron • entendió • escribí • estudiasteis • mandaste • viajó • probó

S. 34/4b
Beispiellösung: 1. En Barcelona comí un pa amb tomàquet. • 2. El verano pasado viajamos a Mallorca y vivimos en una finca. • 3. Los chicos escucharon la música a tope. • 4. Ayer compré una camiseta en la tienda. • 5. Los alumnos no comprendieron los deberes.

S. 34/5
Nací • hablamos • nació • viajé • nacieron • aprendieron • abrió • celebramos • visitasteis

S. 34/6
Beispiellösung:
¡Hola!
¿Cómo estás? Mi compañero de intercambio, Juan, estuvo de visita. Fue fenomenal. Berlín le gustó mucho. Juan y yo pasamos un día en el *Tiergarten*, un parque grande, y visitamos el estadio *Olympiastadion*. En un restaurante comió *Currywurst*, ¡le gustó mucho! Ayer visitamos también el *Brandenburger Tor*, o como vosotros decís en español, *La Puerta de Brandenburgo*, pero no le gustó mucho porque siempre hay muchos turistas que toman fotos. Pero, claro, nosotros también tomamos fotos. Además, mi familia y él hablaron mucho en alemán, pero también en inglés.
Un abrazo y hasta pronto,
Mario

Unidad 4 El día a día

¡Vamos!

S. 35/1
1. cuatro y cinco. • 2. empieza • nueve y cuarto. • 3. de abril. • 4. trabajo • 12 • 13 • noviembre. • 5. La película termina a las once menos cuarto. • 6. La biblioteca abre a las ocho y media. • 7. El festival de cine es del 10 al 14 de mayo. • 8. La biblioteca cierra a las nueve (de la noche). • 9. El concierto de rap es el ocho de enero. • 10. La «Noche en Blanco» es el 23 de septiembre.

S. 35/2a
1. diez. • 2. Son las siete y veinte. • 3. Son las nueve y diez. • 4. Son las doce y cuarto. • 5. Son las cuatro y cuarto. • 6. Son las tres y cinco. • 7. Son las siete y media. • 8. Son las ocho menos veinticinco. • 9. Son las ocho menos cuarto. • 10. Son las once menos cinco. • 11. Es la una menos cuarto. • 12. Es la una y diez.

S. 35/2b
1. Son las doce menos veintinueve. • 2. Son las doce y catorce. • 3. Son las ocho menos veinte. • 4. Son las diez menos cinco. • 5. Son las diez menos veinticinco. • 6. Son las tres y veintidós. • 7. Son las cinco menos veintitrés. • 8. Son las cinco y doce. • 9. Es la una y cuarto. • 10. Son las nueve menos ocho. • 11. Son las siete y veintiséis. • 12. Es la una menos nueve.

S. 36/3
1. El jueves tengo un examen de Inglés. • 2. Los jueves tenemos clase de Inglés de ocho a nueve y media. • 3. El lunes vamos al cine. • 4. La «Noche en Blanco» es siempre los sábados. • 5. ¿Cuándo / A qué hora vas a la piscina el domingo? • 6. Vosotros vais siempre los martes al polideportivo, ¿verdad? • 7. La biblioteca nunca abre los miércoles. • 8. Los viernes la película empieza ya a las ocho menos cuarto.

S. 36/4a/b
Lunes: Lucía: Comer en casa de la abuela • Mariana: Comer en casa de la abuela • Natalia: Comer en casa de la abuela • Madre: –
Martes: Lucía: ¿Comer en casa de Marta? • Mariana: Presentación de libro en la biblioteca de las 17:15 a las 18:45 • Natalia: – • Madre: Trabaja hasta las siete.
Miércoles: Lucía: ¿Comer en casa de Marta? • Mariana: – • Natalia: – • Madre: –
Jueves: Lucía: Ir al supermercado con su madre. • Mariana: – • Natalia: Piscina de las 15:00 a las 17:00. Luego hacer deberes • Madre: –
Viernes: Lucía: Ir al cine con Tarek • Mariana: – • Natalia: – • Madre: A las ocho ir al teatro con Salvador
Sábado: Todas comen un helado con Salvador.
Domingo: Todas comen en un restaurante con Salvador.

A El instituto

S. 37/1a
c)

S. 37/1b
Mögliche Lösung: El resumen a) no es correcto porque el tema del texto no son las notas que necesitas para estudiar Medicina. El resumen b) no es correcto porque el tema del texto no son las asignaturas en los institutos. El tema del texto es el secreto de Victoria Díaz para sacar buenas notas.

S. 37/2a
1. escucha • 2. Estudia • pon • 3. haz • 4. mira • 5. estudia • Aprende • 6. escribe • 7. habla • 8. Contesta • 9. duerme • 10. cierra

S. 38/2b
1. Abrid • leed • 2. escuchad • contestad • 3. escribid • 4. Terminad • 5. Cerrad • 6. Trabajad • 7. hablad • 8. dormid

S. 38/3
1. Explícame • 2. Dame • 3. Cómprame • 4. Escríbeme • 5. échame • 6. Prepárame • 7. pregúntame

S. 38/4
todos los • Todo el • todos los • toda la • toda la • todos los • todos los • todas las • todos los • todo el • Todas las • todas las

S. 39/5
1. Lucía • 2. Alejandro • 3. Manuel • 4. Tarek • 5. Marta

S. 39/6a
1. No hay notas. • 2. Asignatura más importante / Asignatura menos importante • 3. Asignatura optativa

S. 39/6b
– Tiene buenas notas, pero no todas son muy buenas. Pero tampoco son muy malas.
– Saca buenas notas en Inglés, Historia, Español, Música, Arte y Educación Física. Su optativa es Español.
– Bueno, en las asignaturas importantes no tiene muy buenas notas. Por eso creo que no estudia mucho.
– En Matemáticas tiene un suficiente. En Química y Biología no tiene notas.
– Sí, pero no todos los años.

B ¿Quedamos?

S. 40/1a
4. sábado. • 1. martes. • 3. viernes. • 2. martes.

S. 40/1b
Mögliche Lösung: El martes por la tarde los chicos charlan en el parque y piensan en ir a un festival el próximo fin de semana. El martes a las siete Tarek, Alejandro, Lucía y Marta van a casa de Tarek. Hablan de qué van a hacer por la tarde. Manuel no está, porque no tiene (suficiente) dinero. El viernes Marta no puede ir al festival porque el viernes va a viajar a Alemania. El sábado Tarek va a cocinar en casa para una amiga.

S. 40/2
vais • Voy • va • vienes • Vengo • venís • Venimos • viene • ir • vais • Vamos • ir • ir • va • vamos • vamos

S. 41/3
1. Ana va a aprender el vocabulario nuevo y va a escribir un texto en francés. • 2. Lucía va a hacer todos los deberes otra vez y va a dormir antes de las nueve. • 3. Tarek y María van a quedar en el parque y van a contestar las preguntas de la profe otra vez. • 4. Manuel va a leer todos los textos otra vez y va a descansar un poco. • 5. Vais a poner atención y vais a trabajar en grupos para preparar los diálogos. • 6. Lena va a mirar todos los deberes otra vez y no va a hacer nada más. • 7. La madre de Nico le va a preguntar muchas cosas con la ayuda de su cuaderno y van a tomar un helado juntos. • 8. ¿Y tú? ¿Qué vas a hacer un día antes de un examen?

S. 41/4
1. Oye, Tim sabe cocinar muy bien, ¿verdad? ¿Puede venir el viernes y ayudarnos? • 2. ¡Buena idea! ... Entonces podemos comprar las cosas en el supermercado. • 3. ¡Vale! ¡Entonces yo puedo descansar y ustedes pueden preparar todo! • 4. Espera... ¿Tú sabes tocar la guitarra, verdad? Entonces puedes hablar con Kathrin, ella sabe tocar el piano... • 5. Este Tim... sabe hacer tantas cosas: sabe nadar bien, sabe jugar bien al voleibol... ¡y sabe cocinar! • 6. ¡Es genial! ... Le podemos escribir un mensaje ahora.

S. 41/5a
1. En el dibujo número uno veo a Manuel, Lucía y Alejandro. Están charlando en una cafetería. Lucía está escribiendo un mensaje con su móvil. • 2. Manuel, Lucía y Alejandro están charlando. Alejandro y Lucía están mirando sus móviles. • 3. Manuel, Lucía y Alejandro están yendo al instituto. Están charlando.

S. 41/5b
1. Mögliche Lösung: Los chicos están charlando. Hacen planes para el viernes, después del último examen. Los ruidos de fondo son de la cafetería.

S. 41/5c
cocinar • el móvil • el fin de semana • exámenes

S. 41/5d
Alejandro no quiere ir a la discoteca porque prefiere charlar con sus amigos. No le gusta bailar. Pero sus amigos quieren ir a la discoteca y entonces tiene que ir también.

C Cintia, una chica de Perú

S. 42/1a

1. Cintia se ducha primero y después desayuna. • 2. sus hermanos necesitan veinte minutos a pie. • 3. porque a veces no quiere aguantar a sus hermanos. • 4. no hay clases cuando llueve. • 5. a veces viene de Lima y trae regalos para sus hijos. • 6. está cansada por la noche.

S. 42/1b

1. Por la mañana, la madre de Cintia prepara el desayuno. Cintia y sus hermanitos se ponen el uniforme escolar. • 2. Cintia y sus hermanos van veinte minutos a pie. Después ella toma un autobús. • 3. Cintia se queja porque a veces pierde el autobús porque sus hermanos no se apuran. • 4. – • 5. Cintia recoge a sus hermanos de la escuela. El padre ve a sus hijos a veces los fines de semana. • 6. Cintia se levanta a las seis de la mañana. Cintia quiere estudiar en la universidad.

S. 42/2

se llama • trabaja • ve • tiene • lleva • va • ver • vive • queda • se levanta • Se ducha • desayuna • se pone • toma • puede • vive • está • se levanta • pierde • se apura • puede • llegar • cocina • ve • lee • se acuesta

S. 43/3

1. ¡Quedate un rato con la abuela! – ¡Quedaos un rato con la abuela! • 2. ¡Apúrate, que ya llegamos tarde! – ¡Apuraos, que ya llegamos tarde! • 3. ¡Quéjate con Cintia! – ¡Quejaos con Cintia! • 4. ¡Levántate, que ya son las nueve y media! ¡Levantaos, que ya son las nueve y media! • 5. ¡Ponte una camisa blanca! – ¡Poneos una camisa blanca! • 6. ¡Acuéstate, que ya es tarde! – ¡Acostaos, que ya es tarde!

S. 43/4

E: Hola, ¿cómo se llama y dónde trabaja?
R: Hola, me llamo Roberto y trabajo en Lima.
E: ¿Por qué trabaja en Lima?
R: Porque en el pueblo hay poco trabajo.
E: ¿Cómo es un día normal en su vida?
R: Me levanto normalmente a las cinco, me ducho, desayuno y me pongo mi ropa de trabajo. Después tomo el autobús al trabajo. No puedo ir a pie porque vivo lejos.
E: ¿Qué hace por la noche?
R: Cocino, veo la tele o leo un libro. Siempre estoy muy cansado y me acuesto temprano.
E: Muchas gracias.

S. 43/5

Hola, Eduardo:
¡Genial! No hay problema, yo todavía no tengo muchos planes. El sábado voy al cine con mi mejor amiga, pero puedes ir con nosotros. Y el domingo por la mañana tengo que estudiar un poco, pero por la tarde podemos salir. Podemos pasear un poco por la ciudad. ¿Qué te parece? Hasta pronto, Kaspar

S. 43/6

1. Mi madre quiere saber cuándo vienes (a casa). → *Er kommt um 8.* • 2. Mi madre pregunta si te tenemos que recoger del instituto. → *Nein, Jonas' Eltern bringen ihn.* • 3. Mi madre quiere saber adónde vais mañana. → *Er glaubt, sie gehen in eine Ausstellung.* • 4. Mi madre quiere saber si todavía vas a querer comer algo hoy. → *Er sagt nein.* • 5. Mi madre pregunta si necesitas algo del supermercado. → *Er sagt, dass er nichts braucht.* • 6. Mi madre dice que tenemos una sorpresa para ti. → *Er freut sich.*

S. 43/7

s. Tandembogen S. 144

Taller de lectura

S. 44/1
Creo que la hija está muy feliz porque va a una fiesta. También está bastante contenta porque su madre le va a comprar ropa. Pienso que la madre no está muy feliz porque la hija quiere ir a una fiesta hasta las dos o tres de la mañana.

S. 44/2
Planes para el sábado (líneas 1–12) • ¿Qué me pongo? (líneas 13–27) • Madre e hija (líneas 28–45) • Comprar ropa (líneas 46–48)

S. 44/3
–Mamá, mira, estos vaqueros skinny, ¡qué guay!
–No me gustan nada. Además, son muy caros.
–¡Qué va! Son muy modernos y van bien con todos mis jerséis.
–¿Qué te parece este pantalón? Está de oferta y el color es bonito.
–¡Mamá! Por favor, ¡no!
–Bueno… ¿Y estos de aquí?
–Sí, me gustan. ¿Pero con qué los uso?
–Mira esta blusa larga de aquí. Es elegante y también un poco deportiva.
–¡Me encanta! ¡Y la blusa verde va bien con mis zapatos también! ¡Muchas gracias, mamá!

Unidad 5 En Madrid

¡Vamos!

S. 47/1
el Museo Reina Sofía • el Parque del Buen Retiro • el Estadio Santiago Bernabéu • la Calle Fuencarral • el barrio de Malasaña • el Rastro

S. 47/2a
1. BICI • 2. ESTADIO • 3. PARQUE • 4. TIENDA • 5. RASTRO • 6. BAR • 7. SALIR • 8. CAPITAL

S. 47/2b
tapas • alternativo • perfecto • alquilar • pasear • descansar • interesa • arte • visitar • encuentras • cuadros

S. 48/3
1. …alquilad una bici para pasear por el parque. • 2. … visita el Estadio Santiago Bernabéu. • 3. … haz un tour por los bares de Malasaña. • 4. … pasa un día tranquilo en el Retiro. • 5. … visitad el Museo Reina Sofía. • 6. … ten cuidado con la mochila.

S. 48/4a
1. en el Museo Reina Sofía • 2. en Malasaña • 3. en el Parque del Retiro

S. 48/4 b
1. pintar, colores, arte… • 2. rico, tapas, cañas… • 3. bici, paseo, parque…

A Buscar piso en Madrid

S. 49/1
El barrio de Chamberí es menos central que el barrio de Retiro. • El barrio de Chamberí es menos bonito que el barrio de Retiro. • El barrio de Chamberí es menos caro que el barrio de Retiro. • La habitación de Chamberí es menos grande que la habitación de Retiro. • La habitación de Chamberí es más barata que la habitación de Retiro. • La habitación de

Chamberí es menos luminosa que la habitación de Retiro. • La habitación de Chamberí es mejor que la habitación de Retiro. • La habitación de Chamberí está más lejos del centro que la habitación de Retiro.

S. 49/2

más difícil que • más práctico que • menos tranquilos • más caros que • más luminosas que • tan tranquilas • tan interesante como • más barato

S. 50/3

1. mejores que • 2. más bonito que • 3. más alternativo que • 4. tan grande como • 5. más elegantes que; más caras • 6. menos bonita que

S. 50/4

tu compañero	tú
¿Dónde pongo el escritorio?	Pon el escritorio debajo de la ventana.
¿Y dónde pongo la lámpara?	Pon la lámpara encima del escritorio.
¿Dónde pongo la cama?	Pon la cama al lado del escritorio.
¿Dónde pongo el armario?	Pon el armario al lado del sofá.
¿Y dónde pongo el sofá?	Pon el sofá entre el escritorio y el armario.
¿Dónde pongo la silla?	Pon la silla delante del escritorio.
¿Dónde pongo la alfombra?	Pon la alfombra debajo del sofá.
¿Dónde pongo la mesa?	Pon la mesa delante del sofá.
¿Dónde pongo la estantería?	Pon la estantería al lado de la lámpara.
¿Dónde pongo el ordenador?	Pon el ordenador encima del escritorio.
¿Y dónde pongo los libros?	Pon los libros encima de la estantería.

S. 51/5

Sind die Zimmer möbliert und welche Möbel sind in dem Zimmer? – Beide Zimmer sind möbliert. Das Zimmer der ersten Anzeige hat ein Bett mit Nachttisch, einen Schreibtisch, einen Schrank sowie ein Regal. Das Zimmer der zweiten Anzeige hat ein Bett, einen Schreibtisch sowie einen Schrank.
Gibt es in der Nähe Einkaufsmöglichkeiten? – In der Nähe der ersten Wohnung gibt es ein Einkaufszentrum, Supermärkte und Läden.
In welchem Zeitraum sind die Zimmer frei? – Das erste Zimmer ist vom 01.04–31.06 frei. Das zweite Zimmer ist vom 16.04.–05.05. frei.
Sind die Wohnungen gut an den öffentlichen Nahverkehr angebunden? – Ja, beide Wohnungen sind in der Nähe einer Metrostation.

S. 51/6

s. Tandembogen S.145/1

S. 51/7

Hola a todos, soy Mia y vivo en Dortmund. Si me visitas, podemos hacer muchas cosas en la ciudad. En la foto ves mi habitación. Puedes dormir en el sofá que está al lado de la mesa. Debajo de la ventana hay una estantería con muchos libros. Si te interesa uno, lo puedes leer. También puedes usar mi armario para tu ropa. ¡Podemos pasar un fin de semana genial! Saludos, Mia

B ¿Cómo llego a la oficina?

S. 52/1

El señor López • A la señora García • El señor López no sabe cómo llegar.

S. 52/2a

Está • quién • momento • soy • buenos días

S. 52/2b

1. a + c • 2. b. • 3. c.

S. 52/2c
línea roja • Sol • Carretas • primera calle • a la derecha • segunda calle • plaza • primera esquina

S. 53/3
me • Los • te • La • la • lo • La • La • te • Me • lo • nos

S. 53/4
1. Lo puedes cargar en mi habitación. – Puedes cargarlo en mi habitación. • 2. No, lo quiero escribir mañana. – No, quiero escribirlo mañana. • 3. Lo voy a comprar en una tienda. – Voy a comprarlo en una tienda. • 4. Lo está esperando en la estación de trenes. – Está esperándolo en la estación de trenes. • 5. La voy a alquilar esta tarde. – Voy a alquilarla esta tarde. • 6. Lo voy a llamar ahora. – Voy a llamarlo ahora. • 7. Sí, lo estoy leyendo. – Sí, estoy leyéndolo.

S. 54/5
conoce • dices • conozco • Sigue • repito • sigo

S. 54/6
¡Hola, Juan! El bar se llama «Rosita». Tienes que ir hasta el supermercado. Allí giras a la derecha. Después coges la segunda calle a la derecha. Sigue todo recto y después coge la segunda calle a la izquierda. ¡Hasta ya!

S. 54/7
s. Tandembogen S. 145/2

C Mis sitios favoritos

S. 55/1
1. En «El Matadero». Ahí hay proyectos culturales interesantes. • 2. En la «Casa de Granada». Tiene la mejor vista de Madrid. • 3. En el «Templo de Debod». Es el lugar más romántico de Madrid. • 4. En el «Microteatro por dinero». Ahí presentan las obras más cortas. • 5. En la «Plaza Mayor». Es el punto más turístico de la ciudad. • 6. En la «Chocolatería San Ginés». Es la chocolatería más conocida. • 7. En el «Mercado de San Miguel». Ahí puedes comer las tapas más ricas.

S. 55/2a
1. El Rastro es el mercado más famoso. • 2. El Retiro es el parque más bonito. • 3. El Reina Sofía es el museo más interesante. • 4. El Santiago Bernabéu es el estadio más grande. • 5. En Malasaña están los mejores bares.

S. 55/2b
Para mí, el lugar más bonito de mi ciudad es el parque «Stadtgarten». Es el parque más grande de la ciudad y allí está la mejor heladería. Tienen el helado más rico de toda la ciudad. El lugar más famoso es la catedral. Es el edificio más antiguo de la ciudad.

S. 56/3
simpatiquísima • chulísimo • muchísimos • buenísimos • riquísimas

S. 56/4
Mögliche Lösung:
A: ¿Qué te pongo?
B: ¿Me pones un bocadillo de tortilla, por favor?
A: ¿Algo más?
B: Sí. Una ensaladilla rusa.
A: ¿Y para beber?
B: Un zumo de naranja, por favor.
A: Aquí tienes.
B: Gracias. ¿Me cobras, por favor?
A: Sí, son nueve euros con treinta céntimos.

S. 56/5
¡Hola, chic@s!
Aquí os presento mis tres sitios favoritos de Berlín: Uno de mis lugares favoritos es la cafetería en mi calle. Hacen el mejor café de la ciudad. Para mí, el parque «Viktoriapark» es el lugar más bonito. Es el mejor lugar para descansar y puedes disfrutar de la mejor vista de la ciudad. Por eso, normalmente quedo con mis amigos allí. El lugar más interesante para mí es la «Museumsinsel». Allí puedes pasar muchísimas horas y ver arte de diferentes épocas.

Taller de lectura

S. 57/1
1. **Wir organisieren auch Besichtigungen.** → Diese Information ist nicht im Text. • 2. **Jedes Jahr kommen mehr Touristen nach Madrid.** → El número de turistas de Madrid crece año tras año. • 3. **Die Unterkunft kann man online reservieren.** → Reserva online con precio mínimo garantizado. • 4. **Das Portal wird von anderen Touristen organisiert.** → Conoce nuestra guía de Madrid, de viajeros para viajeros. • 5. **Madrid ist die meist besuchte Stadt Spaniens.** → Madrid es la capital de España, así como la ciudad española que más visitantes atrae. • 6. **Die Sehenswürdigkeiten erreicht man gut mit Bus.** → Diese Information ist nicht im Text.

S. 57/2
1. Wenn du nach Madrid reisen möchtest, schaue dir unseren Madrid-Reiseführer an. • 2. Madrid ist nicht nur die Hauptstadt, sondern auch die meistbesuchte Stadt Spaniens. • 3. Wenn du deine Reisedaten schon hast, ist es am wichtigsten zu wissen, wie du nach Madrid kommst. • 4. Wenn du ein günstiges Hotel suchst, besuche die Webseite HotelesBaratos.com. • 5. Wir wollen dir auf deiner Reise helfen und geben dir spezielle Tipps.

Unidad 6 Perú – un país andino

¡Vamos!

S. 58/1
1. Perú, Bolivia y Chile • 2. Cristóbal Colón • 3. en 1533 • 4. una colonia española • 5. hace 200 años • 6. sus platos especiales

S. 58/2
1. desde hace • 2. en • 3. hace • 4. Desde • 5. Desde hace

S. 58/3a
1. 1517 • 2. 1821 • 3. 30.000 • 4. el siglo XIV • 5. 1521 • 6. 1325

S. 58/3b
30.000 • el siglo XIV • 1325 • 1517 • 1521 • 1821

A Un viaje por Perú

S. 59/1
capital • mercados • frutas • colores • nacional • antigua • histórico • restos • año • construyeron • altura • turistas • alto • mundo • desierto • dibujaron • animales

S. 59/2
-ar: estudié • trabajaste • logró • ganamos • viajasteis • fundaron
-er/-ir: viví • abriste • comprendió • cogimos • escribisteis • comieron
ir/ser: fui • fuiste • fue • fuimos • fuisteis • fueron

S. 60/3
1. Llegué hace dos semanas. • 2. Miguel llegó unos días después. • 3. La primera semana me quedé en casa de Enrique. • 4. El primer día visité el centro histórico. • 5. Por la mañana compré frutas en el mercado de Lima. • 6. Por la tarde descubrí el Museo de la Nación. • 7. Por la noche fuimos a un restaurante y probé el ceviche. • 8. Miguel llegó el lunes pasado. • 9. Juntos viajamos a Cuzco. • 10. Subimos a pie hasta Machu Picchu.

S. 60/4
1. salieron • empezaron • llegó • llamó • empezó • 2. fue • viajó • pasó • vivió • conquistaron • fundaron

S. 61/5
s. Tandembogen S. 146

S. 61/6
Hola Nuria:

Hace una semana llegué a Madrid. Los primeros días visité muchos lugares. Fui al Museo Reina Sofía y a la Plaza Mayor. Un día alquilé una bici y pasé un día tranquilo en El Retiro. Ayer salí por la noche a la Calle Fuencarral. Primero probé tapas en un restaurante y después salí a bailar.

S. 61/7
A	B	C
Cuzco	El Lago Titicaca	Lima
Le pareció fenomenal, sobre todo el centro.	otro mundo, los colores diferentes	un caos, un horror, grandísima, fea

B Un lago, dos países, otro mundo

S. 62/1
Foto 1: Los uros	La foto muestra a cinco mujeres indígenas que llevan ropa (tradicional y) de muchos colores. Al fondo hay casas de totora.	Líneas 23–37
Foto 2: Las islas flotantes	En la foto se ve el Lago Titicaca con las islas flotantes de los uros. En las islas vemos casas de totora y en el primer plano hay botes, también de totora.	Líneas 14–15 y 24–27
Foto 3: El Lago Titicaca	En la foto podemos ver el Lago Titicaca, un lago andino inmenso que une Perú y Bolivia.	Líneas 6–9 y 19–20

S. 62/2a
poder	tener	estar	poner	hacer	dar
pude	tuve	estuve	puse	hice	di
pudiste	tuviste	estuviste	pusiste	hiciste	diste
pudo	tuvo	estuvo	puso	hizo	dio
pudimos	tuvimos	estuvimos	pusimos	hicimos	dimos
pudisteis	tuvisteis	estuvisteis	pusisteis	hicisteis	disteis
pudieron	tuvieron	estuvieron	pusieron	hicieron	dieron

S. 62/2b
1. hiciste • 2. tuvisteis • 3. pude • 4. estuviste • 5. puso/dio • 6. dieron/hicieron

S. 63/3
1. ¿Cuánto tiempo estuviste en la región andina? • 2. ¿Pasaste mucho tiempo en Cuzco? • 3. ¿Tuviste problemas con la altura? • 4. ¿Cómo estuviste el primer día? • 5. ¿Fuiste también a Bolivia? • 6. ¿Te pusiste nerviosa en el bote? • 7. ¿Hiciste muchas fotos?

S. 63/4a
Primero estuvimos en la capital, Lima. Allí visitamos el centro histórico y probamos el ceviche. La primera semana tomamos una avioneta y vimos las líneas de Nazca. ¡Fue impresionante! Después hicimos el Camino Inca a pie y subimos a Machu Picchu. Valió la pena. Un día fuimos al Lago Titicaca. Allí tuvimos problemas con la altura y nos pusimos mal. Después volvimos a Lima y perdimos el avión. ¡Tuvimos que esperar 19 horas!

S. 63/4b

Primero los dos estuvieron en la capital, Lima. Allí visitaron el centro histórico y probaron el ceviche. La primera semana los dos tomaron una avioneta y vieron las líneas de Nazca. ¡Fue impresionante! Después hicieron el Camino Inca a pie y subieron a Machu Picchu. Valió la pena. Un día fueron al Lago Titicaca. Allí tuvieron problemas con la altura y se pusieron mal. Después volvieron a Lima y perdieron el avión. ¡Los dos tuvieron que esperar 19 horas!

S. 64/5a

Mögliche Lösung: 1. *ein Tourist*: una persona que visita o viaja a otro país. • 2. *Sandalen*: zapatos cómodos para un día de sol. • 3. *ein Ausflug*: un viaje o visita corto (por poco tiempo) a un lugar. • 4. *eine Ausstellung*: una presentación o exposición de fotos o cuadros. • 5. *der Fußweg*: una calle solo para ir a pie/caminar.

S. 64/5b

1. el/la turista, el turismo – turístico/-a • 2. la diferencia – diferente • 3. el dibujo – dibujar • 4. el viajero, la viajera – viajar, el viaje • 5. la conquista – conquistar • 6. el escritor, la escritora – escribir • 7. la construcción – construir • 8. el descubrimiento – descubrir • 9. la información – informar a alguien • 10. la dificultad – difícil

S. 64/6a

Alfonso se levantó a las diez. • Alfonso desayunó zumo de naranja y tocino. • Alfonso leyó un libro. Luego hizo deporte. • Alfonso vio la televisión en el sofá. • Alfonso fue a un concierto.

S. 64/6b

El viernes, primero fui a comer a casa de un amigo. Luego salimos a bailar. El sábado por la mañana me levanté a las nueve y fui a hacer deporte. Por la tarde descansé y vi la televisión. Por la noche me dormí temprano.

Taller de lectura

S. 65/2

el Salar de Uyuni: un desierto de sal • Antigua: ciudad colonial en Guatemala • Perito Moreno: un glaciar en Argentina • Cartagena de Indias: ciudad colonial en Colombia • Cotopaxi: volcán en Ecuador • Los Roques de Venezuela: islas en el Caribe • Lima: metrópolis moderna y capital del Perú • San Miguel de Allende: ciudad colonial en México

S. 65/3

Beispiellösung: A mí me gustaría visitar Lima. Me encantan las ciudades muy grandes porque puedes hacer muchas cosas y hay de todo: cines, bares, restaurantes, teatros, museos, monumentos, parques, etc. Además, me gusta conocer a gente nueva de diferentes partes del mundo. La gastronomía peruana me parece muy buena y diversa también y quiero probar muchos platos diferentes.

Módulo Los medios digitales

S. 68/1

1. c • 2. c • 3. a • 4. b • 5. c • 6. a

S. 68/2a

el internet, la radio, la tele(visión), la prensa

S. 68/2b

canales de televisión: Televisión Española (televisión pública): La 1 (de todo, noticias, programas de información política, series y películas) • La 2 (noticias y otros contenidos más culturales como documentales de naturaleza, programas sobre literatura, música y agenda cultural) • Canal 24 (noticias 24 horas al día) • Clan TVE (programa para niños) • Teledeporte (deporte) • TV3 (televisión pública de Cataluña, emite en catalán) • Canal Sur (Canal de Andalucía) • televisión privada: Antena 3 y Telecinco (carácter más comercial, películas internacionales)
prensa: *El País* (periódico más vendido de España) • seguido por *El Mundo* • *La Vanguardia* (periódico de Barcelona, en catalán), *ABC* • *MARCA* (periódico deportivo)

S. 68/2c

Beispiellösung: Para mí, el móvil es muy importante porque con él puedo hacerlo todo. Escucho música, les escribo a mis amigos, busco información etc. Pero a veces también leo periódicos y revistas, sobre todo de deporte. Claro que también puedo leer las revistas online, pero a veces me gusta tener una revista en papel en mis manos. La radio no es muy importante para mí porque no me gusta mucho la música que ponen.

S. 69/3a

1. he buscado • 2. han compartido • 3. hemos contestado • 4. has descubierto • 5. habéis hablado • 6. he hecho • 7. ha navegado • 8. han ido • 9. habéis subido • 10. hemos sufrido • 11. has visto • 12. ha comentado

S. 69/3b

Beispiellösung: 1. Hoy hemos contestado los mensajes de nuestros amigos. • 2. Hoy he hecho mis deberes. • 3. Esta semana mi hermana no ha navegado mucho en internet. • 4. Hoy mis amigos han ido al cine. • 5. ¿Ya has visto esta película?

S. 69/4

nos hemos visto • he salido • Han venido • he ido • he tenido • Ha llamado • has dejado • ha mandado • he hablado • hemos quedado

S. 69/5

1. Hoy Alejandro ha subido tres fotos. • 2. María todavía no ha estudiado para el examen. • 3. Pedro y Marisol ya han comprado un regalo para su padre. • 4. Paloma todavía no ha usado el nuevo Smart Watch. • 5. Fernando ha ido tres veces al gimnasio esta semana.

Unidad 7 ¿A qué te quieres dedicar?

¡Vamos!

S. 70/1

	Quiere ser…	La profesión le interesa porque…	Tiene dudas porque…
Manuel	educador	le encanta estar con niños pequeños.	no ganas mucho.
Lucía	bioquímica	su sueño es curar enfermedades.	es difícil encontrar trabajo y hay mucho paro.
Federico	profesional de Educación Física y Deporte	es deportista y le gusta tener contacto con la gente.	no hay información
Romina	diseñadora web	ella es muy creativa y le gustan los ordenadores.	no hay información
Merche	DJ	la música es su vida.	sus padres no están de acuerdo.
Mariana	mecánica de coches	no le gusta trabajar en oficina y quiere ser su propia jefa.	no hay información

S. 70/2

1. *Nico:* Mamá, ¿qué está haciendo Lena?
   Madre: Pues, acaba de llegar del instituto, ahora está haciendo sus deberes y después va a quedar con una amiga.
2. *Nico:* Mamá, ¿qué está haciendo Marta?
   Madre: Pues, acaba de hacer deporte, ahora se está duchando y después va a ir al cine.
3. *Nico:* Mamá, ¿qué está haciendo papá?
   Madre: Pues, acaba de ir al supermercado, ahora está cocinando y después va a descansar / ver la televisión.
4. *Nico:* Mamá, ¿qué estás haciendo?
   Madre: Pues, acabo de leer un libro, ahora estoy contestando tus preguntas / hablando contigo y después voy a ver una película / ver la televisión.

S. 71/3
1. Quiero aprender una profesión tradicional porque me interesa hacer cosas prácticas. • 2. No me gustaría trabajar con niños porque me parece muy difícil. • 3. Mi sueño es hacer una FP de mecánica de coches, pero hay muchas discusiones en casa. • 4. Quiero ser mecánico/-a de coches porque es la profesión ideal para mí. • 5. También me gustaría ser diseñador/a web porque es una profesión con futuro. • 6. No quiero estudiar en la universidad porque no me parece interesante. • 7. No me gustaría trabajar en una oficina porque me gusta tener contacto con la gente. • 8. No quiero estudiar Biología, aunque tengo buenas notas en esta asignatura. • 9. Mi sueño es ser mi propio/-a jefe/-a, ya que quiero tener mucho tiempo libre. • 10. Me gustaría trabajar con gente porque es más divertido.

A ¿Qué quieres hacer después de la ESO?

S. 72/1
1. ¿A qué se dedica un orientador laboral en un instituto español? • Informa sobre las diferentes opciones que hay después de la ESO. • Ayuda a los alumnos a encontrar sus puntos fuertes. • Ayuda a los que quieren presentarse a un puesto.
2. ¿Qué opciones tienen los alumnos después de la ESO? • Pueden estudiar dos años de Bachillerato e ir a la universidad. • Pueden estudiar dos años de Bachillerato y hacer una FP Superior. • Si tienen más facilidad en la parte práctica, pueden hacer una FP Media.
3. ¿Qué consejos les da a los alumnos que se quieren presentar a un puesto? • Un buen currículum y una buena carta de presentación son muy importantes.

S. 72/2
verbo	sustantivo	adjetivo u otro sustantivo
orientar	la orientación	el/la orientador/a
practicar	las prácticas	práctico/-a
informar	la información	informativo/-a
educar	la educación	el/la educador/a
jugar	el juego	el/la jugador/a
viajar	el viaje	el/la viajero/-a
interesar	el interés	interesante

S. 73/3
buen • buena • malas • mal • buena • buena

S. 73/4
Se vende casa. • Se ofrecen prácticas de seis meses en nuestro laboratorio. Las prácticas no se pagan. • Se buscan / Se necesitan actrices y actores para el grupo de teatro escolar. • Se necesitan / Se buscan donantes de sangre. • Se necesitan / Se buscan músicos para un grupo de rock. • Se compran coches.

S. 74/5
muchas • Algunos • mucho • poco • muchos • pocos • muchas • algunos • muchos • poco

S. 74/6a
La formación profesional alemana

S. 74/6b
Tiene diecisiete años. • Vive en Augsburgo, Alemania. • Habla español y alemán. • Hace una formación profesional de paisajista.

S. 74/6c

En España	En Alemania
La formación profesional dura dos años.	La formación profesional dura normalmente tres años.
Uno va año y medio al instituto y en los últimos seis meses se hacen prácticas.	Se combinan las clases con la parte práctica. Así uno puede adaptarse poco a poco a la vida laboral.
Las prácticas no se pagan.	Uno tiene un contrato y gana dinero.

S. 74/6d

A Mario le parece muy bueno porque tiene muchos ejemplos prácticos (donde puede ver cómo se aplica la teoría). Por eso todo es más directo y real.

S. 74/7

s. Tandembogen S. 147

B La vida laboral en España y Alemania

S. 75/1

	Carla García Morales	Jan Albers
¿Qué nacionalidad tiene?	española	alemana
¿Dónde vive?	en Düsseldorf	en Alicante
¿Qué profesión tiene?	secretaria	abogado
¿Dónde trabaja?	en una pequeña empresa	en un bufete de abogados
¿Por qué se fue al extranjero?	no encontró trabajo	por amor
¿Qué le sorprendió?	la cantidad de gente que habla español	todos se tutean
¿Cómo es su horario laboral?	Trabaja media jornada (de las nueve hasta la una).	Trabaja todo el día hasta las ocho.

S. 75/2

el horario laboral – *die Arbeitszeit* • el punto final – *der Schlusspunkt* • el punto débil – *die Schwäche* • el punto fuerte – *die Stärke* • el tiempo libre – *die Freizeit* • el uniforme escolar – *die Schuluniform* • la formación escolar – *die Schulbildung* • la formación profesional – *die Berufsausbildung* • la experiencia laboral/profesional – *die Berufserfahrung* • la carrera profesional – *die berufliche Laufbahn* • la vida privada – *das Privatleben* • la vida laboral – *das Arbeitsleben* • la media jornada – *halbtags* • el bufete de abogados – *die Anwaltskanzlei* • el estilo de vida – *der Lebensstil* • el número de teléfono – *die Telefonnummer* • el/la compañero/-a de trabajo – *der/die Arbeitskollege/-in* • la carta de presentación – *das Anschreiben* • la entrevista de trabajo – *das Vorstellungsgespräch* • la fuente de ingresos – *die Einnahmequelle*

S. 76/3

Emma: Pregunta si tengo ganas de ir al cine con ellos.
Marta: Pregunto quién va con ellos.
Emma: Dice que Paul, Merche y Vega.
Marta: Digo que Paul seguro no va a querer salir conmigo y yo tampoco con él.
Emma: Pregunta si todavía hay tensión entre él y yo.
Marta: Digo que sí, pero para mí no es problema si van sin mí.
Emma: Dice que la próxima vez voy con ellos.
Marta: Digo que claro.

S. 76/4

Hola, Javier: ¡Gracias por el e-mail sobre las miniprácticas! Me gustaría mucho hacer unas miniprácticas en la editorial porque me encantan los libros y me gusta leer. Mi sueño es ser escritor, por eso esas prácticas serían muy interesantes para mí. Mis puntos fuertes son las lenguas. Además, soy creativo y me gusta tener contacto con la gente.
Un saludo, Johannes

C El futuro del trabajo

S. 77/1

1. falso: Los robots y la IA cambian el mundo del empleo. • 2. correcto • 3. correcto • 4. falso: En el transporte público habrá cada vez más autobuses sin conductores. • 5. falso: Sólo existirán pocos bancos, ya no tendrás que ir al banco de tu barrio si necesitas dinero. • 6. falso: Las competencias digitales serán muy importantes. • 7. correcto • 8. falso: Acaba de empezar la era de la Inteligencia Artificial.

S. 77/2

será • Terminaremos • haremos • empezará • tendrá • Encontraré • cambiará • Tendré que • tendremos • tomarán • vivirán • Viviréis • tendréis

S. 77/3a

¿Tendré suerte en la entreviste de trabajo? • ¿Cuándo recibiré una respuesta? • ¿Me darán el puesto a mí? • ¿En el futuro podré trabajar en la empresa Solylux? • ¿Qué dirán mis padres si me dan el puesto? • ¿Cómo será la vida laboral? • ¿Mi vida cambiará mucho si me dan el puesto? • ¿Mis hijos serán felices? / ¿Mi novia y yo seremos felices? • ¿Qué cambios traerán las nuevas tecnologías para mí? • ¿Mi novia y yo tendremos tiempo para pasar bastante tiempo juntos?

S. 77/3b

individuelle Lösung / Beispiellösung:
Querido diario:
En este momento me estoy haciendo muchas preguntas: ¿Cómo será mi vida laboral? ¿Trabajaré en el extranjero o aquí en Alemania? ¿Estudiaré en la universidad o haré una FP? Si decido ir al extranjero, ¿qué hará mi novio/-a? ¿Irá conmigo o se quedará aquí? Y ¿qué pasará con mis amigos? ¿Me visitarán? ¿Seré feliz en otro país o querré volver a mi pueblo/ciudad? Tengo tantas preguntas... tengo que hablar con alguien.

S. 78/4

1. nunca • 2. nunca • 3. nada • 4. nunca • 5. nadie

S. 78/5

Beispiellösung:
Hallo zusammen,
die Grafik, die ich gefunden habe, präsentiert einige Veränderungen in der Berufswelt der Zukunft. Es wird sich scheinbar ganz schön viel ändern, es wird beispielsweise egal sein, von wo man arbeitet, die Firmen werden sich einfach die passendste und vor allem qualifizierteste Person auf der ganzen Welt aussuchen können. Man wird also viel internationaler sein als heute, sodass man bestimmt nicht sein ganzes Leben denselben Job ausüben wird. Da man flexibler sein wird, könnte das aber natürlich auch bedeuten, dass man mehr Freizeit haben wird. Die Technik wird unser ständiger Begleiter sein, sodass Zeit und Ort keine ausschlaggebende Rolle mehr spielen. Sicherlich wird der technische Fortschritt auch ganz neue Berufe schaffen. Es bleibt also spannend...
Liebe Grüße, Marco

Taller de lectura

S. 79/1

individuelle Lösung

S. 79/2

Beispiellösung:
Técnico en Aceites de Oliva y Vinos
vas a aprender tareas relacionadas con la elaboración, producción y comercialización de aceites de oliva, vinos y otras bebidas. (...) extraer aceite de oliva, (...) elaborar destilados y bebidas espirituosas (...) observar en la práctica cómo se envasan, etiquetan y almacenan estos productos.
puedes trabajar de bodeguero, maestro de almazara y comercial de almazaras y bodegas.

Técnico en Vídeo Disc-Jockey y Sonido
(...) vas a aprender tareas relacionadas con la animación musical y visual de espectáculos públicos y también con la producción audiovisual para cine, radio, televisión y otros medios de comunicación. Entre otras cosas, vas a grabar, editar y preparar archivos musicales y visuales y vas a planificar y operar todos los elementos que complementan un espectáculo musical.
(...) puedes trabajar de ayudante de sonido o microfonista en televisión, cine, radio, fiestas y conciertos.

S. 79/3

la producción:	Produktion	producir; producto
la comercialización:	Vermarktung	comercial
especializadas	spezialisiert	especial, especialidad
audiovisual	audiovisuell	el video
el archivo musical	Musikarchiv	la música
el/la ayudante	Helfer/in	ayudar
la planificación	Planung	el plan, planificar
la realización	Realisierung	realizar
el vino	Wein	le vin
el aceite de oliva	Olivenöl	
destiladas	destilliert	
observar	beobachten	to observe
el proceso de elaboración	Erarbeitungsprozess	process/elaboration
la recolección	Ernten	die Kollekte
las materias primas	Rohstoffe	
la consulta	Beratung	consulting
editar	bearbeiten	to edit
los medios de comunicación	Medien	media
el espectáculo	Show	das Spektakel

S. 80/4a

n	neutro	sächlich
f	femenino	weiblich
adj	adjetivo	Adjektiv
fam	lenguaje familiar	Umgangssprache
m	masculino	männlich
pl	plural	Plural
v	verbo	Verb
fig	figurativo	metaphorisch

S. 80/4b

el medio (sustantivo) – *das Medium* • el/la comercial (sustantivo) – *der Handelsvertreter* • el maestro (sustantivo) – *der Meister* • grabar (verbo) – *aufzeichnen, aufnehmen* • público/-a (adjetivo) – *öffentlich*

S. 80/5

1b • 2d

S. 80/6

Beispiellösung: Ich würde gern in Spanien eine Ausbildung machen, um Olivenöl- und Weintechniker zu werden. Ich würde viel lernen über die Produktion und Vermarktung von Olivenöl, Wein und anderen Getränken. Außerdem erfährt man, wie diese Produkte verpackt und gelagert werden. Ich könnte später z. B. als Winzer oder als Verkäufer in Weingütern arbeiten.

Unidad 8 Andalucía

¡Vamos!

S. 81/1

Andalucía • comunidad autónoma • comunidad autónoma • cada • situada • sur • paisaje • montañas • esquiar • andaluzas • monumentos • economía • exporta • andaluces • expertos • energía solar • industria • flamenco • gazpacho • andaluz

S. 81/2

Beispiellösung:

Hola Mar:

De momento estoy pasando mis vacaciones de verano en Baviera y estoy disfrutando del sol. Pasamos dos días en las montañas y hace una semana estuve en el mar del Norte. En la primera foto estoy con mis padres en la playa. En el primer plano nos ves a nosotros caminando y en el fondo está el hotel en que nos quedamos. ¡Era súper lujoso! En la segunda foto ves a mis tíos haciendo caminata. A la derecha ves los campos verdes y al fondo los bosques y las montañas. ¡Todo es muy lindo y hace mucho sol!

S. 82/3a

el dibujo	die Zeichnung	la obra	das Werk, das Kunstwerk
el pintor	painter (engl.), der Maler	publicar	publier (frz.), veröffentlichen
pintar	to paint (engl.), malen	el retrato	portrait (engl./frz.), das Porträt
la pintura	painting (engl.), das Bild, das Gemälde	el poeta	der Poet, der Dichter
la época	die Epoche	la inspiración	die Inspiration
el periodo	period (engl.), die Periode, der Zeitraum	la relación amorosa	die Liebesbeziehung

S. 82/3b

Pablo Picasso y las mujeres • Pablo Picasso – una vida larga • Pablo Picasso – un pintor casi francés

S. 82/3c

1. XIX. • 2. Málaga • 3. Ruiz Picasso • 4. como profesor / como pintor • 5. sus hermanas • 6. su padre encontró trabajo en Barcelona • 7. porque así lo llamaron sus amigos catalanes / no quiso usar un apellido tan normal y español • 8. se hizo amigo de otros artistas / pintó muchos cuadros / utilizó mucho el color azul al pintar • 9. su primera novia

S. 82/3d

José es	el padre
María es	la madre
Jaqueline es	la mujer
Paloma es	la hija
Olga es	la mujer
Pablo es	el hijo

A El turismo antes y hoy

S. 83/1

1. l. 2. • 2. ll. 2–3 • 3. ll. 6–12 • 4. ll. 9–18 • 5. ll. 15–20 • 6. ll. 16–20 • 7. l. 28

S. 83/2

infinitivo	presente	pretérito
llover	llueve	llovía
tomar	tomáis	tomabais
ayudar	ayudamos	ayudábamos
construir	construimos	construíamos
acostarse	me acuesto	me acostaba
leer	lees	leías
pensar	piensas	pensabas
ver	veo	veía
ir	va	iba
escribir	escribís	escribíais
divertirse	se divierten	se divertían
poner	pongo/pone	ponía

S. 83/3

era • era • había • pasaban • había • estaban • era • había • necesitaba • sabía • necesitaba • tenían • iba • había • podía • pensaba • había • veíamos • reciclábamos • cambiábamos • lavaba

S. 84/4

1. tenían un teléfono en casa. • 2. pasaban sus vacaciones en Italia. • 3. tenía coche. • 4. respetaba el paisaje. • 5. no ahorraba energía. • 6. usaban mucha agua. • 7. cambiaban las toallas cada día; pensaban mucho en el medio ambiente • 8. vivían del turismo • 9. reciclaban la basura.

S. 85/5

palabra de la misma familia	palabra desconocida	significado en alemán
saludar	el saludo	der Gruß
cambiar	el cambio	der Wechsel, die (Ver)änderung
el jardín de infancia	el jardín	der Garten
el gobierno	gobernar	regieren
la economía	económico/-a	wirtschaftlich, preiswert
ahorrar	los ahorros	die Ersparnisse, das Ersparte
decidir	la decisión	die Entscheidung
reciclar	el reciclaje	das Recycling, die Wiederverwertung
el alimento	alimentar	ernähren
inmenso/-a	la inmensidad	die Unermesslichkeit

S. 85/6a/b

1. 4) Antes comprábamos en tiendas de barrio.
2. 1) Antes las familias se veían más.
3. 3) Hoy hay menos corridas de toros.
4. 2) Antes comíamos más de la región.

S. 85/7

Para empezar, no estoy de acuerdo con que antes la vida era mejor. Pienso que ahora la vida es diferente. Quiero decir que muchas cosas han cambiado, pero el cambio no es malo o bueno. Para mí, la vida ahora es más interesante y más cómoda. En los supermercados encontramos todos los alimentos del mundo y con el móvil podemos comunicarnos siempre con los amigos y con la familia. En resumen, creo que la vida ahora es tan buena como antes, pero también muy diferente.

B Una semana en Andalucía

S. 86/1
1. cerca de la playa. / en Cádiz. • 2. después de las once de la noche. / a las seis de la mañana. • 3. 4 días. • 4. hacía mucho calor. • 5. desayunaban en el hotel.

S. 86/2a
Huelva • Córdoba • Sevilla • Málaga • Cádiz • Jaén • Granada • Almería

S. 86/2b
Costa de la Luz: mucho sol, mucho viento, 18°. Huelva: 20°.
Málaga: un poco nublado, sin sol. Córdoba, Jaén, Sevilla: algo de lluvia, 19°. Este de Jaén: llueve por la tarde. Sierra Nevada, Granada: nieva un poco. Almería: Nublado, 15°.
Por la noche en toda Andalucía 5°.

S. 86/3a
palabra de la misma familia	palabra en otro idioma	palabra desconocida	significado en alemán
la recepción	recepcionist (engl.)	el/la recepcionista	der/die Rezeptionist/in
aburrido/-a		aburrirse	sich langweilen
	accident (engl./frz.)	el accidente	der Unfall
cocinar		la cocina	Die Küche

S. 87/3b
1. … su madre es española y siempre le habla en español y porque tiene familia en Alicante. • 2. … quería conocer otra parte de España y porque le gusta el buen tiempo que hace en Andalucía. • 3. … duerme y come en el hotel, porque los turistas le dan dinero y porque su padre lo ayuda económicamente. • 4. … la recepcionista tuvo un accidente y porque él era el único que hablaba bien alemán e inglés. • 5. … va a la playa o sale de tapas. También descansa, lee y duerme.

S. 87/4
El horario laboral es todos los días de nueve a cinco de la tarde. Normalmente desayunamos y comemos en el hotel con los colegas. Por el momento hace mal tiempo, hace frío y llueve mucho, pero el tiempo cambia rápido. Traed ropa adecuada para el trabajo y también para la playa. Si llegáis tarde, llamad antes por teléfono, porque en la recepción no hay nadie después de las once de la noche.

S. 87/5
s. Tandembogen S. 148

S. 87/6
1. fue, llegó • 2. llegó • 3. tuvo que; hablaba; coordinaba • 4. llamó; hacía; podían • 5. se quejaba; escuchaba • 6. funcionaba • 7. llamó; era; contestó • 8. llamó; tenía • 9. estaba; supo; llamó • 10. bajó; ofreció; invitó

S. 88/7a
pudieron • funcionaba • hacía • se quejó • pudo • decidió • había • hacía • disfrutaba • nadaba • volvieron • quisieron • entraron • había • Llamaron • contestó • tenían • estaban • entró • dijo

S. 88/7b
Mögliche Lösung: Hola, buenas noches. ¿No tenéis las llaves? Si os pasa otra vez, llamad por teléfono. El horario de la recepción es de las siete de la mañana hasta las once de la noche. Tenéis suerte de que todavía estoy aquí. Hasta mañana.

S. 88/8
1. Cuando • 2. antes; Entonces • 3. siempre • 4. Normalmente; muchas veces • 5. Cada domingo; siempre • 6. un día

Taller de lectura

S. 89/1a
Für Alma ist ihr Großvater sehr wichtig. • Der Großvater verkraftet den Verlust des Olivenbaums nicht. • Alma will den Olivenbaum ihres Großvaters zurückholen. • Der Großvater will nicht mehr essen.

S. 90/1b
1. fünf Töchter. • 2. Bernardas älteste Tochter. / die Schwester von Adela. • 3. dürfen acht Jahre lang das Haus nicht verlassen. • 4. ist nur am Geld von Angustias interessiert. • 5. zweimal verheiratet.

S. 90/2
El Olivo: Almas Großvater verkraftet den Verlust seines Olivenbaumes nicht und Alma begibt sich auf eine unmögliche Reise, um diesen Baum zurückzugewinnen.
La casa de Bernada Alba: Bernarda Alba ist Witwe und hat fünf Töchter. Pepe verlobt sich mit Angustias, der ältesten Tochter, ist aber eigentlich nur an ihrem Geld interessiert.

S. 90/3
Mögliche Lösung: A mí me gustaría ver la obra de teatro. En primer lugar, me gusta mucho el teatro y me parece que la historia de La casa de Bernarda Alba es más interesante. Hay más relaciones amorosas y problemas. Pepe el Romano quiere el dinero de Angustias, pero se enamora de Adela. Y Bernarda Alba es una mujer muy estricta. No me gustaría ver la película, porque la historia de El olivo es muy simple. Alma va a tener muchas aventuras, pero pienso que al final va a recuperar el olivo milenario y su abuelo va a volver a hablar y a comer. Por eso, para mí, la película es más aburrida que la obra de teatro. Creo que la historia de La casa de Bernarda Alba tiene más sorpresas.

Unidad 9 Comprometidos con el planeta

¡Vamos!

S. 94/1
Beispiellösung: 1. … no tirar ropa. • 2. … no malgastar agua. • 3. … respetar otras culturas y sus creencias. • 4. … no malgastar comida. • 5. … no viajar mucho en avión.

S. 94/2a
1. el sexo, la edad, la etnia o la religión • 2. gastos adicionales • 3. un estado social y democrático • 4. la libertad, la justicia y la igualdad • 5. Estrategia para la Inclusión Social de la Población Gitana • 6. marginados por su etnia • 7. política de migración segura y ordenada

S. 94/2b
Beispiellösung: Podemos comprar más productos de empresas que dan igualdad de oportunidades a sus empleados. Además, podemos donar ropa que ya no necesitamos en vez de tirarla. También podemos donar dinero a organizaciones benéficas.

S. 95/3
Madre: 1. No dejes • 2. No salgas • 3. Visita • 4. Haz • 5. Ayuda
Padre: 1. No uses • 2. No bebas • 3. No vuelvas • 4. Ponte • 5. No olvides

S. 95/4
Beispiellösung:
Querida Merche:
¡Lo siento mucho! Por favor, no estés enfadada conmigo. No me dejes y no termines nuestra relación… Hoy es un día muy raro para mí, por favor, habla conmigo. ¿Podemos vernos? Por favor, perdóname, olvida lo que te dije ayer y piensa en lo que tenemos. Escríbeme y no te vayas.
Te quiero mucho, Alejandro

A Una solución sobre ruedas

S. 96/1a

22 millones: Ciudad de México tiene 22 millones de habitantes.
5 millones: Por las calles de Ciudad de México circulan ya más de 5 millones de coches.
2008: Una iniciativa que funciona desde el año 2008 es el proyecto Muévete en Bici.
de 8:00 a 14:00: A esta hora no circulan coches. Ciclistas, patinadores y peatones pueden pasear por las calles. Incluso hay clases de yoga gratis en la calle.
15 millones: Hasta 2019 participaron más de 15 millones de personas en el paseo en bici de los domingos.

S. 96/1b

1. **una pesadilla** – Una pesadilla es un escenario negativo. • 2. **ir como sardinas** – Cuando la gente no tiene espacio para moverse se siente así. • 3. **a las horas punta** – A las horas punta muchos coches están en las calles y hay atascos. • 4. **uso exclusivo para ciclistas** – Solo la gente en bici puede usar los carriles exclusivos. • 5. **moverse en bicicleta** – Cuando una persona va en bici, se mueve en bici. • 6. **tener conciencia ecológica** – Si pensamos en el medio ambiente, tenemos buena conciencia ecológica. • 7. **luchar contra el cambio climático** – Las personas que tienen un estilo de vida sostenible y participan en proyectos medioambientales luchan contra el cambio climático. • 8. **ir sobre ruedas** – Si una cosa es popular y va bien, va sobre ruedas.

S. 96/2

infinitivo	presente de indicativo: 1ª persona del singular	presente de subjuntivo
ver	veo	vea (yo)
poner	pongo	ponga (él/ella)
olvidar	olvido	olvidéis (vosotros/-as)
ofrecer	ofrezco	ofrezcan (ellos/-as)
despertar	despierto	despierta (yo)
hacer	hago	hagas (tú)
divertirse	me divierto	se divierta (él/ella)
tener	tengo	tengan (ellos/-as)

S. 97/3

Beispiellösung: 1. No me gusta que los peatones anden por el carril-bici. • 2. Me encanta que en la ciudad haya muchos parques y zonas verdes. • 3. Me alegro de que el gobierno promueva el uso de las bicis eléctricas. • 4. Me molesta que los ciclistas vayan muy rápido. • 5. Odio que la gente empuje en el metro en horas punta. • 6. Me sorprende que muchos vayan en monopatín. • 7. Espero que pronto haya menos tráfico y contaminación. • 8. Temo que me roben la bicicleta. • 9. Me preocupa que tantos coches circulen por la ciudad.

S. 97/4

sea • piense • vayamos • podemos • esté • empiece • podemos • use • estén de acuerdo • tiene • necesita

S. 98/5

Beispiellösung:
Hey Linus,
die World Health Organisation hat ein Dokument veröffentlich, das zeigt, dass wir mit unserer Ansicht nicht allein sind. Eine Geschwindigkeitsbegrenzung um gerade mal 5% würde laut ihrer Angaben die Zahl der tödlichen Unfälle um ganze 30% senken. Es gibt bereits 100 Länder, in denen in der Nähe von Schulen etc. lediglich Tempo 30 erlaubt ist. Wenn man die Geschwindigkeit in urbanen Zonen begrenzt, beispielsweise auf 50 km/h, könnte man viele Menschenleben retten. In 59 Ländern ist es bereits so und dort hat man sich darauf geeinigt, dass man diese Geschwindigkeitsbegrenzung noch weiter verschärfen könnte.
Wir sollten uns also auch für Stuttgart stark machen, was sagst du?
Liebe Grüße,
Sophie

B Almería, ¿milagro bajo un mar de plástico?

S. 99/1a

1. Es una región que se llama «mar de plástico» por la gran cantidad de invernaderos que hay en la zona. Son más de 30.000 hectáreas de invernaderos. • 2. Una desventaja de los invernaderos es la gran cantidad de residuos que generan, especialmente plásticos. Son más de 30 millones de kilos de residuos al año y los residuos pueden ser un peligro para la salud y el medio ambiente. • 3. La producción está en manos de las familias y no de grandes empresas. Más de 12.000 familias viven de los invernaderos. • 4. Hace 50 años era una región muy seca y pobre. La tierra no producía nada y la gente vivía al límite de la miseria. Pero con los invernaderos cambió de forma radical y se transformó en una región rica. En el futuro es probable que los invernaderos con el tiempo transformen el ecosistema. • 5. Muchos inmigrantes trabajan en los invernaderos, pero su situación no se puede generalizar. Para muchos las condiciones laborales son muy malas, para otros la situación es mejor porque hay muchas familias que cuidan de sus trabajadores y les dan un salario adecuado.

S. 99/1b

a) El 70 % de los invernaderos son empresas familiares. • b) Más de 3,5 millones de toneladas de frutas y hortalizas se producen en la región y se exportan a más de 60 países de todo el mundo. • c) Más de 30 millones de kilos de residuos se generan por los invernaderos cada año. • d) El 98 % de las exportaciones va a países de la Unión Europea. • e) Más de 12.000 familias viven de los invernaderos.

S. 99/2a

1. esté enamorado • 2. escuche • 3. tengan • 4. dejes de • pienses (penséis) • 5. estéis

S. 99/2b

Beispiellösung: Es importante que toleréis las opiniones del otro. • Es necesario que habléis sobre vuestros sentimientos. • Es normal que escuchéis los problemas diarios de la pareja.

S. 100/3

1. No pienso que los tomates del invernadero en Lutherstadt Wittenberg sólo se exporten a Holanda. • 2. No creo que el invernadero más grande de todo el mundo esté en Alemania. • 3. No creo que el cultivo de frutas y hortalizas en invernaderos nunca sea sostenible y siempre derroche mucha agua. • 4. No pienso que la lluvia no se use para regar las plantas. • 5. No creo que en los invernaderos de Alemania se cultiven muchas frutas exóticas. • 6. No pienso que la mayor parte de los exportes alemanes sean frutas y verduras. • 7. No creo que en el norte de Alemania también haya un mar de plástico como en El Ejido.

S. 100/4

Beispiellösung: La soja es uno de los nuevos superalimentos, pero no todo es «súper». Como las condiciones de Sudamérica no son óptimas para el cultivo de la soja, se utilizan muchos productos químicos, como el glifosato. Según un artículo, esto tiene consecuencias fatales para las aguas subterráneas los lagos y los ríos. Alemania compra una gran parte de esta producción de soja. Me parece importante que la gente esté informada y sea consciente de los problemas y de las fatales consecuencias. No creo que sea bueno para el medio ambiente que desaparezcan grandes extensiones de bosque para que se pueda cultivar soja. Es esencial que pensemos en las consecuencias de nuestro comportamiento como consumidores.

C ¿Te la vas a comprar?

S. 101/1

1c • 2d • 3j • 4h • 5i • 6a • 7f • 8g • 9c • 10b

S. 101/2

1. Se los llevo • 2. te lo doy • 3. se lo explico • 4. me la pongo • 5. se la devuelvo

S. 102/3

1. Mis abuelos duermen hasta que salga el sol. • 2. Mi amigo Juan siempre ve si tengo problemas sin que tenga que contárselo. • 3. Mi mejor amigo Sebastián va a la universidad para que esté contenta su mamá. • 4. Mis padres y yo preparamos una cena tradicional para que estén impresionados los invitados. • 5. Victoria gana todos los partidos de tenis sin que tenga que practicar mucho. • 6. Ana María trabaja en una cafetería para que nuestros padres no tengan que pagar los estudios solos. • 7. Mi perro Tito está fuera hasta que le demos de comer.

S. 102/4

s. Tandembogen S. 149

S. 102/5

1. El objetivo es cambiar la situación en las fábricas textiles. • 2. Los temas centrales son las condiciones de producción y los efectos para la gente, la economía y la naturaleza. • 3. **módulo** 1: la cadena textil; los efectos de la industria textil sobre las personas y el medio ambiente; **módulo** 2: comparación de las condiciones de trabajo reales con los derechos humanos; proyecto en grupo; **módulo** 3: examinar las etapas finales de la producción de ropa; ¿Qué responsabilidad tienen los consumidores?; **módulo** 4: la salud y la seguridad en el trabajo; **módulo** 5: ¿Qué es un salario digno y cómo se puede calcular? • 4. Se puede ver parte del contenido de los cursos en la página web.

S. 102/6

Beispiellösung: Las maquilas en América Latina son un gran problema que no debe descuidarse. Me parece terrible que los trabajadores allí trabajen a veces hasta 16 o 18 horas y que las condiciones de trabajo sean tan malas. El salario que ganan los empleados no es suficiente para llevar una buena vida ni para mantener a sus familias. Es inhumano que las costureras tengan a veces miedo de hablar entre ellas o de ir al baño. ¿Y para qué sirve todo esto? En mi opinión, la ropa no lo es todo. No necesitamos diez jerséis nuevos, sino condiciones de trabajo justas y humanas y una mejor convivencia. Por eso quiero hacer unas prácticas en su ONG y, así, ayudar a mejorar las condiciones laborales en la industria textil. Pienso que soy el candidato perfecto con nuevas ideas para poder cambiar la situación.

Taller de lectura

S. 104/1a

Madrid quiere ser una ciudad con menos tráfico y más bicicletas. • Hasta ahora Madrid ha tenido 46,7 kilómetros de carril bici. • Es necesario un tejido de carriles bici.

S. 104/1b

individuelle Lösung

S. 104/2

El primer resumen es correcto.

S. 104/3

Beispiellösung:

Sr director: He leído con mucho interés su artículo y quiero presentar mi opinión. Estoy de acuerdo con que la ciudad es más amable para la gente si hay más carriles bici. No entiendo por qué mucha gente en las ciudades grandes siempre va en coche. Creo que con más carriles bici reducimos el número de atascos en ciudades como Madrid. En mi opinión, así ayudamos a la gente y las ciudades son también más sostenibles. La vida social es más agradable si hay menos ruido de coches y atascos y si se reduce la contaminación del medio ambiente. Creo que realizar un proyecto como este en ciudades grandes puede ser un proceso lento y difícil, pero no pienso que sea imposible.

Atentamente, María Santiago

Módulo La Unión Europea y España

S. 105/1

1c • 2e • 3g • 4a • 5f • 6d • 7b

S. 105/2a

italiano/-a – Italia • sueco/-a – Suecia • francés/-esa – Francia • suizo/-a – Suiza • griego/-a – Grecia • holandés/-esa – Holanda • austriaco/-a – Austria • andaluz/a – Andalucía • inglés/-esa – Inglaterra • belga – Bélgica • chipriota – Chipre • argentino/-a – Argentina • bávaro/-a – Baviera • madrileño/-a – Madrid • portugués/-esa – Portugal • europeo/-a – Europa • barcelonés/-esa – Barcelona • malagueño/-a – Málaga • americano/-a – América • sirio/-a – Siria • turco/-a – Turquía • árabe – Arabia • chino/-a – China

S. 105/2b

individuelle Lösung; Beispiellösung: tu coche es alemán • tu vino es español • tu moda es francés • tu música es americana • etc.

S. 106/3

1. fue completado • 2. fue aprobada • 3. fueron discutidas • 4. fue decidido • 5. fueron rechazadas • 6. fue firmado

S. 106/4a

1. fue fundada • 2. fue celebrado • 3. fue elegido

S. 106/4b

1. Las Naciones Unidas son representadas por La Asamblea General. • 2. Cada año, muchos productos son exportados por los 193 estados miembros. • 3. Las pandemias de COVID-19 y SARS en los años 2020 y 2002 fueron tratados con mucho cuidado por las Naciones Unidas.

Unidad 10 La Economía

¡Vamos!

S. 107/1

1. recursos naturales, minerales • 2. Venezuela, México • 3. Colombia, Ecuador • 4. exportación, industria • 5. los coches • 6. frutas, verduras • 7. el turismo

S. 107/2

sector primario	sector secundario	sector terciario
los minerales	la industria de la manufactura	el turismo
los metales	los coches	la médica
el petróleo	el material eléctrico	la gastronomía
los productos agrícolas	los productos químicos	la arquitectura
el café	los productos farmacéuticos	el educador
la soja	la mecánica de coches	los bancos
las frutas		el cajero
el hierro		el profesor
el cobre		la abogada
el carbón		el diseñador web
el aluminio		
la plata		
el oro		
el silicio		
la caña de azúcar		
el cacao		
las verduras		

S. 108/3

1. en los cuales • 2. la cual • 3. del que • 4. en los cuales • 5. en las cuales • 6. en el cual

S. 108/4
1 falso: En 2014 comenzó la crisis económica en Venezuela. • 2 verdadero • 3 falso: Inflación significa tener precios más altos de forma muy rápida y continuada. El dinero pierde su valor. • 4 falso: Según un estudio la tasa de inflación anual del país alcanzó el 1.300.000 % en 2018. • 5 verdadero • 6 verdadero • 7 falso: Echan la culpa a diferentes grupos políticos. • 8. falso: Hasta ahora alrededor del 10 % de la población, ha decidido marcharse del país desde que comenzó la crisis.

A La economía de España

S. 109/1
persona	¿Dónde vive?	¿De qué y dónde trabaja?	¿Qué llegas a saber sobre la región?
Finia Palacios	País Vasco	Es ingeniera mecánica industrial en la fábrica de Mercedes Benz en Álava.	El País Vasco es una comunidad muy pequeña; tiene gran importancia económica; era el centro de la industria pesada; hoy es centro de tecnologías y finanzas; hay muchas empresas extranjeras.
Fátima Ahmed	Barcelona (Cataluña)	Es consejera en inversiones en el Banco Santander.	Cataluña es una de las regiones más ricas de España; la comunidad que más aporta al PIB español total; hay mucha industria y muchos turistas extranjeros.
Raúl González	Extremadura	Trabaja en la administración en un parque solar en Talayuela.	Extremadura es la región con el menor PIB de España; entre los jóvenes hay mucho paro.
Pedro Martínez	Tenerife (Islas Canarias)	trabaja temporalmente en un hotel	En las Islas Canarias hay instituciones que ayudan a la gente que no tiene suficiente dinero; para la gente local el turismo significa menos lugares para vivir y precios más altos; más del 40 % de los habitantes están en riesgo de pobreza.
Ignacio Pinilla	Comunidad Valenciana	Es agricultor en una plantación de naranjas.	En la Comunidad Valenciana está el 70 % de la producción de cítricos de España; actualmente hay muchos problemas en este sector (falta de agua, plagas, etc.)
Carlota Corredera	La Rioja	Trabaja en una bodega.	El vino de La Rioja es conocido en todo el mundo; el vino es uno de los productos de exportación más importantes.

S. 110/2
1. Viajaría; Descansaría; tomaría • 2. cocinaríamos • 3. leerían; jugaría • 4. practicaría

S. 110/3a
1. diría • 2. tendría que • 3. podrían; tendrían que • 4. dirían • 5. saldría • 6. Podríamos • 7. sabría; haríamos • 8. harías

S. 111/3b
Beispiellösung: Viajaríamos a muchos países. Mi madre invertiría una parte del dinero, pero no dejaría de trabajar, porque le gusta mucho su trabajo. Además, donaríamos una parte del dinero. Mi abuela compraría un coche nuevo y mis abuelos viajarían a América.

S. 111/4
Beispiellösung: Hola, me llamo Leon y tengo 18 años. A mí me gustaría participar en el proyecto porque quiero ayudar a la gente y cambiar algo en sus vidas. No creo que Honduras tenga que seguir siendo uno de los países más pobres del mundo. Creo que hay sectores como la agricultura, el comercio o la industria que podrían crear más puestos laborales y mejorar, así, la situación laboral de la gente. Claro, también se necesita educación. Yo usaría el dinero para fomentar la educación. Podríamos invertir en colegios, clases, libros y también en equipo técnico. Así resultará más fácil para la gente joven encontrar trabajo y mejorar sus perspectivas de futuro. Esto sólo sería un ejemplo. Creo que es imprescindible tener ideas innovadoras e invertir en sectores y aspectos diferentes para ayudar a largo plazo. Me encantaría realizar este voluntariado.
Atentamente,
Leon

B Una empresa con futuro

S. 112/1
1. verdadero • 2. falso: La compañía mexicana Biofase utiliza semillas de aguacate para sus productos. • 3. falso: Fabrican productos sostenibles. • 4. verdadero • 5. falso: Actualmente más de cien empleados trabajan para la empresa Biofase. • 6. verdadero • 7. verdadero • 8. falso: Con más clientes bajarían los costes.

S. 112/2
1. tuviéramos, produciríamos • 2. dejara de, ayudaría • 3. usaran, sería • 4. existiera, aprenderíamos • 5. dejaras de; terminarías

S. 112/3
1. Si yo me enamorara de mi mejor amigo/-a, hablaría con él/ella. • 2. Si mi familia quisiera irse a vivir a México, iría con ellos. • 3. Si recibiera una invitación para hacer unas prácticas en una empresa interesante, la aceptaría. • 4. Si yo pudiera elegir el destino de las próximas vacaciones elegiría Venezuela. • 5. Si mi hermano siempre me llamara en mitad de la noche hablaría con él. • 6. Si tuviera que trabajar para ayudar a mi familia daría clases de español.

S. 113/4a
España / Hispanoamérica: Movistar • Brasil: Vivo • Europa (excepto España): O2

S. 113/4b
1. Se fundó el 19.04.1924 en Madrid. • 2. Su nombre era *Compañía Telefónica Nacional de España (CTNE)*. • 3. Hoy en día ofrece sus servicios en más de veinte países de Europa y América. • 4. Genera 1,2 millones de puestos de trabajo. • 5. Es uno de los mayores sponsors deportivos en todo el mundo.

S. 113/4c
sociedad digital • digitalización • inteligencia artificial

S. 113/5a
Hallo Lena,
natürlich helfe ich dir gerne. Coworking & Hostal könnte dir gefallen. Du könntest Urlaub und Arbeit verbinden, da es auf der kleinen grünen Insel La Gomera ist, viele Exkursionen angeboten werden, die Leute Englisch, Deutsch und Spanisch sprechen und sogar ein Restaurant vor Ort ist. Der Coworking Space befindet sich nicht weit entfernt in einem kleinen Ort in der Nähe der Hauptstadt und es gibt schnelles Internet, Zimmer und alles, was das Herz begehrt. T-Co-Work befindet sich zwar in Santa Cruz, der Hauptstadt von Teneriffa, aber trotzdem ist das Ambiente ruhig, familiär und vor allem: nah am Strand. Die Büroausstattung ist super (schnelles Internet, Drucker, etc.) und man kann entweder ein eigenes Büro mieten oder sich eins teilen. Surf'n Cowork Lanzarote wäre auch etwas für dich. Der Suferstrand ist gerade mal fünf Minuten entfernt und in Puerto del Carmen findest du alles, was du brauchst: Unterkünfte, Restaurants, Cafés, etc. Du wohnst zwar nicht in der Hauptstadt, kommst aber schnell dorthin. Der Coworking Space bietet dir sowohl Einzelarbeitsplätze als auch geteilte Plätze, die technisch bestens ausgestattet sind. In den Pausen gibt es Angebote, wie z. B. Yoga, und eine Gemeinschaftsküche. Ich könnte mich gar nicht entscheiden!
Liebe Grüße,
Nico

S. 114/5b
Beispiellösung: El lugar de trabajo perfecto tendría una gran vista, por ejemplo, al mar. Los compañeros serían muy agradables y también pasarían tiempo juntos durante los descansos. Una conexión a internet rápida sería muy importante para poder estar conectado internacionalmente. Además, un equipamiento moderno y zonas para relajarse serían fenomenales.

C Nuevos horizontes

S. 115/1a
1. Rocío • 2. Julia • 3. Andrés • 4. Andrés • 5. Julia • 6. Rocío

S. 115/1b
Beispiellösung: Yo puedo entender mejor a Andrés. En su pueblo no hay futuro para los jóvenes, por eso decidió ir a Santiago de Compostela para estudiar en la universidad. Además, me parece bien que, después de sus estudios, quiera volver a su pueblo para abrir un restaurante y dar trabajo a otros jóvenes.

S. 115/2
había vivido • había conocido • se habían casado • habían dicho • Habían comprado • habían hecho • se había enfermado • había tenido • había estado • había contado • habíamos visto

S. 116/3
El verano pasado fui a Francia. ¡Fue un viaje fenomenal! Semanas antes ya había preparado todo. Había comprado un billete de tren y había leído un libro sobre París. Además, había practicado francés con un amigo que es de Francia. También había pensado en qué lugares visitar y había buscado un buen albergue juvenil.

S. 116/4
s. Tandembogen S. 150

S. 116/5
Beispiellösung: Shajan, de Siria, vive hoy en Alemania. Huyó de Siria con su familia para estar a salvo y tener una vida mejor. Vive con sus padres, su hermana y su hermano y va al colegio en Alemania. Le gustaría ser médico y sabe que para ello es necesaria una buena formación escolar. Está muy contento con su nueva vida, tiene muchos nuevos amigos y disfruta de la escuela. Echa de menos a su familia de Siria, así como a sus amigos de allí, pero debido a la situación política, no viaja a Siria frecuentemente. La vida de Shajan es muy interesante para mí. Puedo comprender que lo más importante es vivir a salvo. En una situación tan peligrosa yo también me iría a vivir a otro país. En general, estoy muy interesado en otras culturas y, por eso, me gustaría pasar un período de tiempo en otro país. Creo que viajar mucho y vivir en países diferentes ayuda a ampliar el horizonte y a conocer a gente muy interesante, como a Shajan.

Taller de lectura

S. 118/1
El segundo resumen es correcto.

S. 118/2 b
La nueva realidad que viene es el tiempo poscovid, lleno de incertidumbres, en el que la gente intenta recuperar la economía y al mismo tiempo mantener la pandemia bajo control. En esta realidad nueva se aprovechan las ventajas del trabajo en remoto y se combinan con las del trabajo presencial para lograr una situación económica estable.

S. 118/3
Beispiellösung: ¿Cómo podemos aprovechar el período Covid-19? Es una buena pregunta y hay opiniones diferentes. Yo pienso que hemos visto que el trabajo en remoto es una buena opción para realizar nuestras tareas laborales incluso cuando estamos muy lejos. Claro, la vida social cambia bastante si una persona siempre está en casa. El período Covid-19 ha demostrado que la familia y los amigos son muy importantes. Podemos mandar mensajes por redes sociales diferentes, pero ver a las personas es otra cosa. Además, yo he aprendido una cosa más: No siempre tenemos que comprar cosas nuevas, no necesitamos consumir tanto. Sin embargo, nuestra actitud consumista siempre tiene efectos en la economía también. ¿Qué pensáis vosotros?

Zusatztexte

Wirtschaftswissenschaftliche Richtung (WG)

S. 123/2
1. falso: Francia recibe más turistas internacionales que España. • 2. correcto • 3. correcto • 4. falso: Las pérdidas superaron los 72.000 millones de euros. • 5. falso: Sí hubo casos de coronavirus. Por eso, muchos países europeos

impusieron restricciones al turismo en España. • 6. correcto • 7. falso: En julio de 2020, la mayoría de los turistas fueron franceses, pero normalmente el Reino Unido es el principal país de origen. • 8. falso (Cataluña es la comunidad más afectada.) • 9. falso: No cerraron, pero la ocupación hotelera fue muy baja. • 10. correcto • 11. correcto

Agrarwissenschaftliche Richtung (AG)

S. 125/1

Ejemplo: Una diferencia entre la agricultura tradicional y la actual es que a diferencia de la agricultura tradicional, la cultura actual emplea la ciencia y la tecnología. En la agricultura tradicional, la producción dependía de la capacidad física del agricultor y sus trabajadores, que trabajaban con herramientas muy rudimentarias.

S. 125/2

a. La agricultura en España está en proceso de digitalización
b. Las innovaciones tecnológicas en la agricultura tienen varias ventajas: • hacen más fácil el trabajo para los agricultores • los campos producen más • los costes de producción no son tan altos • la agricultura es más sostenible con el medio ambiente

S. 125/3

«Son muy útiles. Nosotros los usamos para controlar los cultivos. Con la información que nos dan detectamos si un terreno concreto necesita agua o si hay problemas o plagas.»
Son los drones.
«Para mí, es un descanso. Es muy cómodo: pongo el piloto automático y la máquina hace todo el trabajo con mucha precisión. Sin duda es una buena inversión.»
Se refiere a los tractores y máquinas autoguiadas.
«Paso los datos y los mapas al ordenador y los analizo para decidir qué voy a hacer en el cultivo.»
Se refiere al protocolo de conexión electrónica.
«Con estos equipos vemos dónde hay malas hierbas y las retiramos sin productos químicos.»
Son los equipos de control inteligente.
«El uso del ‹big data› es muy útil para calcular las cosechas. La digitalización y el *big data* permiten saber cuándo y cómo regar un cultivo. Así se ahorra agua.»
Se refiere al *Machine learning*.

Ernährungswissenschaftliche Richtung (EG)

S. 126/1

Beispiellösung: Una mala alimentación puede causar, por ejemplo, obesidad o diabetes. También la anorexia y la bulimia.

S. 127/2

1. Argentina ocupa el segundo lugar del mundo en casos de anorexia y bulimia. • 2. Estos desórdenes afectan sobre todo a jóvenes adolescentes. • 3. Afectan más a las chicas que a los chicos. Por cada 8 o 9 chicas, hay un chico. Los casos de chicos están aumentando últimamente. • 4. En la anorexia y bulimia puede influir la genética, los amigos y las redes sociales.

S. 127/3

Las redes sociales juegan un papel importante en la anorexia y bulimia. Por una parte, los adolescentes son víctimas del bullying. Los chicos y chicas «gordos» o «flacos» sufren burlas por su figura en las redes sociales. Por otra parte, las redes sociales pueden ser un peligro si los chicos y chicas siguen consejos no sanos que encuentran en ellas.

S. 127/4

1. En América Latina hay más personas obesas que personas que pasan hambre. • 2. El número de personas con sobrepeso creció porque aumentó el consumo de «comida chatarra». • 3. Mucha gente consume «comida chatarra» en vez de comida casera tradicional. • 4. A diferencia de la comida sana, la comida rápida es poco nutritiva. • 5. La «comida chatarra» contiene mucho azúcar, grasas y sodio. • 6. La mala alimentación está relacionada con enfermedades como la

obesidad o enfermedades cardiovasculares. • 7. Medidas para evitar la obesidad son el etiquetado frontal de los alimentos, limitar la publicidad de la comida no saludable y los programas de alimentación escolar.

S. 127/5
La solución es informar bien a la población.

Sozial- und Gesundheitswissenschaftliche Richtung (SGG)

S. 129/1
Unsicherheit: la precariedad • *Nachtdienst*: la guardia • *Grundlohn*: el salario base • *Slogan*: el lema • *sich auswirken*: repercutir • *in vorderster Front*: en primera línea • *infizierte*: contagiado/-a • *Demonstranten*: los manifestantes • *Schweigeminute*: el minuto de silencio • *unter der Aufsicht von*: bajo la supervisión de • *Arbeitsbedingungen*: las condiciones laborales • *Spezialisierung*: especialidad • *Anerkennung*: reconocimiento

S. 129/2
1 • 3 • 5 • 6

S. 129/3
Día a día de Laura L.

Laura es médica residente en un hospital de Madrid. Trabaja unas 80 horas semanales. Además de su jornada ordinaria tiene que hacer guardias y horas extra porque el salario no le alcanza. Vivir en Madrid es caro y su sueldo base es de 1.000 euros brutos. A menudo está cansada porque trabaja mucho y no descansa lo suficiente.

S. 129/4
1. Lo llamáis formación, pero es explotación
   - muchos contratos temporales y turnos dobles (líneas 12 y 13)
   - hacen jornadas interminables (de entre 70 y 80 horas semanales), sin los descansos reglamentarios (líneas 50–52)
2. Médicos en formación sin supervisión
   - muchas veces sin supervisión (línea 52–53)
3. Los MIR somos mano de obra barata para los hospitales
   - cobrando apenas 1.000 euros de sueldo (línea 53)
4. Llevo 24 horas trabajando. ¿Te opero?
   Las malas condiciones laborales en los hospitales repercuten también en los ciudadanos (línea 17–18)
5. No es mi derecho, es tu salud
   Las malas condiciones laborales en los hospitales repercuten también en los ciudadanos (línea 17–18)
   Es necesario que haya más camas hospitalarias y que se contrate a más personal sanitario (líneas 18–20)
   España tiene un gasto sanitario público inferior a la media de la Unión Europea (un 15 % menos) y dispone también de menos camas hospitalarias. (línea 30–32)

S. 129/5
Internetrecherche erforderlich

Biotechnologische Richtung (BTG)

S. 130/1
1. Los transgénicos existen desde hace 25 años. • 2. Se producen en 70 países. • 3. Argentina está en tercer lugar en la lista de países productores. • 4. Son la soja, el maíz, el algodón y la colza.

S. 132/2
s. Übung 1.

S. 132/3
1. Gracias a la ingeniería genética se pueden modificar organismos introduciendo en ellos genes de otras especies. • 2. Un beneficio para los alimentos de la modificación genética es que se pueden mejorar sus propiedades nutritivas. • 3. Los

genes pueden proceder tanto de bacterias como de animales y plantas. • 4. Argentina es uno de los principales países productores de transgénicos del mundo. • 5. En Argentina, casi la totalidad de los cultivos de soja, maíz y algodón son transgénicos. • 6. Un riesgo de los OMG es que no hay estudios a largo plazo que demuestren que no son perjudiciales para las personas. • 7. Un efecto positivo de los transgénicos en el medio ambiente es que reduce el uso de insecticidas y los herbicidas son menos tóxicos. • 8. En Argentina han desarrollado una semilla de trigo transgénico, pero no se ha autorizado su comercialización. • 9. Muchos consumidores están en contra del trigo transgénico porque la harina de trigo se usa para muchos alimentos comunes como el pan, las pastas o las pizzas y es una especie de tabú que sea trigo transgénico. • 10. Con el trigo transgénico, los productores podrían tener pérdidas.

S. 132/4

¡Hola a tod@s!
En mi opinión, los cultivos transgénicos son beneficiosos porque para su producción se necesitan menos insecticidas y herbicidas que son menos tóxicos. Además, podemos mejorar las propiedades nutritivas con los transgénicos. Por otro lado, entiendo que faltan estudios a largo plazo que demuestren que no son perjudiciales para las personas. Necesitamos estos estudios para poder convencer a la gente de que los transgénicos no son malos. Yo creo que mucha gente está en contra del uso de la ingeniería genética sin haber estudiado seriamente el tema.
Por eso es importante informar mejor a la gente.

Handlungssituation zur Unidad 5

S. 133/1a

mögliche Antworten (ggf. auf Deutsch): alojamiento (comparar alojamientos) • camino a la empresa / al supermercado (a la farmacia, al cajero automático, etc.) • ir de compras • ir al mercado • visitar monumentos o museos • pedir algo en un restaurante, etc.

S. 133/1b

Grammatik wird von Lehrkraft aufgeführt: Steigerung der Adjektive (Wohnungsvergleich); realer Bedingungssatz; Ortspräpositionen (Zimmerbeschreibung); Mengenangaben

S. 133/1c

individuelle Lösung: Mögliche Elemente des Advanced Organizers könnten sein: Buscar un piso (fotos de un piso o anuncios) • ¿Qué puedo hacer en mi tiempo libre? (fotos de monumentos, museos, bares, cines, parques, etc.) • ¿Cómo llego a… (Servatecni)? (plan de metro o mapa de Madrid) • Comprar en un mercado (fotos de un mercado) • etc.

S. 135/2b

piso: (dar al) interior / exterior; salón comedor; amueblado/-a; gastos: luz, agua, internet; ascensor, aire acondicionado
dormitorio: cama matrimonio; sofá cama
cocina: electrodomésticos: frigorífico, lavadora, horno

S. 135/3a

Beispiellösung: El cubo de basura está debajo del fregadero. • El fregadero está a la izquierda del horno / de la cocina. • La lavavajillas está a la derecha del horno. • La vajilla está en la estantería. • La estantería está encima del jamonero. • El jamonero está al lado de los cubiertos. • Las sartenes están encima de la cocina. • Delante de la ventana hay una planta. • En la mesa hay un mantel, un vaso de zumo y una taza de café. • En la silla hay una chaqueta. • Encima de la mesa hay una lámpara. • La toalla está al lado de la lavavajillas.

S. 135/3b

individuelle Lösung; mögliche Begriffe: el sillón, el póster, la mesita de noche, la silla giratoria, la lámpara de escritorio, estantería de libros, etc.

S. 135/4

Beispiellösung: 1. El piso 1 es más pequeño que el piso 2. • 2. El piso 1 es más barato que el piso 2. • 3. El piso 2 es menos tranquilo que el piso 1. • 4. El piso 2 está más cerca del metro que el piso 1. • 5. El piso 1 es tan moderno como el piso 2.

S. 135/5

Beispiellösung:

Hola, Miguel:

¡Muchas gracias por tu mensaje y por los dos anuncios! Los dos pisos me gustan, pero yo prefiero el segundo porque me gusta compartir piso con otra persona y es más fácil conocer a gente nueva. Además, tiene aire acondicionado y eso, para mí, es muy importante. Es que el calor que hace en Madrid es muy fuerte. El piso es más grande que el primero y para invitar a amigos eso es genial. El metro está muy cerca y puedo llegar a la oficina sin problemas. Por todos estos motivos prefiero el segundo piso.

Otra vez muchas gracias por tu ayuda, Miguel.

Nos vemos pronto.

Saludos, Paul

S. 136/6a

1. Paul está esperando al metro. Miguel está trabajando en la oficina. • 2. Quiere ir al albergue en metro. • 3. Van a ir a un bar para tomar algo y para conocerse en persona. • 4. Paul quiere ducharse y Miguel quiere terminar una cosa en el trabajo.

S. 136/6b

Miguel: Hola, Paul. ¿Qué tal?

Paul: Hola, Miguel. Muy bien, gracias. ¿y tú?

Miguel: Bien, también. ¿Te gusta el albergue? En esta zona de la ciudad hay mucha vida.

Paul: Sí, comparto habitación con otros dos chicos que son muy simpáticos y tengo de todo aquí, bares, tiendas, un parque. ¡Es muy práctico!

Miguel: Sí, es cierto. Pero el piso donde vas a vivir en septiembre te va a gustar también. En esa zona también tienes de todo y hay muchas cosas qué hacer. Además, el camino al trabajo no está lejos (se ríe).

Paul: Sí, mañana tengo cita con la dueña del piso. Seguro que me va a gustar.

Miguel: Oye, ¿y ya tienes otros planes para estos días?

Paul: No, mañana veo a un compañero del trabajo que también hace prácticas en Servatecni, pero nada más.

Miguel: Ah vale, entonces, te cuento algunas cosas que puedes hacer. Mira, aquí tengo un mapa turístico…

S. 136/7

Beispiellösung: 1. Si te gusta el arte, puedes ir al Prado. Está muy cerca del centro histórico y tiene una de las colecciones de pinturas más grandes del mundo, especialmente de grandes maestros europeos del siglo XVI y XVII. • 2. Si quieres descansar en la naturaleza, visita la Casa de Campo. Es el parque más grande de la Comunidad Autónoma de Madrid. • 3. Si te interesa la familia real española, te va a gustar el Palacio Real. Es uno de los palacios más grandes del mundo: Tiene más de 3000 habitaciones y es dos veces más grande que el Palacio de Buckinham en Londres. Además, cuenta con muchos parques y jardines, como el Campo del Moro, el Parque de Atenas y los Jardines de Sabatini.

S. 136/8

individuelle Lösung

S. 137/9b

1. quedar con un compañero • 2. ir al Prado • 3. es gratis; no está lejos

S. 137/9d

Sigue la calle de Gerona hasta llegar a la calle de Esparteros. Gira a la izquierda y toma la primera calle a la derecha. Después sigue la Calle de la Bolsa hasta llegar a la Plaza del Ángel. Gira a la izquierda y poco después ya puedes ver la Plaza de Santa Ana. Luego tomas la Calle del Prado y sigues todo recto. Después gira a la derecha en la Plaza de las Cortes. Después sigue todo recto, cruza la Plaza de la Lealtad y gira a la derecha en el Paseo del Prado. El museo está a mano izquierda.

S. 138/10a

dos kilos de (…) • un kilo y medio de (…) • medio kilo de (…) • 20 lonchas de (…) • tres botellas de (…) • medio litro de (…) • una barra de pan • una bolsa de (…) • doscientos gramos de (…)

S. 138/10b

dos kilos de manzanas • medio kilo de tomates • cuatro kilos de patatas • medio litro de aceite de oliva • un litro y medio de agua • dos botellas de vino • cien gramos de queso • diez lonchas de jamón • una bolsa de magdalenas

S. 139/11a

A: Hola. ¿Qué querías?
B: Hola. Dame tres kilos de patatas y un kilo de naranjas.
A: Aquí tienes. ¿Algo más?
B: ¿Tienes aceite de oliva?
A: Pues, sí claro. ¿Quieres una botella?
B: Sí, una botella.
A: ¿Te pongo algo más?
B: No, gracias, es todo. ¿Cuánto es?
A: Vamos a ver. Son once euros con treinta.
B: Aquí tienes. ¡Hasta luego!
A: Adiós.

S. 139/11b

individuelle Lösung

S. 140/12a

1. jamón serrano • 2. pimientos de padrón • 3. albóndigas • 4. queso manchego • 5. aceitunas • 6. ensaladilla rusa • 7. chorizo • 8. patatas bravas • 9. croquetas • 10. tortilla • 11. pinchos morunos • 12. pan con tomate

S. 140/12b

camarero/-a: Buenos días. ¿Qué querías?
tú: ¡Hola! Quiero una ración de tortilla y una ensaladilla rusa, por favor.
camarero/-a: Claro. ¿Y algo de beber?
tú: Sí, un zumo naranja.
camarero/-a: ¿Algo más?
tú: No, es todo.
camarero/-a: Muy bien, gracias.
(Después de comer)
tú: ¿Me cobras, por favor?
camarero/-a: Son 7 €.
tú: Aquí tienes.
camarero/-a: Muchas gracias, adiós.
tú: Adiós.

S. 140/12c

mögliche Lösung: berenjenas con miel (Granada) • calamares (Madrid) • morteruelo (Cuenca) • huevo rebozado (Ciudad Real) • morcilla de arroz (Burgos) • pimientos de padrón y pulpo (Galicia) • salmorejo (Andalucía / Córdoba) sobrasada (Baleares) • anchoa (Santander)

Evaluación 1

1 1. soy; soy – 2. charlan – 3. estudiáis; trabajáis; estudiamos – 4. habla – 5. hablas; practicamos – 6. eres; hablas/habláis; hablo/hablamos – 7. sois; somos – 8. trabajo; Estudio

2
1. ¿Dónde vivís? –Vivimos en Barcelona.
2. ¿Qué escribes? –Escribo un mensaje.
3. ¿Dónde estudiáis? –Estudiamos en el instituto Parque Aluche.
4. ¿Quiénes aprenden alemán? –Marta y Lucía aprenden alemán.
5. ¿Quién recibe un mensaje? –Alejandro recibe un mensaje.
6. ¿Dónde vive Lucía? –Lucía vive en Madrid
7. ¿Qué leéis? –Nosotros leemos los textos de Inglés.

3 *Mögliche Lösung:* Hola, soy Luis… tengo dieciséis años y soy de Madrid. Vivo en el barrio Argüelles, en la calle de Ferraz, número 58. Soy alumno de bachillerato en el Instituto Lope de Vega. Tengo dos hermanos, María y Nicolás. María tiene doce años y Nicolás tiene catorce.

4
1. creativa – alegre – Mi – mi – serio – estricto – tus
2. majo – su – Sus – divertidos y alegres – su – diferente – tranquila – tímida.

5 es – es – Está – hay – es – es – son – hay – Están

6
1. ¿Vas hoy al parque? –No puedo, tengo que estudiar alemán.
2. ¿Vas después a la heladería? –Sí, quiero tomar café con Marta.
3. ¿Queréis ir al cine? –No podemos, tenemos que practicar alemán.
4. ¿Vas mañana al polideportivo? –Sí, quiero probar el rocódromo con Tarek.
5. ¿Puedo ir con vosotros? –Sí, podemos quedar en el parque.
6. ¿Vais después al museo? –No podemos, Tarek tiene que ir a la piscina.
7. ¿Vamos al museo? –Sí, mañana no tengo que estudiar.

Evaluación 2

1 1. no me gusta nada – 2. les gustan bastante – 3. te gusta mucho – 4. le gusta mucho – 5. nos gusta bastante – 6. me gusta bastante – 7. os gusta mucho – 8. no le gustan nada – 9. le gustan mucho – 10. nos gusta mucho

2
1. ¡Manuel! –¿Eh? Un momento, estoy escribiendo un mensaje.
2. ¡Tarek! –¿Eh? Un momento, estoy hablando con un amigo.
3. ¡Lucía! –¿Eh? Un momento, estoy leyendo un e-mail.
4. ¡Marta! –¿Eh? Un momento, estoy mirando fotos.
5. ¡Alejandro! –¿Eh? Un momento, estoy viendo un vídeo.
6. ¡Manuel! –¿Eh? Un momento, estoy buscando un número.

3 1. Necesitas – 2. Qué buscas – 3. Qué talla tienes – 4. Qué te parece – 5. Te gustan – 6. Cuánto es

4 *Mögliche Lösungen:*
1. Mis amigos preguntan si vamos a ir todos juntos mañana al parque.
2. Mis amigos preguntan cuándo quedamos mañana, (si) a las 11:15 o a las 11:45.
3. Mis amigos quieren saber si Manuel también viene después al concierto.
4. Mis amigos quieren saber cómo se llaman los hermanos de Tarek.
5. Mis amigos preguntan por qué Lucía aprende alemán.

5
1. ¡Explícale el problema!
2. ¡Escríbele un e-mail!
3. ¡Dales el juego!
4. ¡Cómprate zapatos nuevos!
5. ¡Léeme el mensaje!
6. ¡Mándales el enlace!
7. ¡Explícanos el ejercicio!

6 *Mögliche Lösung:* Rafa se levanta y se ducha a las siete y cuarto. A las ocho desayuna y a las ocho y cuarto se va a la escuela. Entre las nueve menos cuarto y las dos y media está en clase. A las tres menos cuarto come en casa. Antes de hacer deporte, Rafa estudia un poco. Por la tarde queda con amigos y a las nueve (de la noche) cena con la familia. Después de cenar, Rafa lee un poco y ve la tele. A las once y media se acuesta.

7 soy – vengo – me levanto – puedo – tengo que – son – digo – escuchan – me apuro – pongo – ayudo – hago – veo – juego – salgo – me acuesto – estoy

Evaluación 3

1
1. queréis pasar un día romántico, id
2. os interesa el teatro, salid
3. os gustan los churros, desayunad
4. sois creativos, poned atención
5. buscáis la mejor vista de Madrid, visitad

2 debajo de – Entre – al lado de – en – Encima – delante

3 más pequeña – menos luminosa que – menos ruidosa – tan bonita como – más interesante que – tan central como – mejor que

4 1. La asignatura más fácil para mí es Biología.
2. La asignatura más difícil para mí es XX.
3. El deporte más interesante para mí es XX.
4. La lengua más fácil para mí es XX.
5. El mejor profesor para mí es XX.
6. El libro más divertido para mí es XX.
7. La peor película para mí es XX.
8. El mejor grupo de música para mí es XX.

5 1. ¿Conoces ya a mi hermano? –No, no lo conozco todavía.
2. ¿Sabes dónde puedo comprar zapatos de cuero ecológico? –Sí, creo que hay una tienda en el centro que los ofrece.
3. ¿Estás buscando el folleto? –Sí, lo necesito para el proyecto.
4. ¿Entonces tengo que seguir esta calle? –Sí, la tienes que seguir hasta el final. Ahí está la tienda que estás buscando.
5. ¿Vas a comprar esta camiseta? –Sí, creo que sí, pero hoy no llevo dinero. Voy a volver mañana para comprarla.

6 llegué – hice – fue – Quedé – puse – dio – fue – llegó – escribió – leí – pareció – Seguí – pude – Probé – fui – encantaron – visité – comí – fueron – conocí

Evaluación 4

1 Para hacer una FP Media, se va un año y medio al instituto. Después se realizan prácticas en una empresa y así se conoce la vida laboral. En España, las prácticas no se pagan. Cuando se terminan los estudios, se recibe el título de Técnico y se puede ir a trabajar o seguir un estudio de FP Superior.

2 1. buen – 2. gran – 3. gran – 4. buena – 5. mala – 6. mal

3 se irán – trabajará – buscará – Aprenderán – conocerán – vivirán – vivirá – alquilarán – tendrán que – visitaré – pasaré – iréis

4 1. haré – 2. vendrá – 3. querremos – 4. podremos – 5. pondrán – 6. sabrás – 7. tendrás – 8. saldréis – 9. diréis

5 1. No hay nadie en el parque. – 2. No entiendo nada (de lo que dice la profesora). – 3. No conozco a nadie aquí. – 4. No tengo nada para beber. – 5. No voy nunca al cine. – 6. No tomo nunca zumo.

6 1. Antes jugábamos en la calle, hoy los jóvenes juegan a los videojuegos.
2. Antes compartíamos la habitación, hoy los jóvenes tienen una habitación propia.
3. Antes íbamos al cine, hoy los jóvenes ven películas en internet.
4. Antes hablábamos los unos con los otros, hoy los jóvenes chatean por el móvil.
5. Antes escribíamos cartas y postales, hoy los jóvenes escriben mensajes.
6. Antes escuchábamos la radio, hoy los jóvenes usan más el móvil.
7. Antes nos acostábamos temprano, hoy los jóvenes salen siempre con amigos.

7 iba – pensé –me presenté – había – me puse – era – estaba – salió – vivían – aceptaron – pasamos – gustó – hacía – disfrutaba – Fue

8 hace calor – hace frío – está nublado – nieva – nieva – hay tormentas – llueve – hace sol

Evaluación 5

1 1. En la ciudad de mis sueños no existirían ni atascos ni emisiones.
2. Todo el mundo recibiría un sueldo justo por su trabajo.
3. La gente usaría los recursos naturales con más cuidado.
4. Todos vosotros ofreceríais ayuda a los inmigrantes de todo el mundo.
5. Todos mis colegas y yo donaríamos dinero a organizaciones humanitarias.

2 estés – entiendas – terminemos – podemos – es – podamos – hagas – perdamos – pienses – hagas – decidas – hablemos

3a 1. respeta – 2. no compres – 3. visita – 4. no cierres – 5. no tires – 6. no dejes de – 7. piensa

3b respetad – no compréis – visitad – no cerréis – no tiréis – no dejéis – pensad

4 Mis abuelos llegaron a España en 1961. Antes habían preparado todo: Mi abuelo había hablado con su jefe. Sus amigos les habían ayudado mucho con los preparativos. El hermano de mi abuela les había dado regalos para los niños. Mis abuelos habían pensado mucho antes de tomar esa decisión.

5 1. Mañana se lo escribo. – 2. En una hora se los explico. – 3. El jueves se la doy. – 4. En cinco minutos se lo pregunto. – 5. Ahora se las envío. – 6. Mañana os los llevo. – 7. En dos semanas me las van a dar / van a dármelas.

6 1. tuviera, ayudaría – 2. haría, tuviéramos – 3. dieran, podríamos – 4. pasaríamos, trabajáramos – 5. pudierais, viviríamos